utb 5045

Eine Arbeitsgemeinschaft der Verlage

Böhlau Verlag · Wien · Köln · Weimar
Verlag Barbara Budrich · Opladen · Toronto
facultas · Wien
Wilhelm Fink · Paderborn
A. Francke Verlag · Tübingen
Haupt Verlag · Bern
Verlag Julius Klinkhardt · Bad Heilbrunn
Mohr Siebeck · Tübingen
Ernst Reinhardt Verlag · München
Ferdinand Schöningh · Paderborn
Eugen Ulmer Verlag · Stuttgart
UVK Verlag · München
Vandenhoeck & Ruprecht · Göttingen
Waxmann · Münster · New York
wbv Publikation · Bielefeld

Public History –
Geschichte in der Praxis

Herausgegeben von Irmgard Zündorf (Potsdam) und
Stefanie Samida (Heidelberg)

Prof. Dr. Thomas Thiemeyer lehrt Empirische Kulturwissenschaft an der Universität Tübingen mit Schwerpunkt Museumsforschung. Er leitet zusammen mit Prof. Dr. Ernst Seidl die Tübinger Master-Profillinie ‚Museum & Sammlungen'.

Thomas Thiemeyer

Geschichte im Museum

Theorie - Praxis - Berufsfelder

A. Francke Verlag Tübingen

Umschlagabbildung: Historisches Museum Frankfurt

Bibliografische Information der Deutschen Nationalbibliothek
Die Deutsche Nationalbibliothek verzeichnet diese Publikation in der Deutschen Nationalbibliografie; detaillierte bibliografische Daten sind im Internet über http://dnb.dnb.de abrufbar.

Mit Unterstützung der Deutschen Forschungsgemeinschaft.

Dischingerweg 5 · D-72070 Tübingen

Internet: www.francke.de
E-Mail: info@francke.de

Satz: pagina GmbH, Tübingen
Einbandgestaltung: Atelier Reichert, Stuttgart
Printed in Germany

utb-Nr. 5045
ISBN 978-3-8252-5045-4

Inhaltsverzeichnis

Einleitung ... 1

1 **Was ist ein Museum?** ... 5
1.1 Die fünf Museumsaufgaben ... 7
1.2 Koordinaten: Kultur, Geschichte, Identität und Wissen ... 17

2 **Geschichte des (kulturhistorischen) Museums** ... 31
2.1 Curiositas und Repraesentatio: Die Kunst- und Wunderkammern der Renaissance ... 31
2.2 Aufgeklärtes Wissen: Der Beginn des modernen Museums im 18. Jahrhundert ... 35
2.3 Kultur, Nation und Bürgertum: Das 19. Jahrhundert als Museumszeitalter ... 41
2.4 Das 20. Jahrhundert als Ausstellungszeitalter ... 62
2.5 Das Museum im 21. Jahrhundert: Themen der Gegenwart ... 97

3 **Geschichte im Museum** ... 119
3.1 Räume: Depot und Ausstellung ... 119
3.2 Dinge: Der Wert der Dinge für das Museum ... 121
3.3 Kuratorische Praktiken: Werk, Exemplar, Zeuge ... 129

4 **Studium und Berufsfelder** ... 137
4.1 Das Studium ... 137
4.2 Das Volontariat ... 138
4.3 Berufsfeld Museum ... 139

Links, Institutionen, Zeitschriften ... 149

Abbildungsverzeichnis ... 153

Literaturverzeichnis ... 155

Register ... 163

Einleitung

> Nein, es war kein Unglück. Ich habe das Feuer gelegt, an einem Abend, am Abend des achtzehnten August, mir blieb nichts anderes mehr übrig, als das Museum zu zerstören, das einzige masurische Heimatmuseum, in Engenlund drüben, bei Schleswig. Kein Zufall, mein Lieber. So wie es einst allein mein Plan war, das Museum zu erbauen und einzurichten, so war es jetzt auch allein mein Entschluß, es vollkommen zu zerstören, einschließlich all der Zeugnisse, Beweise und Dokumente, die es beherbergte und die ich gemeinsam mit den Leuten in den Jahren nach dem Krieg hier gesammelt habe.

Mit einem Brand beginnt Siegfried Lenz 1978 seinen Roman „Heimatmuseum", in dem der im Zweiten Weltkrieg aus Masuren ausgewanderte Zygmunt Rogalla willentlich sein Lebenswerk vernichtet. Bereits in den 1930er Jahren musste er das Heimatmuseum seines Onkels in Masuren gegen die Nationalsozialisten verteidigen, die mit dem dort gesammelten Fundus an Dingen ihre Ostpolitik legitimieren wollten. Nun, nachdem er die Reste dieses Museums in die junge Bundesrepublik verbracht hatte, droht dort eine Ideologie, die Rogalla fremd ist, seine masurischen Zeugnisse ebenfalls zu vereinnahmen. Er brennt sein Museum – ein Heimatmuseum außerhalb der alten Heimat – nieder, um es vor Instrumentalisierung zu schützen.

Mit sicherem Gespür bündelt der Romancier Lenz in der Eingangssequenz seines Romans charakteristische Details, die nicht nur das Heimatmuseum, sondern das Museum als solches betreffen. Er erzählt von der „Monumentation" (Gottfried Korff) der Sachzeugen aus der Vergangenheit. Rogalla ist sich bewusst, dass sie fähig sind, unterschiedliche Versionen von Geschichte zu beglaubigen, wenn man sie nur richtig zu nutzen weiß. Sie verfügen über eine Wirkung, die so gewaltig sein kann, dass er sich nicht anders zu helfen weiß, als die Dinge zu verbrennen, um ihre Potenz als Geschichtszeichen für die Gegenwart zu brechen und sie als ‚Beweise' für eine falsche Geschichte zu vernichten. Er schützt die Vergangenheit vor der Geschichte.

Willentlich zerstört Rogalla Kulturgut, das, so der zeitgenössische Konsens, unbedingt wert sei, bewahrt und öffentlich präsentiert zu werden. Der Wert dieser Dinge liegt, wie Lenz spezifiziert, in ihrer Funktion als „Zeugnisse, Beweise und Dokumente". Damit trifft er genau jene Kategorien von Objekten, die für historische Museen charakteristisch sind (er spricht nicht von Werken oder Exemplaren, wie wir sie gewöhnlich Kunstmuseen oder naturhistorischen Häusern zuordnen).

Lenz' Roman ist eine mehrdimensionale Parabel auf das Thema dieses Buches: das Verhältnis von *Kultur, Geschichte und Museum*. Er zeigt, mit welchen Mitteln Museen arbeiten, wie sie Geschichte konstruieren und wie diese Geschichte in Dienst genommen werden kann. In der kurzen Eingangsszene aus Lenz' „Heimatmuseum“ scheinen drei Grundannahmen durch, die den vorliegenden Band fundieren und ihm eine spezifische Perspektive geben: Er will erstens das Museum als Institution des *kulturellen Erbes* vorstellen und die Idee, dass materielles Kulturgut einen Wert darstellt, der unbedingt zu bewahren sei, als *Idee der Moderne* kennzeichnen. Was wir heute unter einem Museum und seinen Aufgaben verstehen ist eine erlernte Sicht auf diese Institution und ihre Sammlungen. Sie basiert immer noch auf Kulturvorstellungen, die Idealen der Aufklärung folgen und die Bildungsbürger im 19. Jahrhundert prägten.

Zweitens gehe ich davon aus, dass Museen Erinnerungskultur nicht nur abbilden (Geschichte im Museum), sondern dass Museen gleichermaßen *Ausdruck und Produkt von Erinnerungskultur* sind. Sie entstanden, weil man sich etwas von ihnen versprach, und sie geben Auskunft davon, wie Gesellschaften zu bestimmten Zeiten ‚ihre‘ Kultur und Geschichte tradierten. Deshalb brennt Zygmunt Rogallas Museum. Museumssammlungen und -ausstellungen sind also Quellen, die etwas über das historische Bewusstsein einer Gesellschaft verraten.

Drittens scheint mir, dass sich das Verhältnis von Geschichte und Museum am besten entlang eines Konzepts entwickeln lässt, das gerade viel diskutiert wird: *Kultur*. Museen versteht dieses Buch als *Orte, an denen Kultur verhandelt wird*. Kultur in ihren verschiedenen Spielarten – als Lebensstil, nationale Zuschreibung, Kunst, Bildungsgut und ‚Erbe‘ – ist der rote Faden der Darstellung. Was ich erzähle, ist eine *kulturwissenschaftliche Geschichte und Theorie* des Museums, die sensibel für gesellschaftliche Kontexte, Machtstrukturen, Abgrenzungsmechanismen, Erkenntnisinteressen, kuratorische Praktiken und Verhaltensweisen ist. Das Museum ist aus dieser Perspektive vor allem *Wissens-* und *Repräsentationsort*. Deshalb stelle ich dem Kulturbegriff drei weitere Begriffe zur Seite, die Koordinaten des heutigen Museumsdiskurses bilden: *Geschichte, Identität* und *Wissen*.

Diese vier Begriffe stehen am Beginn dieses Buches. Sie folgen auf einleitende Überlegungen, was wir heute unter einem Museum verstehen und welche Aufgaben das Museum hat (Kapitel 1). Im zweiten Kapitel folgt ein stark selektiver Gang durch die Museumsgeschichte, der die Etablierung der Institution aus gesellschaftlichen Entwicklungen heraus erklärt: Die Idee des Kulturerbes ist ohne die Französische Revolution nicht zu verstehen, und wer die politische Idee der Bildungsreform nicht kennt, dem bleibt der Museumsboom der späten 1970er Jahre ein ewiges Rätsel. Das dritte Kapitel erklärt anhand der drei Kategorien *Räume, Dinge* und *Praktiken*, wie Museen Geschichte sammeln und erzählen, welcher Techniken und Strategien sie sich bedienen, kurzum: was sie als *Medium* besonders macht und wie sie Geschichte produzieren. Das vierte Kapitel unterscheidet sich grundlegend vom Vorherigen: Es fungiert als Praxisleitfaden für all jene, die sich im Studium oder beruflich näher mit dem Museum beschäftigen wollen. Es hat, wie das gesamte Buch, vor allem Bachelor- und Masterstudierende unterschiedlicher Disziplinen im Auge und will ihnen ein wenig Orientierung im Dschungel der Museumsausbildungen und -berufe geben.

Wenn ich bislang etwas salopp von ‚dem Museum' gesprochen habe, so muss ich nun genauer werden: Dieses Buch widmet sich vor allem *(kultur-)historischen Museen*. Nun ist überhaupt nicht klar, welche Museen in diese Kategorie fallen. Jedes Museum befasst sich mit Kultur, und so gut wie jedes Museum argumentiert historisch, ob es nun Kunst, ausgestopfte Tiere oder Relikte der Industriekultur zeigt. Wenn ich von (kultur-)historischen Museen rede, geht es mir deshalb nicht allein um den historiografischen Zugriff auf einen Inhalt, sondern um die *Bezugsdisziplinen*: Die Museen, denen sich dieses Buch widmet, sind Museen, die sich an den *Erkenntnisinteressen historisch arbeitender Disziplinen wie der Geschichts- oder (volkskundlichen) Kulturwissenschaft* orientieren (die durchaus divergieren) – allerdings ohne die stark ästhetisch ausgerichtete Kunstgeschichte. Konkret fallen darunter die Heimat-, Regional- und Stadtmuseen, etliche kulturhistorische Museen, wie sie im 19. Jahrhundert entstanden (als sie ihre Exponate noch stärker historisch und nicht primär ästhetisch kontextualisierten), sowie historische Museen im engen Sinne – deshalb auch die Schreibweise ‚(kultur-)historisch'. Darunter fallen auch kulturpolitisch ausgerichtete Ausstellungen wie die „PRESSA" (1928) oder die Wanderausstellung „Fragen an die deutsche Geschichte" (1971), die keinem Museum entstammten, aber museal arbeiteten und Museen wichtige Impulse gaben. Ich folge also nicht der Trennung zwischen ‚historischen' und ‚kulturhistorischen' Museen, wie sie die Fachgruppen des Deutschen Museumsbundes abbilden, bei denen die kulturhistorischen Museen mit den Kunstmuseen zusammengefasst sind.

Es ist mir klar, dass ich nicht allen Museumstypen und Ausstellungsformaten, die ich unter der Rubrik ‚(kultur-)historische Museen' zusammenfasse, im Einzelnen gerecht werden kann. Mir geht es um etwas Anderes: Diese Museen und Ausstellungen teilen wesentliche Annahmen davon, was sie sollen, wie sie es zeigen, was sie sammeln und was sie dürfen und nicht dürfen. Sie sind sich darin nicht immer einig, aber folgen doch anderen Diskursen, Vorbildern und Leitideen als z. B. Kunst- oder naturkundliche Museen. Es geht mir, kurz gesagt, um Museen, die ähnliche Objekte in den Blick nehmen und sie ähnlich perspektivieren. Um diese Unterschiede deutlich zu machen, ziehe ich manchmal Museen anderer Gattungen zum Vergleich heran, vor allem dort, wo sie unser heutiges Museumsverständnis prägten. Im Mittelpunkt stehen Museen aus Deutschland, die ich zuweilen um besonders einflussreiche Beispiele aus anderen Ländern ergänze.

Zum Schluss noch eine Warnung: Dieses Buch ist eine Einführung in Geschichte, Theorie, Praxis und Berufsfelder des Museums. Es ist kein Handbuch (siehe dafür Walz 2016; Graf/Rodekamp 2012). Ihm geht es nicht darum, eine umfassende Museumsgeschichte und -theorie zu erzählen (siehe dazu ergänzend te Heesen 2012 und Korff 2007a), sondern möglichst stringent anhand von Beispielen die großen Linien herauszuarbeiten, die unser Verständnis von Museum *heute* prägen. Das Bekenntnis zur Teleologie und der Mut zur Lücke sind der Preis, den ich dafür zu entrichten habe.

Tübingen, August 2018

Was ist ein Museum? 1

Das Museum ist eine *europäische* Kulturinstitution. Seine Vorläufer – die Kunst- und Wunderkammern – fanden sich an europäischen Höfen und in Gelehrtenstuben in Italien, Frankreich, England oder den deutschsprachigen Ländern. In Europa entwickelten sich auch die ersten *modernen* Museen: das Ashmolean Museum in Oxford (1683), das British Museum in London (1759), das Muséum central des Arts im Pariser Louvre (1793) oder das Alte Museum in Berlin (1830). Das Museum ist aufs Engste mit einer Epoche verknüpft, die wir ‚die Moderne' nennen, also mit der Zeit der Republikgründungen, die auf die Ära der Feudalstaaten folgte. In Kontinentaleuropa markiert die Französische Revolution hierfür die entscheidende Zäsur. Erst jetzt, um 1800 (in England schon früher), bilden sich flächendeckend Museen eines neuen Typus heraus. Diese modernen Museen folgten den neuen Idealen der Aufklärung (v.a. dem Vernunftpostulat), hatten es mit einer neuen Öffentlichkeit zu tun, basierten auf dem neuen Konzept des Kulturerbes, waren maßgeblich von einer neuen Schicht – dem Bürgertum – geprägt und standen oft im Dienst einer neuen Idee: der Nation. Sie sind Teil einer groß angelegten gesellschaftlichen Umformung, die alle Wissens-, Repräsentations- und Bildungsinstitutionen betraf, neben Schulen und Universitäten die Institutionen des sogenannten Informations- und Dokumentationskomplexes (IuD-Komplex): Museen, Bibliotheken und Archive.

Lange, bis ins 18. Jahrhundert, war der Begriff ‚Museum' nicht klar konturiert (siehe Blank/Debels 2002). Oft war er kultisch grundiert und bezeichnete den Tempel der Musen als Ort der Musenverehrung, an den Pilger Opfergaben brachten und exponierten. Zuweilen bezog er sich auf das ‚Museion' von Alexandria, das nicht wegen seiner Sammlungen so hieß, sondern wegen der Gelehrtengemeinschaft (der unter anderem Ptolemäus und Euklid angehörten), die dort lebte und forschte. Hier wurden Dinge gesammelt und geordnet, und hier entstand im dritten Jahrhundert vor Christus die weltberühmte Bibliothek. Dieses ‚Museion' war also bereits ein Erkenntnisort mit Dingen, wenngleich es mit dem, was wir heute als Museum bezeichnen, nicht zu vergleichen ist.

Erst um 1800 schälte sich – parallel zur Gründung der ersten modernen Museen – ein neues Verständnis von Museum heraus, das der Internationale Museumsrat ICOM inzwischen wie folgt definiert hat:

Infobox

Museum
„A museum is a non-profit, permanent institution in the service of society and its development, open to the public, which acquires, conserves, researches, communicates and exhibits the tangible and intangible heritage of humanity and its environment for the purposes of education, study and enjoyment." (ICOM 2007)

Diese Definition besteht aus drei Teilen. Sie definiert den Status, die fünf Aufgaben und den Zweck eines Museums. Seinem Status nach ist das Museum „a *non-profit, permanent* institution in the *service of society* and its development, *open to the public*". Es verfolgt keine kommerziellen Ziele, ist – im Unterschied zum Ausstellungshaus oder der Galerie – ein Haus der langen Dauer, das Dinge für die Ewigkeit sammelt und bewahrt. Es ist gemeinnützig und steht jedermann zum Besuch offen. Seine fünf Aufgaben sind es, Dinge und Kunstwerke zu sammeln, zu bewahren, zu erforschen, bekannt zu machen und auszustellen. Sein Zweck schließlich besteht im Schutz und dem Zugänglich-Machen des „*tangible and intangible heritage* of humanity and its environment for the purposes of *education, study* and *enjoyment*." Museen bewahren und präsentieren materielles wie immaterielles ‚Kulturerbe' – das sind Dinge bzw. Bräuche, Traditionen oder Lieder –, um die Menschen zu belehren, zu unterhalten und um ihnen neues Wissen zugänglich zu machen (z.B. indem sie es ermöglichen, dass an den Dingen geforscht wird).

Die ICOM-Definition – 1946 erstmals lanciert – ist international die heute maßgebliche. ICOM überarbeitete sie mehrmals, bis die Generalversammlung 1974 eine Neufassung beschloss, die der heutigen Definition nahekommt. Enthielt die alte Definition bis dato nur die beiden Museumsaufgaben Bewahren und Ausstellen, kamen nun Forschen, Erwerben und Vermitteln hinzu. 2007 ergänzte ICOM schließlich die Kategorie des ‚intangible heritage'. Die Definition passte sich damit der UNESCO-Kulturerbepolitik an, die von 2006 an auch ‚immaterielles Kulturerbe' wie die Mittelmeerküche, die Deutsche Brotkultur oder den Karneval von Binche (Belgien) unter Schutz stellt.

Die ICOM-Definition transportiert ein spezifisches Museumsverständnis, unter das streng genommen keine kommerziell betriebenen Privatinstitutionen, die sich ‚Museum' nennen (die Bezeichnung ist nicht geschützt), fallen. Auch stellt sich inzwischen die Frage, ob sie einem entgrenzten Verständnis von Museum, das über die Ausstellungs- und Depoträume hinausgeht – wie Online-Museen oder all jene Museen, die sich als genreübergreifende öffentliche Kulturinstitutionen mit zahlreichen Angeboten jenseits der Sammlungen, Ausstellungen und Führungen verstehen –, noch gerecht wird. 2019 will die ICOM Generalkonferenz über eine Neudefinition beraten.

Die fünf Museumsaufgaben | 1.1

Sammeln

Bleiben wir noch kurz bei den von ICOM definierten Museumsaufgaben (siehe dazu vertiefend Walz 2016; Graf/Rodekamp 2012), um zu verstehen, wofür unsere Gesellschaft diese Institutionen nutzen soll. Museen sollen sammeln, das heißt, systematisch Objekte zusammentragen, um Wissen zu stiften oder eine bestimmte Sicht auf die Welt nahezulegen: „Collecting", schreibt die Kulturanthropologin Sharon Macdonald, „is a set of distinctive [...] practices that not only produces knowledge about objects but also configures particular ways of knowing and perceiving." (Macdonald 2006, 94f.) Anders als das private Sammeln z.B. von Souvenirs, die allein für den Sammler wichtig sein können, beziehen systematische Sammlungen Dritte in ihre Logik ein, sind öffentlich und nicht privat (ICOM: „open to the public").

Museumssammlungen haben einen übergeordneten Erkenntniszweck, für den sie so sortiert und klassifiziert werden, damit, unabhängig von den Personen, die eine Sammlung aufgebaut haben, ihr System nachvollziehbar ist. Das ist nicht selbstverständlich: Allen voran die Sammlungen der Renaissance, auf denen einige unserer heutigen Museen basieren, waren allein dem Willen und der Weltsicht ihrer Sammler verpflichtet und kannten keine allgemeingültigen Kategorien, nach denen sie ihre Dinge ordneten.

Sammlungen im Museum ändern den Status der Dinge. Darauf hat vor allem der französische Museumsphilosoph Krzysztof Pomian hingewiesen mit seiner inzwischen klassischen Definition: „Eine Sammlung ist jede Zusammenstellung natürlicher oder künstlicher Gegenstände, die zeitweise oder endgültig aus dem Kreislauf ökonomischer Aktivitäten herausgehalten werden, und zwar an einem abgeschlossenen, eigens für diesen Zweck eingerichteten Ort, an dem die Gegenstände ausgestellt werden und angesehen werden können." (Pomian 1998, 16) Das Museum macht Dinge des täglichen Gebrauchs zu Objekten von rein symbolischer Bedeutung. Es enthebt sie ihrer Gebrauchsfunktion, um sie als Gegenstände der Reflexion zu nutzen, an denen man etwas verstehen und erkennen kann. Das Museum gilt deshalb als Erkenntnisort, als Ort, an dem Wissen durch die Ordnung der Dinge in einem räumlichen Arrangement entsteht (ICOM: „education and study"). Wir werden noch sehen, dass nicht alle Museumsdinge derart gleichförmig funktionieren, sondern Werke der bildenden Kunst anderen Gesetzen folgen als kulturhistorische Objekte (siehe die Kategorien Werk, Exemplar, Zeuge in Kap. 3.3).

Warum aber sammelten Menschen überhaupt systematisch, also festen Vorgaben folgend? Was versprachen sie sich davon? Mit Blick auf das Museum lassen sich drei Motive unterscheiden: ein wissenschaftliches, ein politisches und ein psychologisches. *Wissenschaftliches Sammeln* versteht Dinge als Wissensspeicher. Es geht davon aus, dass Dinge Wissen dauerhaft konservieren und es freigeben können, wenn man sie entsprechend ordnet und befragt. Die naturkundlichen Sammlungen der Gelehrten des 16. und 17. Jahrhunderts zum Beispiel dienten als Orte des experimentellen Umgangs mit Objekten, denen man die Geheimnisse der Natur entnehmen wollte. *Sammeln zu politischen Zwecken* hingegen will mit den Dingen nicht primär neues wissenschaftliches Wissen stiften, sondern eine politische Botschaft lancieren. Adel und Klerus nutzten zu diesem Zweck früh ihre Sammlungen, um politische Macht, Reichtum und Status zur Schau zu stellen. Diese Dinge repräsentierten vor allem, das heißt sie nobilitierten ihren Eigentümer, weil sie besonders selten, kostbar oder teuer waren oder aus fernen Ländern importiert werden mussten. Das konnte sich kaum jemand leisten. Wichtiger als die Selbstdarstellung von Dynastien oder Individuen wurde bald aber die identitätsstiftende Funktion von Sammlungen, wie sie sich z. B. im Germanischen Nationalmuseum (gegründet 1852) finden lässt. Dieses Museum sollte Dinge zusammentragen, die eine gemeinsame kulturelle Identität der deutschsprachigen Gebiete belegen und so wirkmächtige Symbole für eine neue Gemeinschaft stiften, die politisch erst 1871 Realität wurde: das Deutsche Reich.

Das politische Sammeln unterscheidet sich vom *Sammeln aus psychologischen Motiven*. Dieses Sammeln soll „innerweltliche Verlusterfahrungen kompensieren", wie der Philosoph Hermann Lübbe (1982) das in seiner berühmten Kompensationstheorie formuliert hat. Für Lübbe fungierte das Museum als Ort, an dem sich ein Stück gute alte Welt finden lässt, die einem noch vertraut ist, und zwar in Zeiten rasanten gesellschaftlichen und politischen Wandels. Wo sich das Individuum immer stärker fremd fühlt in seinem Alltag, z. B. weil um 1900 die Trambahnen das Leben auf der Straße schnell und hektisch hatten werden lassen oder in der zweiten Hälfte des 20. Jahrhunderts Zechen und Webereien schließen mussten, da könne das Museum eine Gegenwelt des Vertrauten bieten. Diese Gegenwelt helfe, Modernisierungsprobleme zu moderieren, weil sie zwischen den Zeiten agiert. Im Kern geht es bei diesem Argument darum, dem Einzelnen Ängste vor einem ihm fremd gewordenen Alltag und Umfeld zu nehmen, indem er sich in vertraute Herkunftswelten oder an Sehnsuchtsorte wie das Landleben im 19. Jahrhundert flüchten kann, die ihm als authentisch und ursprünglich erscheinen. Dieses Sammeln ist oft nostalgisch.

Bewahren

Das Museum trägt Dinge zusammen, um sie auf Dauer zu *bewahren*. Das unterscheidet es von der Ausstellung, die auf begrenzte Zeit angelegt ist. Bewahren heißt zuerst, Dinge so zu lagern, dass sie nicht kaputtgehen, gestohlen oder beschädigt werden können. Dazu verfügen Museen über Depoträume, die – im

Idealfall – klimatisiert und besonders gesichert sind und hohen Brandschutzstandards entsprechen sollen. Das kostet Geld, weshalb die Frage, was es uns als Gesellschaft wert ist, dass bestimmte Objekte dauerhaft aufgehoben werden, immer häufiger politisch diskutiert wird: Brauchen wir das wirklich oder kann das weg (siehe Kap. 2.5, Grenzen des Wachstums)?

Bewahren heißt zweitens, Dinge zu *erschließen*, das heißt sie in Ordnungen zu überführen, in denen sie Sammlungsleiter (Kustoden) wie Nutzer wiederfinden können. Dafür muss das Museum sie zunächst erfassen und in Inventaren und Datenbanken verzeichnen. Das ist die Voraussetzung, damit der Kustos sie dicht an dicht in abgeschlossenen Lagerräumen verstauen kann, wo er sie nicht mehr in Gänze überblickt. Ohne Inventareintrag wären diese Dinge verloren, weil man sie in der Masse des Materials nicht mehr finden könnte. Eine erschlossene Sammlung bildet einen *Bestand*. Bestände findet ein Museum nicht in Gänze vor, sondern es *bildet* sie, indem es seine Sammlungen systematisch aufbaut und – in der Regel einer Sammlungsstrategie folgend – vervollkommnet.

Zwei Prinzipien können wir bei der Bestandsbildung in Archiven und Museen unterscheiden: das *Provenienz- und das Pertinenzprinzip*. Für das Provenienz- oder Herkunftsprinzip gilt, dass „das bei einer bestimmten Behörde, Einrichtung oder Einzelperson erwachsene Dokumentationsgut im Archiv in einem diesem ‚Registraturbildner' vorbehaltenen Bestand oder Fonds zusammengefasst wird" (Franz 2004, 45 f.). Wer so sammelt – z. B. Behördenarchive –, belässt die Dinge in jenen Zusammenhängen, in denen sie ins Archiv oder Museum gekommen sind. So kann er klar abgegrenzte, in sich geschlossene Einheiten „unter weitgehender Wahrung des ursprünglichen Registratur- und Organisationszusammenhangs" bilden (ebd.). Der Überlieferungszusammenhang wird also nicht verändert. Was für Behördenarchive gut funktioniert, ist für (Museums-)Sammlungen wenig zielführend. Denn wo das Behördenarchiv davon ausgehen kann, dass die Behörden, deren Akten es übernimmt, ihre Ablagen nach demselben Schema organisieren (alphabetisch, nach Jahren etc.), wählt man für eine Sammlung gezielt einzelne Objekte aus und ergänzt sie um Dinge aus anderen Kontexten: aus Privatsammlungen, von Auktionen, Flohmärkten oder im Tausch mit anderen Museen. Für Museumssammlungen ist in der Regel das Pertinenzprinzip relevant. Es sortiert seine Dinge nach neuen Sachzusammenhängen, ordnet sie Kategorien unter, die für die jeweilige Leitdisziplin relevant sind: Ein historisches Museum sortiert seine Dinge dann z. B. nach Epochen, ein Kunstgewerbemuseum nach Materialien, ein naturkundliches Museum taxonomisch nach Arten oder ein Literaturmuseum nach Autorennamen. Die vormuseale Ordnung der Dinge geht verloren (wenngleich sie inzwischen immer häufiger dokumentiert wird), um sie dem übergeordneten Erkenntnisinteresse des Museums anpassen zu können. Andernfalls bestünden Museumssammlungen aus einer Vielzahl unterschiedlicher Ordnungen, die kaum noch jemand überblicken könnte.

Bewahren bleibt drittens nicht beim sauberen Verräumen und Ordnen der Dinge stehen, sondern es kann die Dinge auch materiell verändern. Ein Museum *konserviert* das Material, wenn es weiteren Verfall stoppt, also z.B. Schimmel beseitigt oder Rost entfernt. Es *restauriert* die Dinge, wenn es sie in einen früheren Zustand zurückversetzt. In welchen Zustand der Restaurator das Objekt zurückversetzt, hängt – neben den technischen Möglichkeiten – davon ab, welche Fragen die Forschung aktuell interessieren und welche Wertkriterien sie anlegt. Restaurierungsfragen unterliegen also immer zeittypischen Interessen und verändern sich.

Forschen

Zu forschen heißt, systematisch mit wissenschaftlichen Methoden nach neuer Erkenntnis zu suchen und das neue Wissen zu dokumentieren und zu veröffentlichen, damit die Wissenschaft es diskutieren kann. Forschen ist ein offener Prozess mit ungewissem Ausgang. Forschung im Museum basiert auf den Sammlungen und kennt drei Zweige: Grundlagenforschung als Erkenntnisgewinn über Sammlungsobjekte ohne konkretes Verwertungsinteresse, disziplinäre Forschung, um Objekte nach fachwissenschaftlichen Kriterien zu erschließen und angemessen zu bewerten, und Forschung in benachbarten Wissenschaften, die nötig sind, um die Objekte für die Museumsarbeit zu nutzen (konservatorische Maßnahmen, Ausstellungstheorie, Dokumentationsstandards etc.) (Waidacher 1999, 180–185).

Bis an die Schwelle des 20. Jahrhunderts definierten sich viele Museen als Orte der Forschung (und grenzten sich damit von pädagogisch ausgerichteten ‚Volksbildungsstätten' ab). Ihre Sammlungen dienten Wissenschaftlern im Museum und an den Universitäten als Grundlage für neues Wissen. Besonders galt dies für die Naturkunde, die Tier- und Pflanzenpräparate so lange in Schränken und Schubladen neu sortierte, bis sie zu konsensfähigen Ordnungen und Kategorien kam, die wir heute als Taxonomien bezeichnen. Die Kunstgeschichte nutzte die Skulpturen und Gemälde in den Kunstmuseen, um ihre Stilgeschichte zu entwickeln und formale Prinzipien zu verstehen. Volks- und Völkerkunde schließlich bedienten sich der Museumssammlungen, um mit ihnen das Alltagsleben der einheimischen Bauern bzw. der indigenen Bevölkerung aus Übersee untersuchen zu können. Diese Gruppen hatten nur selten schriftliche Selbstzeugnisse hinterlassen. Ihrem Leben konnten sich die Volks- und Völkerkundler mithin nicht über schriftliche Quellen in Archiven nähern, sondern nur über die materielle Kultur: über die Trachten und Speere, die Küchengeräte und Bambushütten, die Möbel und Masken, die von Exotik und Naturnähe gleichermaßen zeugen sollten. Der Völkerkundler Leo Frobenius hoffte, mithilfe von völkerkundlichen Museumssammlungen die Frühzeit der Menschen neu interpretieren zu können und so zum „Ursprung der Völker" vorzudringen. „Die Ergebnisse dieser Untersuchung sind ein Triumph der Museumswissenschaft [...]", verkündete er 1898, „denn nur mithilfe der in den Museen aufgespeicherten Schätze ist es gelungen, die Kulturorganismen zu verstehen." (Frobenius 1898, 301)

Diese unmittelbare Nähe zur (universitären) Forschung verloren viele Museen im 20. Jahrhundert. Die Volks- und Völkerkundler zum Beispiel gingen nun selbst ins Feld, um mit den Menschen, die sie untersuchen wollten, zu sprechen, bei ihnen zu leben und sie zu beobachten. Erkenntnis suchten sie nicht mehr in den alten Dingen, sondern in selbst erhobenen, oft immateriellen Daten aus der eigenen Feldforschung. Je stärker sich die Wissenschaften ausdifferenzierten, desto stärker verloren Museum und Universität den Kontakt. Mittelfristig führte das dazu, dass der Forschungsauftrag der Museen aus der öffentlichen Wahrnehmung verschwand und von der Kulturpolitik immer weniger honoriert wird. Museen sollen mit ihren Ausstellungen wissenschaftliches Wissen für ein breites Publikum vermitteln. Wie sehr etliche von ihnen dabei aus ihren Beständen genuine Forschungsbeiträge leisten, wird oft nicht erkannt. Die Realität vieler kleinerer Museen freilich sieht so aus, dass ihnen das Tagesgeschäft – vor allem die Arbeit an den regelmäßig erwarteten Wechselausstellungen und die aufwendige Vermittlungsarbeit – kaum noch Zeit für Grundlagenforschung lässt. Geforscht wird dann höchstens themenbezogen für die nächste Sonderschau. Das Museum wird inzwischen – darauf komme ich später ausführlich zu sprechen – nicht mehr primär über seine Sammlungen wahrgenommen, sondern über seine Ausstellungen.

Als Reaktion auf den bedrohten Forschungsauftrag der Museen deklarierten sich 1977 Museen der Leibniz-Gemeinschaft als „Forschungsmuseen": Zu diesen Museen der sogenannten „Blauen Liste" zählen das Deutsche Bergbau-Museum in Bochum, das Deutsche Museum in München, das Germanische Nationalmuseum in Nürnberg, das Römisch-Germanische Zentralmuseum in Mainz, das Zoologische Forschungsmuseum Alexander Koenig in Bonn und seit 1980 das Deutsche Schifffahrtsmuseum in Bremerhaven sowie seit 2009 das Museum für Naturkunde der Humboldt-Universität Berlin. Hinzu kommt das Senckenberg-Naturmuseum Frankfurt. Die Forschungsmuseen der Blauen Liste sind außeruniversitäre Forschungsinstitute, die für sich in Anspruch nehmen, für ihren Fachbereich „Aufgaben von zentraler Bedeutung zu erfüllen". „Die Forschungsmuseen der Leibniz-Gemeinschaft", heißt es im Bund-Länder-Eckpunktepapier zu diesen Museen, „sind Orte von Wissenschaft und Forschung [...]. Traditionell verstehen sich die Forschungsmuseen als Orte der Bildung, der Wissenschaftskommunikation und des Wissenstransfers. Sie formen mit ihrer Arbeit das kulturelle Gedächtnis einer Gesellschaft und können mit ihren Ausstellungen kulturelle Identität und gesellschaftliche Integration stiften – und nicht zuletzt Menschen jeder Herkunft und jeden Alters für Wissenschaft und Forschung begeistern."

(https://www.bmbf.de/files/Bund-Laender-Eckpunktepapier-Forschungsmuseen-Leibniz.pdf) Konkret bedeutet Forschung in diesen Museen, dass sie (natur-)wissenschaftliche Verfahren zur Altersbestimmung von Artefakten entwickeln, Restaurierungs- und Konservierungswissenschaften, Materialforschung sowie Bildungs- und Besucherforschung betreiben. Sie wollen neue Erkenntnisse über die Entwicklung von Wissen, Wissenschaft und Wissensordnungen liefern.

Inzwischen ist der Forschungsauftrag der Museen in Deutschland auch jenseits dieser Leuchtturmprojekte wieder stärker ins Bewusstsein getreten, wofür etwa die Förderlinien „Forschung in Museen“ (VolkswagenStiftung) oder „Die Sprache der Objekte“ (Bundesministerium für Bildung und Forschung) ein Indiz sind. Kurzum: Nachdem Wissenschaft und Museum sich nach 1900 immer stärker voneinander entfernten, lassen sich aktuell Zeichen einer Wiederannäherung erkennen (siehe Kap. 2.5, Museen als Wissens- und Forschungsorte).

Ausstellen

Neben den Aufgaben Sammeln, Bewahren und Forschen, die Museen vor allem mit und in den Sammlungen bewältigen, gibt es zwei besonders öffentlichkeitswirksame Aufgaben: das Ausstellen und das Vermitteln. Mit beiden versucht ein Museum, seine Erkenntnisse zu popularisieren, das heißt öffentlich bekannt zu machen. Das klassische Format innerhalb des Museums dafür ist die Ausstellung. Ihr Ursprung ist ein dreifacher: Kunstsalon, Gewerbeschau und Museum sind die Entstehungsorte der modernen Ausstellung als ästhetischer, ökonomischer und epistemischer Praxis.

Eine Ausstellung ist eine zeitlich begrenzte Präsentation von Objekten im Raum zu Demonstrationszwecken. Sie ist nicht an einen bestimmten Ort gebunden, sondern mobil und ein Instrument, dessen sich so unterschiedliche Institutionen wie Museen, Galerien, Bibliotheken, Universitäten, Kaufhäuser oder Messen bedienen. Ausstellungen sind Schauzusammenhänge, die auf sinnliche Erfahrungen zielen und beanspruchen, das Publikum gleichermaßen zu unterhalten und Wissen zu vermitteln.

Das Ausstellen im Museum unterschied sich lange Zeit von den Präsentationen der Weltausstellungen, Messen oder Warenhäuser. Es folgte (und folgt in der Regel immer noch) einer anderen Logik. Die Formate beeinflussten sich gegenseitig, blieben aber, wie die Kulturwissenschaftlerin Gudrun König gezeigt hat, verschiedenen Präsentationslogiken verpflichtet. Statt die Dinge zu wissenschaftlichen Typologien, Stilräumen oder rekonstruierten Stuben zu arrangieren, wie im Museum üblich, feierte die Warenwelt um 1900 das Einzelobjekt, das sie durch Serien des Immergleichen in seiner Präsenz noch zu steigern wusste. Die kommerzielle Warenausstellung als flüchtiges Medium reagierte schneller auf neue Sehgewohnheiten des modernen Konsumenten, als es dem an seiner Sammlungsordnung orientierten Museum seinerzeit möglich war. Solche Schauen machten Dinge zu Symbolen modernen Lebensstils und verliehen ihnen durch räumliches Arrangement in ansprechenden Raumbildern ganz neue Bedeutungen, die sich durch das Sehen erschlossen: „Labor und Experimentierfeld für Operationen des Zeigens waren nicht kulturhistorisches Museum und Museumsausstellung, sondern Gewerbeausstellung und Warenhaus." (König 2009, 353) Für die Wissenschaftshistorikerin Anke te Heesen handelt es sich bei „Ausstellung und Museum um zwei verschiedene Präsentationsweisen, die erst zu Beginn des 20. Jahrhunderts zueinander fanden" (te Heesen 2012, 14).

Grundsätzlich können wir zwei Arten von musealen Ausstellungen unterscheiden: Dauer- und Wechselausstellungen. Dauerausstellungen sind für einen längeren Zeitraum konzipiert (10–15 Jahre) und entsprechen dem musealen Prinzip der Schausammlung, d. h. sie beruhen vor allem auf Beständen aus der eigenen Sammlung und repräsentieren den Sammlungsbestand des Hauses. Wechselausstellungen hingegen sind von kurzer Dauer, können zwischen verschiedenen Museen wandern („Wanderausstellung") und sich ihre Exponate aus anderen Sammlungen zusammenleihen. Sie können stärker zuspitzen und kühner inszenieren als Dauerausstellungen, da sie nach wenigen Monaten wieder abgebaut werden. „Sie müssen den Mut zur These und den Mut zum Bild haben, damit sie mit ihren Botschaften der öffentlichen Diskussion Stoff und Richtung geben können. Sie sind Ausgangspunkte für Trends und weitreichende Verständigungs- und Deutungsprozesse, die nachdrücklich jene diskursive Unruhe bewirken können, die für eine lebendige Geschichtskultur Voraussetzung ist." (Korff / Roth 1990, 21 f.) Wechselausstellungen sind flexibel, weil sie kurzfristig auf aktuelle Debatten reagieren können. So inszenierte das Deutsche Historische Museum in Berlin 2016 / 17 eine Ausstellung zur Geschichte des deutschen Kolonialismus genau zu dem Zeitpunkt, als rund um das geplante Berliner Humboldt Forum darüber gestritten wurde (und wird), welchen Rang die deutsche Kolonialvergangenheit in der deutschen Erinnerungskultur einzunehmen habe (siehe Kap. 2.5, Kulturerbe und Provenienzforschung). Besonders eindrücklich zur „diskursiven Unruhe lebendiger Geschichtskultur" hat 1995–1999 die sogenannte Wehrmachtsausstellung beigetragen, die mit der Botschaft antrat, „die Lüge von der sauberen Wehrmacht" zu entkräften. Sie wollte nachweisen, in welchem Ausmaß deutsche Soldaten an den Massenermordungen im Vernichtungskrieg im Osten beteiligt waren, und wurde zum Skandal. Neuere Formate wie die sogenannten ‚Interventionsausstellungen' versuchen, die kategorische Differenz zwischen Dauer- und Wechselausstellung aufzubrechen: Sie ‚überspielen' mit temporären Präsentationen einzelne Stationen der Dauerausstellung, indem sie neue Objekte und Texte einbringen und so alten Inszenierungen eine neue Aussage geben.

Aufgabe jeder Ausstellung ist es, Themen mithilfe von Dingen, Texten und Medien zu *zeigen*. Ausstellungen dekontextualisieren ihre Objekte, um sie narrativ neu zu ordnen, das heißt sie nehmen Objekte aus ihrem früheren Gebrauchszusammenhang, um sie zu Gegenständen des Nachdenkens und zu Symbolen zu machen, also zu *Exponaten*. Diese Dinge *inszenieren* sie, ordnen sie „nach Maßgabe einer Deutung im Raum" an (Korff 2007a, 144), um Deutungen nahezulegen und die Wahrnehmung zu lenken. Inszenierungen sind zwar stets bewusst hergestellt, werden aber nicht immer bewusst decodiert, sondern können einen überwältigen, einem zustoßen. Sie beziehen sich auf früher Erlebtes, Gelerntes, Erfahrenes und basieren gleichermaßen auf einmalig subjektiv erlebten Ereignissen wie auf intersubjektiv gültigen kulturellen Codes, die der Betrachter verinnerlicht hat, ohne sich ihrer bewusst sein zu müssen. Inszenierungen entziehen sich weitgehend einer Nacherzählung in Begriffen, weil man sie nur partiell kommunizieren, vollständig nur wahrnehmen, erleben kann. Ein Gutteil der Inszenierung ist inkommensurabel, also nicht übersetzbar in andere Darstellungsformen, sondern nur im Schauraum fassbar.

Infobox

Inszenierung

Inszenierungen sind Strategien, die in einer Ausstellung Exponate mithilfe von Ausstellungsmobiliar, audiovisuellen und atmosphärischen Medien (Licht, Töne) räumlich in Szene setzen, um Deutungen nahezulegen und Objekteigenschaften und -bedeutungen sinnlich erfahrbar zu machen. Sie sind mehr als die Summe ihrer Teile und nur partiell analytisch zu verstehen oder in Begriffe zu übersetzen. Man muss sie erleben.

Vermitteln

> Vermittlungsarbeit im Museum gestaltet den Dialog zwischen den Besuchern und den Objekten und Inhalten in Museen und Ausstellungen. Sie veranschaulicht Inhalte, wirft Fragen auf, provoziert, stimuliert und eröffnet neue Horizonte. Sie richtet sich an alle Besucher/innen und versetzt sie in die Lage, in vielfältiger Weise vom Museum und seinen Inhalten zu profitieren, das Museum als Wissensspeicher und Erlebnisort selbständig zu nutzen und zu reflektieren. Vermittlungsarbeit ist integraler Bestandteil der Institution Museum und realisiert maßgeblich und nachhaltig ihren Bildungsauftrag. (Deutscher Museumsbund/Bundesverband Museumspädagogik 2008, 8).

Diese Idee von Vermittlung sieht das Museum als dialogische Institution, die den Besucher nicht belehrt, sondern vor allem mit ihm in Kontakt kommen will. Das Museum ist ein öffentlicher Raum der Begegnung und des Austausches mit Objekten, Kuratoren, anderen Besuchern und Experten sowie der Institution Museum im Rahmen unterschiedlicher Veranstaltungen.

Dem Bundesverband Museumspädagogik (BVMP) gilt all das als Teil des „Bildungsauftrags" der Museen – eine Denkfigur, die sich im 19. Jahrhundert etablierte. Seit dieser Zeit ist Bildung in Deutschland ein Zentralbegriff der Vermittlungsarbeit. Im Doppel mit Kultur wurde sie zu einem „deutschen Deutungsmuster" (Bollenbeck 1994, 25) (siehe Kap. 1.2, Kultur), das dem Humboldt'schen Ideal der umfassenden (zweckfreien) Bildung der Persönlichkeit dienen soll (siehe Kap. 2.3, Das Museum als Erziehungsanstalt und der Exhibitionary Complex). Diese Idee von ‚Bildung' stand in den 1960er und 1970er Jahren zwischenzeitlich in der Kritik, weil sie bürgerlichen Idealen verpflichtet schien. Erst in den späten 1980er Jahren wurde sie wieder diskutiert und unter dem Schlagwort ‚kulturelle Bildung' neu vermessen. „Kulturelle Bildung bedeutet Bildung zur kulturellen Teilhabe. Kulturelle Teilhabe bedeutet Partizipation am künstlerisch kulturellen Geschehen einer Gesellschaft im Besonderen und an ihren Lebens- und Handlungsvollzügen im Allgemeinen." (Ermert 2009, 1)

Neben ‚(kultureller) Bildung' ist der Begriff ‚Lernen' der zweite zentrale Topos heutiger Vermittlungsarbeit im Museum. Während Bildung stärker auf ein umfassendes Konzept von Persönlichkeitsentwicklung zielt, das Urteilsfähigkeit bei permanenter Selbstkritik einfordert, definiert der Kognitionspsychologe Stephan Schwan Lernen „als relativ dauerhafte Verhaltensänderung aufgrund von Übung oder Erfahrung" (Schwan 2015, 64). Allen voran die Besucherforschung hat neue Theorien und Konzepte zum Lernen im Museum entwickelt, bei denen das ‚informelle' Lernen im Zentrum steht, das „beiläufig aus einer anderen Aktivität heraus" entsteht (ebd. 66). Im Museum basieren Bildung und Lernen auf der direkten Konfrontation mit Dingen im Raum als eigenständiger ‚ästhetischer' Erfahrung. Die Ausstellung fungiert eher als Impulsgeber für Kommunikation, denn als Ziel der Vermittlungsarbeit: „Lernen und Bilden umfasst [...] ästhetische Erfahrung und ist als produktiver, selbsterzeugender Wissens- und Erfahrungsaufbau zu verstehen – und nicht unbedingt an die Erzähllinie einer Ausstellung gebunden." (Noschka-Roos 2016, 46)

Vermittlung bezeichnet heute jegliche Kommunikation im und über das Museum – von der Ausstellungs- oder Depotführung über die Öffentlichkeitsarbeit, Konzeptentwicklung bis zum Besucherservice, der Besucherforschung und dem sogenannten Audience Development. Sie soll – zumindest in der Theorie – integraler Bestandteil jeglicher öffentlicher Museumsarbeit sein. Im englischsprachigen Raum ist ein solches Verständnis von Vermittlung traditionell stark in den Museen verwurzelt. Die Macht der Education Departments innerhalb der (großen) Museen ist ungleich größer als in Deutschland, wo der ‚Museumspädagoge' lange Zeit als Anhängsel zum wissenschaftlichen Kurator gesehen wurde. Das ändert sich inzwischen.

In der Bundesrepublik war dafür die Bildungsreform der 1970er verantwortlich, die mit ihren Ideen des Museums als „Lernort" und einer „Neuen Kulturpolitik" (siehe Kap. 2.4, Museen in der Bundesrepublik) leicht zugängliche Kulturangebote für jedermann etablieren wollte. Immer mehr Museen begannen nun (nochmals verstärkt seit den 1990er Jahren), ihre Angebote vom Besucher und nicht mehr allein von den Sammlungen aus zu konzipieren. Zwar gab es Vorläufer wie die Museumsreformbewegungen um 1900, die versuchten, die deutschen Museen als Institutionen der ‚Volksbildung' zu ‚demokratisieren' und besucherfreundlicher zu machen; damals aber waren die meisten großstädtischen Museen – anders als die dezidiert volkspädagogisch ausgerichteten Technik- oder Heimatmuseen – in ihrem ganzen Habitus nicht offen für Klassen unterhalb des Bürgertums und fest in den Händen von Verwaltungsbeamten, die sich allein für die Sammlungspflege zuständig fühlten. Das änderte sich großflächig erst, als sich die westlichen Gesellschaften Ende der 1960er Jahre im Zuge der Neuen Sozialen Bewegungen grundlegend wandelten und sich eine internationale Kulturpolitik der Teilhabe etablierte, wie sie sich 1976 in der „Empfehlung über die Teilnahme und Mitwirkung aller Bevölkerungsschichten am kulturellen Leben" der UNESCO oder in neuen Museumsformen wie dem Ecomusée in Frankreich oder den Neighborhood Museums in den USA äußerte. Beide Konzepte basierten auf der Mitarbeit der Menschen vor Ort beim Aufbau neuer Stadtteilmuseen. Die 1970er Jahre sind in der Bundesrepublik die Zeit, in der Museen erste Planstellen für Museumspädagogen einrichteten. In der DDR geschah das bereits Mitte der 1960er Jahre.

Heute versteht sich die Museumspädagogik als dialogische Disziplin, die ihre Themen bevorzugt „handlungsorientiert" vermittelt. Sie ist bestrebt, dass sich die Besucher eigenständig Ausstellungen und Museumsangebote aneignen: „Vermittlungsarbeit macht die Institution Museum transparent und fördert eigene Zugänge der Besucher zu den Präsentationen." (Deutscher Museumsbund/ Bundesverband Museumspädagogik 2008, 10) Dafür hat sich der Begriff ‚Partizipation' als Chiffre für aktive Teilhabe an Museumsaufgaben eingebürgert, um den es in Kapitel 2.5 gehen wird.

Weiterführende Literatur

Commandeur / Kunz-Ott / Schad 2016: Beatrix Commandeur / Hannelore Kunz-Ott / Karin Schad (Hg.), Handbuch Museumspädagogik. Kulturelle Bildung im Museum (München 2016).

Korff 2007a: Gottfried Korff, Museumsdinge. Deponieren – exponieren. In: Martina Eberspächer / Gudrun Marlene König / Bernhard Tschofen (Hg.), Museumsdinge. Deponieren – exponieren (Köln, Weimar, Wien 2007²).

Macdonald 2006: Sharon Macdonald (Hg.), A Companion to Museum Studies (Oxford 2006).

Pomian 1998: Krzysztof Pomian, Der Ursprung des Museums. Vom Sammeln (Berlin 1998).

Pearce 1994: Susan Pearce (Hg.), Interpreting objects and collections (New York 1994).

Walz 2016: Markus Walz (Hg.), Handbuch Museum. Geschichte – Aufgaben – Perspektiven (Stuttgart 2016).

Koordinaten: Kultur, Geschichte, Identität und Wissen | 1.2

Das (kultur-)historische Museum lässt sich zwischen vier Begriffen verorten, die seit jeher seinen Auftrag bestimmten: Es ist ein Ort, an dem sich Gesellschaften ihrer *Kultur* versichern. Diese Kultur basiert auf *Geschichte*, die sie legitimiert und in einen Traditionszusammenhang stellt. Sie dient dazu, dass Gruppen sich eine *Identität* geben können, weil sie ein gemeinsames *Wissen* teilen und sich auf gemeinsame Wissensbestände einigen können. Wissen freilich ist nicht nur instrumentell zu verstehen, sondern Grundlage des wissenschaftlichen Auftrages des Museums als Erkenntnisort, der mithilfe seiner Sammlungen und Ausstellungen neues Wissen erzeugt und Erkenntnisse verbreitet.

Kultur

Was Kultur ist, ist heute unklarer denn je. Für das kulturhistorische Museum ist der Begriff so zentral, dass es ihn im Namen führt. Das Adjektiv kulturhistorisch lässt sich dabei in zwei Richtungen lesen, die für den Kulturbegriff insgesamt kennzeichnend sind. Zum einen bezieht sich Kultur auf *Kunst und Bildungsgut*, verweist also auf einen Teilbereich der Gesellschaft, der neben anderen Bereichen wie Wirtschaft oder Politik steht (*enger Kulturbegriff*). Was zu dieser Kultur gehört, lernen wir im Deutsch-, Kunst- oder Geschichtsunterricht – und im Kunst- oder (kultur-)historischen Museum. Zum anderen bedeutet Kultur die Lebensweise einer Gruppe, „culture as a whole way of life“, wie der britische Kulturtheoretiker Raymond Williams (1958) das einmal genannt hat. Diese Kultur umfasst alles, was Gruppen zusammenhält oder trennt: Bräuche, Moralvorstellungen, Umgangsformen, politische Systeme, Gesetze oder Symbole (*weiter Kulturbegriff*). Sie ist das Fundament, auf dem Gesellschaften ruhen, und nicht bloß ein Teilbereich von ihnen – und sie ist eng mit dem Begriff ‚Identität‘ verbunden.

Beim engen Kulturbegriff ist die Relevanz für das Museum leicht erkennbar. Das moderne Museum ist im 19. Jahrhundert groß geworden. Es erblühte zusammen mit dem Bildungsbürgertum, einer kleinen Elite von Kennern und Gelehrten, die maßgeblich die repräsentativen Symbole für ihre Schicht festlegte. Das (deutsche) Bürgertum definierte sich weder ökonomisch (wie eine Klasse) noch rechtlich (wie ein Stand), sondern maßgeblich über seine ‚Kultur‘, insbesondere über seinen Zugang zur Hochkultur. Es gründete Vereine mit eigenen Sammlungen und übernahm zentrale Elemente der höfischen Kultur: Theater, Oper und Museum. Die Prestigeinstitutionen der alten Machthaber dienten nun einer neuen Elite zum Statuserwerb. Vor allem aber finanzierten nun immer häufiger staatliche Einrichtungen diese Häuser.

Zu dieser Zeit paarte sich Kultur mit einem Zwillingsbegriff, der es den neuen Geldgebern leichter machte, ihre Investitionen in Kulturinstitutionen zu rechtfertigen: *Bildung*. Der Kunsthistoriker Walter Grasskamp geht davon aus, „dass bei der Übernahme vereinsfinanzierter Initiativen und höfischer Einrichtungen durch die öffentlichen Haushalte von Beginn an der Bildungsauftrag die entscheidende Rolle spielte, der den Staat nicht nur die laufenden Kosten, sondern auch den weiteren Ausbau von Institutionen übernehmen ließ, die er nicht selbst gegründet hatte" (Grasskamp 2016, 83). Hier wirkte – wie wir noch sehen werden – die Französische Revolution stilbildend. Der enge Zusammenhang von Kultur und Bildung war von da an Leitprinzip bürgerlicher bzw. staatlicher oder kommunaler Kulturpolitik und verpflichtet sie bis heute. Kultur und Bildung waren untrennbar verbunden; aber es war kein neutrales Doppel, das hier entstanden war, sondern ein exklusives. Kultur und Bildung repräsentierten die spezifische Kunst- und Kulturauffassung des Bildungsbürgertums – eine Auffassung, die populäre Künste zu 95 % ausgrenzte und damit auch große Teile des Publikums. Sie trennte seriöse Kultur/Bildung von den marktgängigen „Gebrauchskünsten" (Maase 2007, 17), die sie als ‚leichte Unterhaltung' und ‚bloßes Vergnügen' abtat. Diese Kultur war ernst und missionarisch ausgerichtet, glaubte daran, dass, wer mit ihr in Berührung kommt, die Welt mit anderen Augen sehen werde. Ihre pathetischsten Promotoren wie Friedrich Schiller (1759–1805) – Heroe des Bildungsbürgertums und Nationalsymbol – attestierten ihr, den Menschen von Grund auf besser zu machen. Die bürgerliche Kultur war das Ideal, nach dem alle streben sollten.

Darin lag ihr distinktiver Zug: Kultur half, das Bildungsbürgertum als Gruppe zu formieren und es über andere Schichten zu erheben. Mit ihrer Kultur brachte diese Gruppe sich als neue Elite in Stellung. Mit Erfolg: Arbeiter- und Bauernsöhne, die gesellschaftlich aufsteigen wollten, versuchten Zugang zu dieser Kultur zu bekommen, die als Eintrittskarte in den exklusiven Club der oberen Schichten nötig war. Diese Kultur war (und ist) normativ aufgeladen, impliziert einen gesellschaftlichen Wert, den man schützen müsse. Es galt, die ‚richtige' Kultur gegen viele ‚falsche' (populäre) Kulturen zu verteidigen, um den vermeintlichen ‚Kulturverfall' zu vermeiden. Diese Sicht war in (West-)Deutschland ungemein beständig und ist es immer noch. Im Museum begegnet sie uns heute z.B. bei den Fragen, wie volkstümlich Ausstellungen sein dürfen oder wie viel Multimedia-Einsatz zulässig ist, ohne an Seriosität einzubüßen.

Allerdings hat sich das Verhältnis der Deutschen zu ihrer Kultur (im engen Sinne) entspannt. In den späten 1960er Jahren, als die Jugend rebellierte und die Intellektuellen den Proletarier für sich vereinnahmten, verloren Kultur und Bildung allmählich ihr hermetisches Äußeres. Pop-Art und Performance eroberten die Kunstmuseen, und die (kultur-)historischen Häuser sammelten und zeigten Dinge der Alltagskultur, für die sich bis dato höchstens Volkskunde- und Heimatmuseen interessiert hatten: Handkarren, Comics, Einbauküchen oder Schlüpfer von Prostituierten, sofern sich mit ihnen eine gute Geschichte erzählen ließ. Der

Frankfurter Kulturdezernent Hilmar Hoffmann skizzierte in den 1970er Jahren schließlich seine Vision einer „Kultur für alle". Unter den Augen des alten Kulturestablishments pulverisierte der Kanon des „Wahren, Schönen und Guten", um mit seinem Staub die Massen zu pudern. Statt exklusiv gaben sich immer mehr Museen volksnah: Sie investierten in Werbung, in Vermittlungsarbeit und engagierten für ihre Ausstellungen spezialisierte Ausstellungsgestalter. Die Kultur, die sie zeigten, war nicht mehr dem Alltag entrückt, exklusiv und schwer zugänglich, sondern nah an der Lebenswelt der Besucher und didaktisch aufbereitet – genau das wurde ihr gerne als banal und infantil vorgeworfen. Dieses Misstrauen gegen populäre, unterhaltsame Angebote war ein Erbe der Gründungszeit des Museums. Ein zweites Erbe ist der enge Konnex zwischen Kultur und Bildung als Leitidee des Museums. Es wird eine zentrale Frage der nächsten Jahre sein, ob diese Leitidee an Überzeugungskraft verliert, wie Grasskamp glaubt, oder ob sie nach wie vor in der Lage ist, Museumsleiter wie Kulturpolitiker auf ihre Institutionen zu verpflichten, wollen sie nicht als Banausen gelten, die lokales oder nationales ‚Kulturerbe' verkaufen oder verkommen lassen.

Das Stichwort ‚Kulturerbe' schlägt die Brücke zum weiten Kulturbegriff, also der repräsentativen Lebensweise einer Gruppe. Wer in diesem Sinne von Kultur spricht, will auf möglichst vielen Gebieten (bei Werten, Normen, Politik, Bräuchen, Moralvorstellungen etc.) die eigene ‚Kultur' von einer fremden unterscheiden. Kulturerbe liefert wesentliche Symbole für diese Unterschiede, weil es offiziell definiert, welche Gebäude, Dinge oder Bräuche repräsentativ für eine Nation (oder Region) sind: Der Eiffelturm steht für die Grande Nation, das Reetdachdeckerhandwerk für deutsche Wertarbeit und die Mittelmeerküche für italienisches Dolce Vita. Geburtsstunde dieser Idee von Kulturerbe (‚Patrimoine') war die Französische Revolution, als revoltierende Massen Kirchen plünderten, Denkmäler stürzten und Archive ansteckten. Nun bemühte sich die Bildungselite, die wichtigsten Kulturgüter zu schützen und an sicheren Orten zu bewahren, damit die künftige französische Nation nicht vollkommen geschichtslos sei. Aus diesem Rettungsgedanken entstand der Louvre als Nationalmuseum. Ihm folgten alsbald weitere Nationalmuseen in Budapest (1802), Brüssel (1803), Prag (1818), Madrid (Prado 1819), London (National Gallery 1820) und Nürnberg (Germanisches Nationalmuseum 1852).

Die Gründung zahlreicher Nationalstaaten in Europa im 19. Jahrhundert ist ein zentraler Faktor, der Kulturerbe, Hochkultur und Museum zusammenbindet. Die nationalen Bewegungen brauchten Symbole, um zusammenzubringen, was zusammengehören sollte. Sie nutzten dafür eine Rhetorik, die nationale Spezifika betonte oder erfand – für Deutschland als ‚Kulturnation' waren das die gemeinsame Sprache, die Dichter und Denker und die Kunst –, und sie gründeten Museen, die ganz im Dienste der nationalen Sache standen und die neue, aber abstrakte Idee der Nation wirkmächtig in konkrete Bilder übersetzen konnten.

Kunst-, Altertümer- oder Heimatmuseen konnten zeigen, was dem neuen Staatsbürger als wertvoll und identitätsstiftend gelten sollte. Sie prägten mit den historischen Fragmenten aus ihren Sammlungen die kollektiven Vorstellungen von einer nationalen Kultur.

Politische Gründe sind für die Museen des späten 20. und 21. Jahrhunderts allerdings nur noch eine Facette ihres Umgangs mit Kultur. Mindestens ebenso wichtig wie identitäts- oder gesellschaftspolitische Ziele sind – neben wissenschaftlichen (siehe unten) – ökonomische Interessen: ‚Kommodifizierung' lautet das Schlagwort eines neuen Zugriffs auf Kulturgut, der aus kommerziellen Gründen erfolgt und seit den 1970er Jahren kritisch diskutiert wird (siehe Kap. 2.5, Die Kommodifizierung von Kultur). Er macht Kultur zur Ware. Sie dient nicht mehr primär der Identitätsbildung oder Erkenntnisstiftung, sondern der Unterhaltung. Kommodifizierte Kultur gibt sich maximal geschmeidig, will für möglichst viele ‚Konsumenten' attraktiv sein, um sich gut zu verkaufen. Im Kulturbetrieb ist die Quote ihr Maßstab: Zuschauer- und Besucherzahlen. Die Marktgängigkeit wird ihr gerne als Qualitätsverlust zur Last gelegt: Kultur, die sich den Gesetzen von Angebot und Nachfrage unterwirft und möglichst vielen gefallen will, könne schlechterdings nicht ‚außergewöhnlich' sein. Sie bediene nur standardisierte, ‚künstliche' Bedürfnisse, die sie zuvor selbst erzeugt habe, lautet der Verdacht, den prominent die Philosophen Max Horkheimer und Theodor Adorno als „Kulturindustrie" auf den Begriff gebracht haben (Horkheimer/Adorno 1969). Mit der Freiheit und Widerständigkeit autonomer Kunst, die den Menschen herausfordert, habe sie nichts mehr gemein.

Auch wenn man nicht alle Einschätzungen zur ‚Kulturindustrie' teilt: Richtig ist die Feststellung, dass sich Kultur im engen Sinne in dem Moment verändert, in dem nicht mehr eine kleine Gruppe von Kennern allein nach fachwissenschaftlichen Kriterien darüber entscheidet, was ein Museum sammelt und ausstellt, sondern wenn nach Maßstäben bewertet wird, die maßgeblich Laien – das Publikum – definieren. Kultur verliert dadurch ihre Exklusivität und kommt in der Mitte der Gesellschaft an. Das muss sie nicht ‚schlechter' machen (was hieße das überhaupt?). Anders und weniger exklusiv macht es sie in jedem Fall.

Der Soziologe Andreas Reckwitz geht davon aus, dass der „globale Kulturkapitalismus" unsere Kultur seit den 1980er Jahren im Kern verändert hat (Reckwitz 2017, 16): Er versteht die Kultur der gehobenen Mittelschichten, wie sie uns auch im Museum begegnet, heute nicht mehr als Hochkultur in der Tradition des Bildungsbürgertums oder als Ausdruck der Massengesellschaft, sondern als „Hyperkultur" einer global orientierten Mittelklasse in den Metropolen der Welt. „Kultur meint nun vielmehr die *Pluralität* kultureller Güter, die auf den globalen Märkten zirkulieren und den *Individuen* Ressourcen für ihre Selbstentfaltung zur Verfügung stellen." (ebd.) Hyperkultur greift auf Dinge und Themen aus aller Welt zurück, die sie stets neu kombiniert, ohne sich lange an Nationalstaatsgrenzen aufzuhalten: Pluralität und Vielfalt sind ihr heilig, weil sie die Möglichkeiten, neue Ausdrucksformen zu finden und zu etwas Neuem zusammenzufügen, erhöhen. Hyperkultur geht davon aus, dass „kulturelle Ausdrucksformen [...] nicht abgeschottet nebeneinander existieren, sondern sich widerspruchsfrei miteinander kombinieren [lassen]“ (ebd. 17). Das Pendant dieser Hyperkultur bezeichnet Reckwitz als „Kulturessenzialismus“. Dieser will eine vermeintlich homogene Gruppenkultur, die in der Regel territorial definiert ist als National- oder Lokalkultur, gegen Einflüsse von außen verteidigen. Die Hyperkultur gilt Reckwitz als liberal und individualistisch. Der Kulturessenzialismus hingegen ist gruppenbezogen. Wo Erstere dem Einzelnen Ressourcen zur Selbstverwirklichung bereitstellt, ohne Loyalitäten zu Gruppen zu erwarten, strebt Letzterer danach, kollektive Identität zu stiften. Der Kulturessenzialist geht davon aus, dass jede Kultur einen historisch gewachsenen Wesenskern hat, der nicht zur Debatte steht, weil er ihre ‚Essenz‘ bildet.

Geschichte

Kultur – auch ‚Hyperkultur‘ – hat immer eine historische Dimension. Sie steht in Traditionszusammenhängen, ist in eine oder mehrere Geschichten eingebettet, die sie plausibel machen und legitimieren. Diese historische Herleitung bildete sich in Europa von 1750 an aus, also zu jener Zeit, die der Historiker Reinhart Koselleck als „Sattelzeit“ beschreibt. Jetzt wurde Geschichte zu einem „Reflexionsbegriff [...], der die Zukunft mit der Vergangenheit erklärend, begründend oder legitimierend vermittelt“ (Koselleck 2004, 693). Insbesondere ab Mitte des 19. Jahrhunderts wird diese Geschichte – darin Darwins Evolutionstheorie folgend – als lineares Fortschrittsmodell gedacht. Es kennzeichnet diese Phase – die in den 1970ern in eine Krise gerät (einige sprechen dann von Postmoderne oder Zweiter Moderne) –, dass sie die jeweilige Gegenwart positiv von der Vergangenheit absetzt. Die Vergangenheit wird so zu einem zentralen Bezugspunkt für das Selbstbild des modernen Menschen. Das hat zwei Konsequenzen, die für das Museum wichtig sind: Erstens muss der Vergangenheit (als Geschichte) habhaft werden, wer sich über sie definiert. Er muss sie in konkreten Dingen sichern, sie definieren und kategorisieren, um sich auf sie beziehen zu können. Zweitens folgt aus einem Denken, das permanenten Fortschritt unterstellt, dass Altes ständig überholt, zerstört und vernichtet wird, um Neuem Platz zu machen. Das heißt, Vergänglichkeit und Verfall / Zerstörung sind wichtige Korrelate modernen Denkens. Da das Alte aber Identitätsgrundlage moderner Gesellschaften ist, müssen Museen und Archive es gezielt sichern und konservieren. Der Begriff ‚Kulturerbe‘ benennt dieses Denken in historischen Bezügen.

Geschichte im modernen Sinne „ist Sinnbildung über Zeiterfahrung“, schreibt der Historiker Jörn Rüsen (2003, 110). Sie ist eine *kulturelle Praxis*, mit der Menschen ihre Vergangenheit deuten, um ihre Gegenwart zu verstehen und ihre Zukunft zu planen. Die sprichwörtliche „Geschichte im Singular" ist eine Abstraktion, die aus vielen Geschichten ein kohärentes Narrativ erzeugt, mit dem Ziel, vergangene Ereignisse so zu interpretieren, dass heutiges Handeln sich auf sie beziehen kann. Geschichte ist also immer ein Produkt der Gegenwart, eine aktuelle Deutung von Vergangenheit und von dieser zu unterscheiden. Vergangenheit ist unwiederbringlich verloren und allenfalls als individuelle Erinnerung im Bewusstsein des Zeitzeugen lebendig. Sie ist – außer für den Zeitgenossen –, nicht als eigene Erfahrung oder eigenes Erlebnis zu haben, sondern nur als „Kunde von fremder Erfahrung" (Koselleck 1989, 354). Diese Kunde von fremder Erfahrung transportieren Medien wie die Ausstellung, und sie besteht aus zwei unterschiedlichen Kategorien: Vergangenheit als Inhalt und Geschichte als Ausdruck.

Geschichte als Ausdruck heißt, dass Geschichtsdarstellungen vergangene Ereignisse in bestimmten Narrativen vermitteln und sie der Logik eines Mediums unterwerfen. Wählen sie die Form der Ausstellung, kommunizieren sie Ereignisse aus der Vergangenheit mithilfe von Relikten, Texten, Filmen, Gemälden, Kulissenbauten oder Fotografien im Raum. Nicht das Ereignis und die damalige Situation können sie einfangen, sondern diese nur mit Abbildungen, Worten und Dingen nachbilden. Geschichte ist nicht *gleich* Vergangenheit, sondern Vergangenheit wird *als* Geschichte konstruiert. Ausgestellte Geschichte ist also stets Repräsentation von Vergangenheit oder Neuproduktion von Geschichtsbildern. Sie ist ein Prozess ständigen Verlierens und Kreierens.

Geschichte ist nicht nur von Vergangenheit zu unterscheiden, sondern auch von *Tradition*. Tradition ist ein politischer Akt der Auswahl, der mutmaßlich überlieferungswürdige Vergangenheit von anderer Vergangenheit scheidet. Tradition vermittelt Werte, aus denen sich Handlungsnormen und Identität ableiten lassen. Sie schafft emotionale Nähe zur Vergangenheit, verwebt diese mit Gegenwart und Zukunft. Geschichte hingegen trennt Vergangenheit von Gegenwart und Zukunft, markiert die Entfernung zwischen beiden deutlich, wenngleich klar ist, dass der Blick auf die Vergangenheit immer von der Gegenwart bestimmt ist und die Leitfragen, die an die Vergangenheit gerichtet werden, aktuellen (Erkenntnis-)Interessen folgen.

Geschichte ist also nicht Tradition und nicht Vergangenheit. Was aber kennzeichnet Geschichte, und zwar insbesondere Geschichte im Museum? Auf diese Frage ließen sich viele Antworten geben. Einflussreich war im deutschen Sprachraum, vor allem in der Geschichtsdidaktik, das Konzept der ‚Geschichtskultur' des Historikers Jörn Rüsen. Er versteht darunter die „praktisch wirksame Artikulation von Geschichtsbewusstsein im Leben einer Gesellschaft" (Rüsen 1994, 5), also den Einfluss von Geschichte auf aktuelle Handlungen und Überzeugungen. Drei Dimensionen bestimmen die Geschichtskultur: Ästhetik, Politik und Wissenschaft. Ästhetik ist Voraussetzung jeder Geschichtsvermittlung, da Geschichte nur ins Bewusstsein vordringen kann, wenn sie erzählt wird (ob in Form des Textes, des Films oder der Ausstellungsinszenierung). Nur ästhetisch aufbereitet erzeugt Geschichte Imagination, kann ihren Sinn vermitteln. Sie produziert dabei eigenen Sinn, der der Art der Erzählung und nicht den Informationen aus den Quellen geschuldet ist. Politisch ist Geschichtskultur, weil sie bestehende Ordnungen stützen oder unterminieren kann, Traditionslinien zulässt oder Anknüpfungspunkte verweigert. Sie erzeugt historisches Bewusstsein und kollektive Identität und beeinflusst so das aktuelle Handeln in einer Gesellschaft. Die Wissenschaft (Rüsen nennt sie „Kognition") schließlich ermittelt auf Quellenbasis, was sich einst zutrug, und interpretiert die Vergangenheit. Ihre Methoden und die Nachvollziehbarkeit ihrer Argumente machen Geschichte glaubwürdig und geben ihr so überhaupt erst die Möglichkeit, Teil der Identität von Gruppen zu werden.

Durch ihre Nähe zu Identitätsfragen ist Geschichte in den Migrationsgesellschaften der Gegenwart, in denen ständig Menschen kommen und gehen, konfliktreich. Denn der Bezug auf eine homogene Nationalgeschichte als Norm wirkt in solchen Gesellschaften ausschließend. Diese Narrative laufen Gefahr, diejenigen auszugrenzen, die später dazukamen oder – noch schlimmer – von der Mehrheitsgesellschaft nicht als ihresgleichen akzeptiert werden, auch wenn sie schon über Generationen in ihrer Mitte leben. Bezeichnungen wie ‚Deutsche mit Migrationshintergrund' sind ein Beispiel für diese unterschwelligen Ausschlussmechanismen.

Identität

Die Idee des Museums als Identitätsagentur verdankt sich dem gemeinsamen Erwachsenwerden dieser Institution mit den Nationalstaaten. Den modernen Nationalstaat, wie er im 19. Jahrhundert entstand, kennzeichnete, dass er sich aus sich selbst heraus legitimieren musste. Er musste eine so überzeugende Idee von sich entwickeln, dass sich seine Mitglieder freiwillig loyal verhielten, weil sie sich von Herzen wünschten, Teil der neuen Nation zu sein. Die Überzeugungsarbeit leistete nicht allein die Politik, sondern sie oblag diversen gesellschaftlichen Gruppen: Literaten, Nationalökonomen, Historikern, Volks- und Völkerkundlern, öffentlichen Intellektuellen, der „räsonnierenden bürgerlichen Öffentlichkeit" (Habermas 1990) in den Cafés oder den Beamten in den Museen.

Mit ihren Sammlungen und Ausstellungen halfen und helfen Museen, dass sich Gruppen als Einheiten definieren und von anderen abgrenzen können. In diesem Zusammenhang sprechen wir von ‚kollektiver Identität', weil sie mehrere Personen betrifft, die sich mit derselben ‚Kultur' identifizieren, also sich denselben Werten und Normen (der Pünktlichkeit und der Demokratie), Dingen oder

Traditionen (dem deutschen Auto und dem Weihnachtsmarkt) verpflichtet fühlen. Diese Werte, Normen, Dinge oder Traditionen sind historisch legitimiert. Sie sind Teil der Erinnerungskultur einer Gruppe, also jener Deutungen der Vergangenheit, die – einer politischen Vision folgend – Institutionen wie das Museum erzeugen und vermitteln. Das ist der Moment, in dem aus den privaten Erinnerungen der Vielen eine schlüssige und zusammenhängende „Geschichte im Singular" (Koselleck 2004) entsteht, die repräsentativ für eine Gruppe ist. Der Soziologe Friedrich Tenbruck hat das einmal als „repräsentative Kultur" bezeichnet (Tenbruck 1990).

Was eine Kultur als repräsentativ akzeptiert, verhandelt sie stets neu. Zunächst geschieht das im Gespräch der Zeitzeugen mit ihren ganz subjektiven Geschichten, die aber spätestens mit ihrem Tod verstummen. Danach sind es Medien und Institutionen, die gezielt nur noch bestimmte Narrative aufgreifen und verbreiten und andere ausschließen. Der Übergang vom privaten „kommunikativen" zum öffentlich ausgehandelten „kulturellen Gedächtnis", wie es der Ägyptologe Jan Assmann definiert hat (Assmann 1992), ist der Moment, in dem Geschichte gemacht wird. Er markiert den Übergang „vom Erinnerungskampf zur Erinnerungskultur" (Frei 2005, 26). Umkämpft ist Geschichte vor allem dann, wenn Menschen in ihrer eigenen Biografie betroffen sind und wenn die Erlebnisgeneration die Deutungshoheit über ‚ihre' Geschichte anderen überlassen muss, weil sie in den Ruhestand geht oder ihr Lebensende erreicht. Oft entstehen genau während des Generationswechsels besonders lebhafte Diskussionen um historische Ereignisse wie von 1995 an um die Ausstellung „Vernichtungskrieg. Verbrechen der Wehrmacht 1941 bis 1944". Von ihr fühlten sich viele ehemalige Mitglieder der Wehrmacht – 1995 fast alle im Ruhestand und damit außerhalb der Institutionen, die Geschichte machen – persönlich als Massenmörder verunglimpft, weshalb sie die Ausstellung mit Leidenschaft attackierten. Hier sollte, so empfanden sie es, eine Version der Geschichte ins kulturelle Gedächtnis eingespeist werden, in der sie die Sündenböcke waren.

Geschichte eignet sich zur Identitätsbildung, weil sie den Mitgliedern einer Gruppe gleichsam natürlich und ursprünglich zu sein, also außerhalb des eigenen Einflusses zu liegen scheint. „Alles, was durch Vergangenheit bestimmt ist – Herkunft, Sprache, Ethnie, kulturelle Formen, Religion –, gilt als dem freien Willen entzogen. Erst durch diese immer schon vorgeprägte Konvergenz der Einzelwillen scheint es erträglich, sich dem Mehrheitswillen auszuliefern. Es ist die Ideologie eines unschuldigen, weil historisch vorgegebenen Konformismus." (Zielcke 2016) Das heißt, Geschichte legitimiert, weil sie auf dem (falschen) Glauben aufbauen kann, dass etwas immer schon so gewesen sei. In diese vermeintlich ‚natürliche' Ordnung hat man sich einzufügen. Sie scheint von selbst grundlegende Regeln des Zusammenlebens zu bestimmen, die niemand infrage stellt: ‚Es war schon immer so.' So erzeugt sie stabile Gruppenidentität, die insbesondere für selbstbestimmte Gebilde wie die modernen Nationalstaaten lebenswichtig ist.

Institutionen wie Museen sind hier wichtige Orte, weil sie Staatsbürgern beiläufig und informell – zuweilen sogar unterhaltsam – die historisch legitimierten Regeln und Werte ihrer Gemeinschaft beibringen. Sie formatieren die Weltbilder und das Wissen der Mitglieder eines Staates, weil sie ihnen zeigen, was besonders wichtige Geschichten, Personen und Symbole der Nation oder der Heimat sind und wie man sie zu verstehen hat. Dieser Prozess ist kein Selbstläufer. Er bedarf der Bereitschaft der Rezipienten, sich auf die Identitätsofferten einzulassen. Museen freilich schaffen dafür ein gutes Umfeld. Sie sind Institutionen, in denen sich die Öffentlichkeit trifft und in denen sie grundlegende Verhaltensregeln einüben kann. Wie hat man sich als Deutscher vor einer SS-Uniform zu verhalten: Darf man Witze machen? Wie muss man Meisterwerken der klassischen Antike gegenübertreten: Darf man zugeben, dass einem das nichts sagt? Wie bewegt man sich in Räumen staatlich und bürgerlich sanktionierter Hochkultur, ohne Verhaltenscodes zu verletzen? An Orten wie diesen lernen Menschen, sich als Teil einer Gruppe zu bewegen oder sich fremd zu fühlen. Der Soziologe Tony Bennett hat für solche Wahrnehmungs- und Verhaltensschulen das Schlagwort „Exhibitionary Complex“ geprägt, um den es später ausführlich gehen wird. Umgekehrt freilich kann sich die gesellschaftliche Dynamik auch gegen die Museen richten und sie zur Kursänderung zwingen, wie es etwa in der Museumsreformbewegung um 1900 geschehen ist. Dann formt nicht mehr das Museum seine Besucher, sondern passt sich ihren neuen Bedürfnissen an.

An was sich Gesellschaften erinnern, ist also ein selektiver und stark politisch gesteuerter Prozess, den Vermittlungsinstitutionen bestimmen. Eine dieser Vermittlungsinstitutionen ist das Museum, das von Beginn an ein Ort der Selbstdarstellung war. Adel und Klerus errichteten sich Sammlungen und Museen, um Status und Macht zu repräsentieren, Tradition herzustellen und Herrschaft zu legitimieren. Im 19. Jahrhundert stand das Museum dann im Dienste des Bürgertums, das über Museen seine Ideale von Bildung, Leistung und Loyalität verbreiten konnte – und es stand im Bann der Nationalstaatsideologie, die es bildmächtig propagierte. Identität zu stiften war also immer ein Kernanliegen des Museums.

Dieses Kernanliegen ist im 21. Jahrhundert unklar geworden, weil der Identitätsbegriff ins Gerede gekommen ist, und zwar aus zwei Gründen: Erstens essenzialisiert er. Die Rede von kollektiver Identität suggeriert, dass es so etwas wie eine natürlich gewachsene Nationalkultur gebe, der sich der Mensch unterzuordnen habe (siehe Reckwitz' ‚Kulturessenzialismus'). De facto machen sich Menschen aber eine Identität zu eigen und verändern sie immer wieder. Sie *identifizieren sich* mit etwas. Deshalb spricht die Kulturwissenschaft heute lieber von Zugehörigkeit als von Identität, weil sie damit den Moment des Herstellens betonen will (und was hergestellt wurde, kann man wieder verändern). Zweitens verstanden sich die Nationalstaaten des 19. und 20. Jahrhunderts als homogene Gesellschaften mit einer einheitlichen Nationalkultur, die für alle verbindlich war. Heute leben wir in Migrationsgesellschaften, die der permanente Wechsel ihrer Mitglieder kennzeichnet. Längst plädieren Sozialwissenschaftler dafür, unser Verständnis von Gesellschaft vom Nationalstaat abzukoppeln und sie nicht mehr territorial zu definieren. Das hieße, sich von dem Gedanken zu verabschieden, dass die Menschen *eines Landes* über eine gemeinsame Kultur verfügen, der ihre größte Loyalität gilt und über die sie sich am stärksten als Gruppe identifizieren. Stattdessen wissen wir, dass die Gemeinsamkeiten zwischen den Bewohnern der europäischen Metropolen mitunter größer sind als die Gemeinsamkeiten des Berliners mit dem Einwohner des schwäbischen Marbach. Nicht mehr Homogenität, sondern Vielfalt (‚Diversity'), nicht mehr Einheit, sondern starke Binnendifferenz ist der Normalzustand dieser transnationalen Gesellschaften (die freilich immer noch als Nationalstaaten verfasst sind).

Die Komplexität nimmt zu, allen voran bei jenen Theorien, die davon ausgehen, dass sich Gesellschaften permanent durch Einflüsse von außen verändern und auch schon immer verändert haben, nur haben sie das lange Zeit ausgeblendet. Der Einwanderer, der eine ‚Leitkultur' herausfordert, ist nur das augenfällige Symptom dieser Dynamik, die vor allem die Mehrheitsgesellschaft betrifft, weil auch sie sich verändern muss. Aus dieser Perspektive ist die Mehrheitsgesellschaft, also jene, die Normen setzen und verteidigen kann, Teil des Problems, weil sie systematisch ausgrenzt – Migranten ebenso wie andere Minderheiten (Homosexuelle, Schwarze, Frauen etc.). So infrage gestellt, verliert Identität als Konzept ihre Unschuld, weil sie *strukturell* mit Diskriminierung verknüpft ist. Das macht Identitätsarbeit schwierig.

Zudem kann nicht länger vorausgesetzt werden, dass die Grundlagen ‚unserer Kultur' allen bekannt sind, die hier leben bzw. dass sie allen gleich wichtig sind. Überhaupt wird auf einmal alles verhandelbar, was ‚unsere Kultur' sein könnte. Und nicht nur das: Verhandelbar wird auch, was früher ‚unsere Kultur' gewesen sein könnte, in welche Traditionslinien wir uns einschreiben. Die Erinnerungskultur fragmentiert: Je unterschiedlicher die historischen Traditionslinien sind, in denen sich die Menschen einer Gesellschaft verorten, desto bunter wird der Strauß der Ereignisse und Personen, derer man gedenken soll – und desto mehr tradierte Geschichtsnarrative werden infrage gestellt. In Deutschland zum Beispiel finden aktuell intensive Debatten über den Umgang mit der deutschen Kolonialzeit statt, die sich vor allem an den Sammlungsbeständen der Völkerkundemuseen festmachen (siehe Kap. 2.5, Kulturerbe und Provenienzforschung). Dieses Thema galt der deutschen Gesellschaft jahrzehntelang als nicht weiter der Rede wert und wird erst jetzt, wo Deutschland sich mit dem Gedanken vertraut macht,

Einwanderungsland zu sein (was es längst ist), Teil größerer öffentlicher Debatten, die vor allem mit dem Berliner Humboldt Forum zu tun haben.

Angesichts der zunehmenden Diversität der Gesellschaft und ihrer Erinnerungskulturen hat der Museologe Gottfried Fliedl vorgeschlagen, das Museum als „agonalen Ort“ zu verstehen, als einen „konfliktfähigen sozialen Raum des Aushandelns. Insofern ist es gerade kein Ort der festgelegten Werte, einer ‚Leitkultur‘ oder einer unumstößlichen Wir-Identität. Im Umlauf befindliche Chiffren für kollektive Identität, wie Nation, Heimat oder Religion werden immer wieder neu befragt und durchgearbeitet.“ (Fliedl 2016a) Fliedls agonistisches Museum – das auf der Idee einer agonistischen Politik basiert, die (anders als Reckwitz’ kosmopolitische ‚Hyperkultur‘) nicht auf Konsensfindung zielt (siehe Mouffe 2016) – würde nicht länger versuchen, unterschiedliche Interessen auszugleichen und zu einem homogenen Narrativ zusammenzuführen. Es würde unterschiedliche Interessen, Meinungen und Perspektiven aufeinandertreffen lassen und sich als Raum verstehen, in dem eine Gesellschaft über ihre Identitätsvorstellungen streiten kann – mit offenem Ausgang.

Wissen

Bislang habe ich vor allem über das Museum als Repräsentationsort gesprochen, an dem Kultur politisch eingesetzt wird, z. B. um Identität zu stiften. Dieses „Identitätsparadigma“ (Thiemeyer 2015a) ist nicht die einzige Perspektive, aus der man Museen betrachten kann. Einen anderen Zugriff auf die Institution gestattet der Begriff ‚Wissen‘. Wissen verstehe ich als einen Fundus an Erfahrungen, auf den man zurückgreifen kann und der sich je nach Zeit und Ort verändert („situiertes Wissen“, Haraway 1995).

Beim Wissensparadigma geht es nicht darum, kollektive Identität zu bilden, sondern um etwas, das man *synästhetische Epistemik* nennen könnte. Einfach gesagt ist die Grundannahme: Das Museum kann Wissen nicht nur vermitteln, sondern es auch erzeugen. Es macht dies, indem es Dinge auf seine spezielle Art und Weise ordnet und zeigt. Es nutzt das synästhetische Erleben mit allen Sinnen nicht nur, um besonders eindrucksvoll zu sein, sondern geht davon aus, dass bestimmte Erkenntnisse nur auf diese Art entstehen können. Man kann etwas sehen, es aber nicht zwingend erklären.

Das Museum als Wissensraum nimmt für sich in Anspruch, neues Wissen zu produzieren. Mit seinen Sammlungen erzeugt es eine Wissensbasis und gibt den Dingen eine grundlegende Ordnung, die alles Weitere determiniert (siehe unten). In seinen Ausstellungen offeriert es einzigartige Erfahrungen, die nur hier entstehen können, etwa durch den visuellen Vergleich von Dingen: „Dicke Bertha“ neben dünner Ritterrüstung, Cézanne neben Picasso, VW Käfer neben Porsche – diese Ensembles können durch ihren Vergleich Einsichten erzeugen, die man abstrakt nicht herleiten könnte. Solche Präsentationen setzen explorativ an, nicht hypothesengeleitet: Sie denken vom konkreten Objekt aus, weniger von der Theorie. Genau darin liegt ihre Stärke, und das unterscheidet sie von anderen Formen wissenschaftlichen Wissens. Sie erlauben sich poetische Freiheiten, arbeiten assoziativ und intuitiv, lassen sich vom Auge und spontanen Einfällen leiten (was passt gut zusammen oder ergibt interessante Konstellationen?) und gedeihen am besten dort, wo sie frei von Chronistenpflichten und Begründungszwängen sind.

Noch immer gelten diese Wissenspraktiken als atheoretisch. Deshalb artikuliert sich inzwischen innerhalb der Museen – bestärkt durch Großtheorien wie die Akteur-Netzwerk-Theorie mit ihrer Aufwertung der Dinge – die Forderung, Dinge und Institutionen der Dingfürsorge intellektuell ernster zu nehmen als bislang, und zwar als Orte der Wissens- und Theorieproduktion. Der Direktor des Museum of Archeology and Anthropology in Cambridge, Nicholas Thomas, hat 2010 die Idee des „Museums als Methode" lanciert: eine Institution, die durch ihre Arbeits- und Präsentationspraktiken zu neuen, eigenständigen Erkenntnissen gelangen kann, die nur an diesem Ort entstehen können. „What kinds of knowledge underpin the interpretation of collections? What methods does that interpretation involve, and what knowledge does it generate?" (Thomas 2010, 8) Thomas' Argument steht stellvertretend für ein anderes Verständnis von materieller Kultur, das stärker denn je auf das erkenntnisstiftende, epistemische Potenzial der Dinge und ihrer Inszenierungen vertraut und den Umgang mit Sammlungen als „creative technology" versteht, „a means of making new things" (Thomas 2016, 9).

Der Begriff ‚Wissen' ist zur Chiffre eines aufgeklärten, selbstreflexiven Wissens- und Wissenschaftsverständnisses geworden, das nicht mehr naiv wissenschaftlicher Erkenntnis vertraut, sondern herausfinden will, wie sie zustande kommt. Ein Ort, an dem man das herausfinden kann, ist das Museum. Die Ordnung seiner Ausstellungen und Sammlungen verrät etwas darüber, wie Museen zu einer bestimmten Zeit den Blick auf die Welt lenkten. Was sammelten und zeigten sie und was nicht? Was schien ihnen bemerkenswert? Wie und von wo kamen die Dinge ins Museum? Welche Objekte fassten die Kuratoren und Kustoden unter welchen Kategorien zusammen? Und was verrät das über das Denken zu einer bestimmten Zeit? Diese Fragen nach *Wissensordnungen* beschäftigen heute mehr Museen denn je – insbesondere jene, deren Bestände in die Kritik geraten sind oder nicht mehr als relevant gelten. Indem sie ihre Sammlungsordnungen und ihre Geschichte selbst zum Thema von Ausstellungen machen, können sie ihre Rolle als gesellschaftliche Akteure analysieren und eine Haltung demonstrieren, die sie intellektuell aufwertet: Selbstreflexivität.

Selbstreflexivität ist das kritische Bewusstsein der historischen und sozialen Voraussetzungen jeglichen Handelns, Wissens und Denkens der Gegenwart und der Standortgebundenheit seiner Erzeuger. Auf Archive und Museen wirkte diese

Haltung in Form von Metadiskursen zurück: Statt für die einzelnen Dinge und ihre Geschichten interessierten sie sich (jetzt auch) für das Sammeln, also die gesellschaftlichen und sozialen Kontexte und Praktiken, aus denen Sammlungen erwachsen waren, und die symbolischen Werte der Dinge, die das Museum einst zum Sammeln motiviert hatten. Ihre Dinge verbürgten nicht mehr die Wahrheit, sondern erzählten vor allem etwas über kulturelle Denksysteme, Erkenntnisinteressen und Inwertsetzungsmechanismen. Das selbstreflexive Museum thematisiert sich also selbst als Wissensinstitution, die Wissen über die Welt verbreitet und erzeugt, indem sie Ordnungen erstellt, die Deutungen nahelegen. So gesehen ist das Museum keine neutrale Institution, sondern prägt Gesellschaften. Als Ort der Auswahl fungiert es als Agendasetter, weil es, indem es bestimmte Dinge sammelt und ausstellt und andere nicht, den Rahmen und die Bezugspunkte vorgibt, in dem und über die öffentlich diskutiert wird. „Das Archiv", hat Michel Foucault (1981, 178) einmal gesagt, „ist zunächst das Gesetz dessen, was gesagt werden kann." Für Foucault regelt das Archiv (bei ihm eine Metapher für alle Institutionen, die Wissen speichern, also auch das Museum) den gesellschaftlichen Diskurs. Es erzeuge „das System der Diskursivität und die Aussagemöglichkeiten und -unmöglichkeiten, die es ermöglicht", also all das, was die Menschen sagen und denken können, weil sie von etwas wissen (ebd. 179).

Das Museum ist aus der Wissensperspektive also zweierlei: erstens eine Institution, die einzigartige neue Erkenntnisse erzeugen kann, weil sie mit echten Dingen arbeitet, die sie eigenständig zusammenträgt und ordnet (Sammlung) und im Raum inszeniert (Ausstellung). So erzeugt sie ein Wissen, das nur an diesem Ort entstehen kann, weil es auf speziellen Wissensordnungen basiert, Sammlungsobjekte als Quellen nutzt und auf sinnlicher Wahrnehmung basiert. Zweitens ist das Museum eine eminent politische Institution, weil das Wissen, das es erzeugt, alles andere als wertfrei ist. Es folgt politischen und Erkenntnisinteressen und ist räumlich und zeitlich situiert.

Weiterführende Literatur

Bennett 1995: Tony Bennett, The birth of the museum. History, theory, politics (London 1995).

Grasskamp 2016: Walter Grasskamp, Das Kunstmuseum. Eine erfolgreiche Fehlkonstruktion (München 2016).

Reckwitz 2006: Andreas Reckwitz, Die Transformation der Kulturtheorien. Zur Entwicklung eines Theorieprogramms (Weilerswist 2006²).

Rüsen 1994: Jörn Rüsen, Was ist Geschichtskultur? Überlegungen zu einer neuen Art, über Geschichte nachzudenken. In: Klaus Füßmann / Heinrich Theodor Grütter / Jörn Rüsen (Hg.), Historische Faszination. Geschichtskultur heute (Köln, Weimar, Wien 1994) 3–26.

Thomas 2010: Nicholas Thomas, Commentary. The museum as method. In: Museum Anthropology 33, H. 1, 2010, 6–10.

Geschichte des (kulturhistorischen) Museums | 2

Curiositas und Repraesentatio: Die Kunst- und Wunderkammern der Renaissance | 2.1

Wer die Geschichte des Museums von Anfang an erzählen will, muss sich ins Italien des 14., 15. und 16. Jahrhunderts begeben. Zu jener Zeit, am Übergang des Mittelalters in die Frühe Neuzeit, die wir heute als (Früh-)Renaissance bezeichnen, begannen sich Humanisten und Gelehrte für Dinge der Antike und der Natur zu interessieren und sie in speziellen Räumen zu sammeln. Gelehrte wie der Arzt und Naturforscher Ulysses Aldrovandi (1522–1605), der um 1550 in Bologna sein „Theater der Natur" einrichtete. In ihm versammelte er vor allem Objekte der Natur, aber auch Dinge, die der Mensch hergestellt hatte. Er sortierte sie nach Kriterien, die wir heute nicht mehr entschlüsseln können, weil sie einer vormodernen prä-rationalen Logik entsprangen.

Größte Attraktion von Aldrovandis Naturtheater war ein ausgestopfter ‚Drache'. Um dieses Monstrum mit eigenen Augen sehen zu können, machten sich Gelehrte und Prominenz aus ganz Italien auf den Weg nach Bologna. Aldrovandis Gästebuch vermerkte 907 Gelehrte, 118 Adelige, 11 Erzbischöfe und 26 „berühmte Männer". Zutritt hatte also nur eine ausgesuchte Gruppe, die der Hausherr in der Regel selbst durch seine Sammlung führte. Nur so konnten die Besucher (Frauen waren wohl nicht darunter) verstehen, was sie zu sehen bekamen, wenngleich Aldrovandi bestrebt war, eine übergreifende Ordnung zu etablieren, die auch ohne persönlichen Kommentar verständlich war. Sein Ziel war eine Enzyklopädie der Naturgeschichte, wie Plinius d. Ä. (23–79 n. Chr.) sie in der Antike niedergeschrieben hatte. Plinius hatte versucht, die gesamte Schöpfung in all ihren Erscheinungen zusammenzutragen und ein Klassifikationssystem zu entwickeln, das mit der Welt als Ganzes begann und dann fortschritt zur Natur in ihren einzelnen Phänomenen. Diese Art der Darstellung ließ sich direkt in eine räumlich organisierte Sammlung übersetzen, die die Welt mithilfe ihrer Dinge im Kleinen abbildete und alsbald der benachbarten Universität als Lehr- und Forschungssammlung diente.

Aldrovandis Theater der Natur steht prototypisch für eine Zeit, in der immer mehr Gelehrte, Mediziner oder Naturforscher begannen, ihren Blick auf die Welt nicht mehr allein von den Lehren der einstigen Autoritäten – der antiken Philosophie oder der Kirche – bestimmen zu lassen, sondern sich ein eigenes Bild machen wollten. Dazu sammelten und systematisierten sie Dinge aller Art, um durch eigene empirische Untersuchungen am Material zu neuen Einsichten über die Naturgeschichte oder die Vergangenheit des Menschen zu gelangen. Das taten sie in Privaträumen (‚Kabinett' oder ‚Studio' genannt), in denen sich vor allem Gelehrte und gelegentlich Honoratioren trafen. In diesen Kammern arbeiteten sie mit den Objekten, nahmen sie in die Hand, sezierten und gruppierten sie in Schränken und Schubladen, um die Ordnung der Welt sehen und begreifen zu können.

Das *Sammeln als Wissenspraxis* erfasste nicht nur die Naturforscher: Die Humanisten, glühende Bewunderer der Antike, versuchten beispielsweise die Welt der verehrten Griechen und Römer besser zu verstehen, indem sie Skulpturen und Fresken, Gemmen und Medaillen aus Rom oder Paestum zusammentrugen. Diese Dinge galten ihnen als direkter Weg in die Geschichte. Sie sollten verstehen helfen, was sonst nur schriftlich bezeugt war, und tiefe Einfühlung in die Vergangenheit ermöglichen, also eine emotionale Nähe herstellen, die wir heute als Aura bezeichnen (siehe Kap. 3.2, Der Status der Dinge).

Viele Kunst- und Wunderkammern beschränkten sich nicht auf Objekte einer Gattung – Naturobjekte, Kunstwerke oder Geschichtszeugnisse –, sondern kombinierten allerlei Kunst und Krempel, um ein wirklich umfassendes Abbild von der Welt zu bekommen. Die Ordnungen, nach denen sie die Dinge sortierten, folgten z. B. der Kosmologie, versuchten also die Dinge der Erde mit den Gestirnen in Beziehung zu setzen oder sie mit den vier Elementen zusammenzudenken. Für uns sind diese prä-rationalen Ordnungen kaum mehr entschlüsselbar. Irrational waren sie deshalb nicht. Vielmehr waren die Kunst- und Wunderkammern die ersten Orte, an denen die Potenz der Dinge als Wissensspeicher erkennbar wurde. Diese Kammern waren aus dem Geist der ‚Curiositas' geboren, jener Wissbegierde, die nach neuer Erkenntnis strebte. Heute deuten wir sie als wichtige Wegbereiter der modernen Wissenschaften, als Orte, an denen neue empirische Methoden entwickelt werden konnten und ein anderes, evidenzbasiertes Denken begann.

Die curieusen Kammern unterschieden sich von einer zweiten Variante, die vor allem der ‚Repraesentatio' diente: den höfischen Schatz- und Kunstkammern. Eine solche ‚Kunstkammer' (so der zeitgenössische Begriff) ließ sich Herzog Albrecht V. von Bayern (1528–1579) von 1568 an in seiner Münchner Residenz einrichten. Die Sammlung war als große Galerie angelegt, erstreckte sich über zwei Geschosse und vier Flügel. Diese Kunstkammer war – anders als die oft kleinen und dunklen Studiolo der Gelehrten – großzügig, lichtdurchflutet und versammelte unterschiedlichste Objekte: Pflanzen und Steine, Jagdtrophäen, Porträts, Skulpturen, einen Korallenberg (für den die Kammer berühmt war), Stadtmodelle, wissenschaftliche Instrumente, Kristalle, „türckische und indianische Textilien", Münzen und vor allem Kunsthandwerk. Die Dinge sortierte sie mal nach Materialien (Horn, Wachs, Holz), dann wieder nach Funktion (Besteck,

Schwerter, Kalender) – auch dies eine aus heutiger Perspektive nicht mehr nachvollziehbare Ordnung, die aber einem Ziel folgte: Sie sollte die ganze Welt im Kleinen zusammenführen („Macrocosmos in Microcosmo"). Der Kunsthistoriker Lorenz Seelig versteht die Münchner Kunstkammer deshalb als „das erste zuverlässig belegte Beispiel jener Sammlungsform, die man [...] enzyklopädische Kunstkammer nennt" (Seelig 2008, 84). Ihr Ziel war es, die verschiedenen Objektgattungen – vom Menschen gefertigte ‚Artificialia', wissenschaftliche ‚Scientifica', ‚Naturalia' und wundersame ‚Mirabilia' – möglichst umfassend und historisch weit zurückreichend zu sammeln und zu systematisieren, und zwar in ihren seltensten und kostbarsten Erscheinungen. Die Schauräume sollten das Publikum staunen lassen und so den Status ihres Eigentümers aufwerten, „dem fürstlichen Repräsentationsanspruch ein signifikantes Monument setzen" (ebd. 14). Kunstberater und Sammlungsverwalter im Dienste Albrechts war übrigens von 1559 an der belgische Arzt Samuel Quiccheberg (1529–1567), der aufbauend auf den Erfahrungen mit dieser Sammlung und ausgewiesen durch zahlreiche Reisen zu europäischen Sammlungen 1563 die erste Museumstheorie verfasste. Die Münchner Kunstkammer war dann eine der ersten, die zugunsten spezialisierter Teilsammlungen aufgelöst wurde. 1603 begannen die Wittelsbacher, sie aufzuspalten und verlegten die Münzsammlung ins Antiquarium. 1606 richtete Maximilian I. die „Kammergalerie" mit ausgewählten Gemälden ein. Naturalien und Waffen wanderten später ins Arsenalgebäude. In der alten Kunstkammer verblieben nurmehr Ethnografica und historische Objekte.

Von den frühen Kunst- und Wunderkammern der Renaissance, die stark assoziativ (‚poetisch') – das heißt dem persönlichen Empfinden des Sammlers folgend – angelegt, aber noch nicht wissenschaftlich-rational organisiert waren, führt keine direkte Linie zu den modernen Museen, wie sie sich vor allem seit dem 18. Jahrhundert etablierten. Aber diese Kammern verstanden sich bereits als Orte, die Dinge versammelten, systematisierten und zeigten, als „Theatrum Mundi" („Theater der Welt") oder „Theatrum Sapientiae" („Theater der Weisheit"). Der Begriff ‚Theater' war Synonym für die Schaustellung der Dinge in einem räumlichen Arrangement zum Erkenntnisgewinn. Die topologische Ordnung im Raum diente als Gedächtnishilfe (nach dem Vorbild antiker Mnemotechniken) und der demonstrativen Präsentation von Statussymbolen für Seinesgleichen. Hier wurden also Kulturtechniken geprägt, die heute das Museum für sich reklamiert.

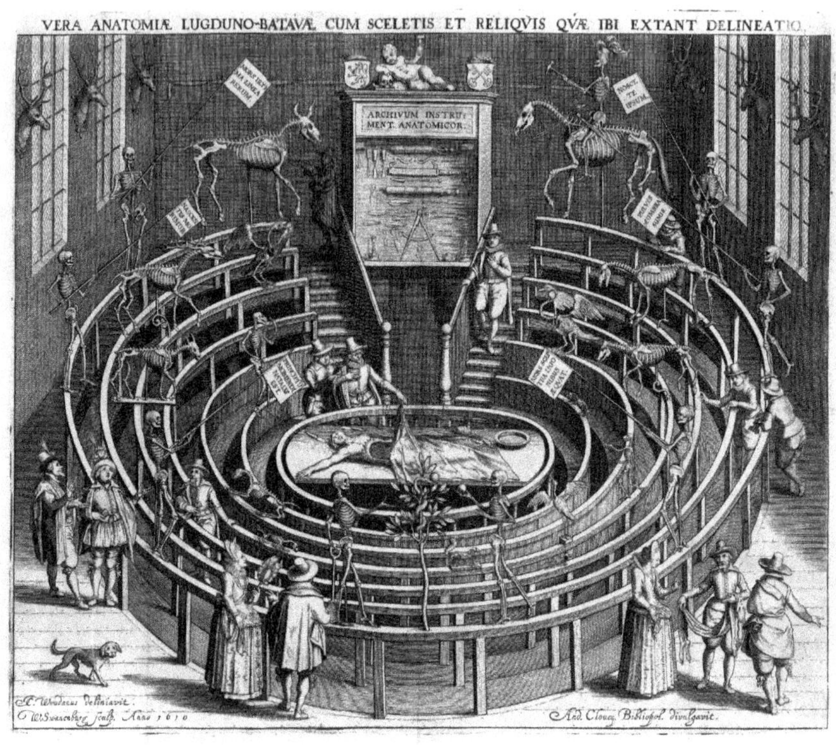

Abb. 1: Stich des Anatomischen Theaters Leiden von Willem Swanenburgh nach einer Zeichnung von Jan van 't Woudt, 1610

Eine einheitliche Form hatten diese Kammern freilich noch nicht gefunden. Einige von ihnen – wie das „Anatomische Theater" in Leiden aus dem 16. Jahrhundert – changierten zwischen Lehr- und Forschungsort der Universität, populärem Ausstellungsraum und Jahrmarkt, an denen sich ein allgemeines Publikum (inklusive „Bauernmägde") mit zum Teil sensationsheischenden Inszenierungen faszinieren lassen wollte. Andere waren exklusive Orte für die Forschung der Gelehrten. Öffentlich waren die meisten dieser Räume nur sehr beschränkt. Sie standen in der Regel nur jenen offen, denen das Interesse der Sammler galt: anderen Gelehrten, Herrschern oder Honoratioren, zuweilen auch Künstlern und Studierenden. Das unterschied sie von den modernen Museen des 18. und 19. Jahrhunderts.

Weiterführende Literatur

Bredekamp 1993: Horst Bredekamp, Antikensehnsucht und Maschinenglauben. Die Geschichte der Kunstkammer und die Zukunft der Kunstgeschichte (Berlin 1993).

Grote 1994: Andreas Grote (Hg.), Macrocosmos in Microcosmo. Die Welt in der Stube. Zur Geschichte des Sammelns 1450–1800 (Opladen 1994).

MacGregor 2007: Arthur MacGregor, Curiosity and enlightenment. Collectors and collections from the sixteenth to the nineteenth century (New Haven, London 2007).

Seelig 2008: Lorenz Seelig, Die Münchner Kunstkammer. In: Willibald Sauerländer (Hg.), Die Münchner Kunstkammer (München 2008) 1–114.

Aufgeklärtes Wissen: Der Beginn des modernen Museums im 18. Jahrhundert | 2.2

Das moderne Museum ist ein Kind der Aufklärung (1650–1800). Sie legte die Basis für ein neues Verständnis von Wissen, Wissenschaft, Geschichte und Öffentlichkeit und bedeutete das Ende der Kunst- und Wunderkammern.
Die Wunderkammer als poetisch organisiertes *Theater* der Dinge und Sinne war nicht mehr die richtige Institution für den aufgeklärten Gelehrten, der nach rational erklärbarer Erkenntnis strebte. Er brauchte die Sammlung als *Katalog*, der Dinge nach vernünftigen Kategorien klassifizierte. An die Stelle von Kosmologie und persönlicher Assoziation traten Taxonomien, geografische Ordnungen oder Chronologien. Zu dieser Zeit emanzipierte sich die museale Sammlung vom Sammler, indem sie ihre Bestände nach konsensfähigen Kriterien sortierte, die den Erkenntnissen der neu entstehenden Wissenschaften folgten. Auf individuelle Weltbilder der Sammler konnten diese Institutionen keine Rücksicht mehr nehmen.

Die Rationalisierung der Dinge zeigt sich gut am 1759 eröffneten British Museum in London. Als „national establishment, founded by Authority of Parliament“ war es das erste mit öffentlichen Geldern finanzierte Museum eines modernen Staates. Geführt von einem Board of Trustees, dem Vertreter aus Politik, Bürgertum und Wissenschaft angehörten, sollte es mit seinen Sammlungen „all Arts and Sciences“ repräsentieren. In den Augen seines ehemaligen Direktors David Wilson (Direktor von 1977–1992) war das British Museum eine europäische Pionierinstitution. Zwar konnten sich die Gründungsbeiräte an öffentlichen Bibliotheken und den frühen Kunst- und Wunderkammern orientieren, aber „when they set about housing and servicing the new museum, they had to combine the two [library and cabinets of curiosity, tt] and make them accessible to the public. That was their unique challenge. Nowhere else in Europe did such a public institution exist.“ (Wilson 2002, 24)

Infobox

Aufklärung

Die Aufklärung ist die Epoche, die Vernunft und rationales Denken als wichtigste Grundsätze moderner Menschen und Gesellschaften im allgemeinen Bewusstsein verankerte. Statt den Urteilen der Kirchen oder Adeligen zu vertrauen und das eigene Leben alten Gewohnheiten und Traditionen zu unterwerfen, forderten die Aufklärer, dass der Mensch sich von plausiblen, ihm verständlichen Gründen leiten lassen und einen eigenen Blick auf die Welt entwickeln solle. Folgerichtig setzte sich in der Aufklärung der Glaube an die allgemeine Menschenbildung durch, die Voraussetzung für vernünftiges Urteilen sei. Dafür bedurfte es Kultur- und Bildungsinstitutionen für jedermann, Orte der (Volks-)Aufklärung: Bibliotheken, Galerien und Museen. Sie sollten aufklären, indem sie Wissen allgemein zugänglich und verständlich machten; Wissen, das möglichst nachprüfbar, systematisch erarbeitet und nach methodischen Regeln erzeugt worden war (heute nennen wir das ‚wissenschaftliches Wissen').

Die aufklärerische Erkenntnistheorie misstraute allem, was die Sinne und Gefühle ansprach. Hatten nicht die Illusionsmalerei oder der Ablasshandel der Kirchen gezeigt, wie leicht sich der Mensch täuschen ließ bzw. wie er vor lauter Angst seinen Verstand ausschaltete? Der Weg zur Vernunft sah jedenfalls anders aus. Wer ihn beschreiten wollte, tat gut daran, sich nicht von sinnlichen Wahrnehmungen blenden zu lassen, sondern seinem Verstand zu vertrauen. Der Philosoph René Descartes (1596–1650) hat dafür Mitte des 17. Jahrhunderts die berühmte Trennung in Res Cogitans (Ideen) und Res Extensa (Dinge) als Gegensatzpaar eingeführt – eine Sicht, die eng mit unserem modernen Denken verwoben und seit einigen Jahren in die Kritik geraten ist.

In der Aufklärung begann die Vernunft andere Wissensformen zu ersetzen. Das mathematisch berechnete Maß schien die Wahrnehmung der Menschen verlässlicher zu leiten als die sinnlich wahrnehmbaren Ähnlichkeiten oder allegorischen Bezüge der Dinge, wie sie für die poetisch ausgerichteten Wunderkammern typisch waren. „[Enlightenment's] founding structure was that of order, the rough measurement and the drawing-up of hierarchical series. The classificatory table emerged as the basic structure of knowledge." (Hooper-Greenhill 1993, 15)

Die neue Ordnung der Welt, die sich in Klassifikationen, Chronologien oder Taxonomien zu erkennen gab, war Teil der sich entwickelnden empirischen Wissenschaften. Allen voran die Naturforscher legten sich Sammlungen an und experimentierten mit Substanzen und Naturalia, um Wirkstoffe zu bekommen und die Ordnung der Natur zu erfassen. 1735 veröffentlichte der schwedische Naturforscher Carl von Linné sein Hauptwerk „Systema Naturae", in dem er die Tiere, Pflanzen und Steine der Welt klassifizierte. Linné entwickelte seine Taxonomien, indem er Pflanzen in Herbarien gruppierte und sie so lange verschieben und neue zusammenführen konnte, bis sich vor seinen Augen eine konsistente Ordnung abzeichnete. Die Verfügbarkeit und räumliche Ordnung der Dinge in naturhistorischen Sammlungen war Grundlage dieser Arbeit. Die Dinge mussten *sichtbar* sein, um die Fülle des Materials nach visuellen Merkmalen ordnen zu können.

Aus dem Wunsch, die Welt in ihrer ganzen Fülle erfassen, ordnen und verstehen zu können, entstanden im 18. Jahrhundert die ersten Enzyklopädien. Sie sollten das gesamte Wissen der Menschheit zusammentragen und bekannt machen. Die „Encyclopédie ou Dictionnaire Raisonné des Sciences, des Arts et des Métiers", die Denis Diderot und Jean-Baptiste le Rond d'Alembert von 1751 an in Paris veröffentlichten, gilt als Hauptwerk des rationalen Denkens der Aufklärung. Das enzyklopädische Prinzip übernahmen in der Folge unterschiedliche Institutionen. In den Museen begegnet es uns in den sogenannten enzyklopädischen Sammlungen, die versuchten, das Wissen der Welt in Dingen abzubilden. Dass sie dabei auf einem neuen Verständnis von Geschichte als Sinnstifter aufsetzten (siehe unten), verlieh den Museen zusätzliche Relevanz.

Die Bestände des British Museum basierten hauptsächlich auf dem Nachlass des Physikers Hans Sloane (1660–1753). Er hatte im Laufe seines Lebens Pflanzen, Korallen, Bücher, Muscheln, Medaillen, Münzen, Manuskripte, ‚Kuriositäten' und vieles mehr gesammelt und diese Universalsammlung König George II. (1683–1760) für 20 000 Pfund testamentarisch vermacht. Bald stifteten weitere Gönner dem Museum unterschiedlichste Dinge. Sammlungsobjekte gezielt zu kaufen wurde erst in den 1770er Jahren für Antiken und Bücher gängige Praxis. Einen Ankaufsetat erhielt das British Museum erst 1834. Die geschenkten Sammlungen jedenfalls enthielten vor allem Bücher, Manuskripte und naturhistorische Objekte, derer sich unter anderen Naturforscher bedienten, um eigene Funde in einen größeren Zusammenhang einordnen und abgleichen zu können. Ein solches systematisches Vorgehen basierte auf aufgeklärten Wissenspraktiken, die die mannigfaltigen Erscheinungen der Natur als Exemplare in Klassifikationssysteme einordneten. Das British Museum hatte sich ganz diesem Geist des Klassifizierens und Ordnens verschrieben. Bis das Museum seine Ordnung der Dinge fand, dauerte es freilich ein halbes Jahrhundert. Noch 1799 urteilte der Geologe Barthélemy Faujas de Saint-Fond über die Sammlungen: „This assemblage appears rather an immense magazine, in which things have been thrown at random, than a scientific collection." (zit. nach ebd. 40)

Das Museum selbst wusste um die Defizite seiner Sammlungsordnungen, die nicht mehr dem Stand der wissenschaftlichen Kenntnisse entsprachen. Um 1800 begann es, seine Sammlungen umfassend systematisch neu zu organisieren und in Stand zu setzen: Es restaurierte Bücher, ordnete die Bibliothek neu und überarbeitete die schlecht geführten Sammlungsinventare. Es erhöhte die Gehälter der Kustoden, entlastete sie von Besucherführungen, damit sie intensiv die Kollektionen aufarbeiten konnten, und es stellte Spezialisten für die einzelnen Bestände ein.

Die um 1800 einsetzende Professionalisierung ließ das British Museum zur maßgeblichen Autorität in jenen Wissenschaften werden, zu denen es große Bestände besaß. Dies galt zum einen für die Antiken, die es just zu jener Zeit neu in Wert setzte, als sich ein neues Zeit- und Geschichtsverständnis herausbildete. Von 1767 an bekam das British Museum die Sammlung römischer und griechischer Antiken des Aufklärers Sir William Hamilton (1730–1803). Sie veränderte den Charakter des Museums, das sich von nun an zu jenem Museum klassischer Altertümer und der Kunst entwickeln sollte, das es bis heute ist. Galten Antiken vor der Aufklärung noch als Relikte aus einer fernen Zeit, als ‚Kuriositäten', die staunen ließen, die aber in keinem kausalen Zusammenhang mit der Gegenwart standen, so wurden sie im Geschichtsverständnis nach der „Sattelzeit" von 1750 an als ‚klassische' Kunstwerke aufgewertet und/oder zu Quellen einer „Geschichte im Singular" (Koselleck 2004). Diese Geschichte fügte die vielen einzelnen Geschichten mit ihren unzusammenhängenden Erzählungen, Traditionen und Relikten zu einem kohärenten Narrativ zusammen, das Gegenwart und Zukunft erklären und legitimieren konnte. „Die narrative oder exemplarische Bedeutung des Wortes [Geschichte, tt], die bisher vorwaltete und sich auf einzelne Geschichten bezog, verblasste. Das neue Wort ‚Geschichte' indizierte einen höheren Abstraktionsgrad, der übergreifende Einheiten geschichtlicher Bewegung kennzeichnen konnte." (ebd. 648 f.)

Was die Antiken dem British Museum im 19. Jahrhundert werden sollten, waren ihm zuvor die naturkundlichen Sammlungen. Das Museum verfügte über die wichtigsten naturhistorischen Bestände Europas, die es katalogisierte und so den Dingen ihren Platz und ihre Bezeichnung zuwies. Sie enthielten Referenzobjekte für alle damals bekannten Arten, auf die ein Naturforscher zurückgreifen musste, wenn er wollte, dass die Scientific Community seine Erkenntnisse akzeptierte. Diese Sammlungen „were explicitly meant to provide the reference base to all future collecting – an authority that no monograph [...] could achieve. Here the Museum stood above any ‚rules' [...]. By the absolute bulk of its ‚fixed capital' of naturalist goods, the Museum could set its own ‚tacit rules' for naturalist discourse." (McOuat 2001, 6 f.)

1813 hatte es sich auf die ‚natürliche' Nomenklatur des französischen Naturforschers Jean-Baptiste de Lamarck festgelegt. Deshalb geriet es 1842 mit der British Association for the Advancement of Science in Konflikt, als diese neue Nomenklaturregeln festlegen wollte, die sich an der Taxonomie des schwedischen Naturforschers Carl von Linné orientierten. Der zuständige Kurator im British Museum, John Edward Gray (1800–1875), boykottierte diese Idee, weil er fürchtete, alle Bestände neu ordnen zu müssen. Ein Kompromiss wurde erst möglich, als das Museum sein Inventar neu organisierte. Indem es jedes Exemplar der Sammlung auf einer eigenen Seite katalogisierte, konnte es die Blätter je nach System anders ordnen. Der Katalog war jetzt nutzbar für unterschiedliche wissenschaftliche Klassifikationen. Damit war ein Kompromiss gefunden, der das British Museum nicht zwang, seine ganze Sammlung neu zu ordnen, und es dennoch ermöglichte, die Objekte für verschiedene Klassifikationen zu nutzen.

Die Sammlungen und Sammlungspraktiken im British Museum zeigen dreierlei: Erstens illustrieren sie den Siegeszug neuer, aufgeklärter Wissensordnungen im späten 18. und 19. Jahrhundert, in die sich jedes Ding einfügen musste. Die eher intuitive, zufällige Ordnung der Bestände Sloanes wich einem klassifikatorischen Zugriff auf die Dinge, der zunächst noch vergleichsweise unsystematisch war. Im Laufe der Zeit etablierte das Museum konsistente Sammlungsordnungen, die es neuen wissenschaftlichen Erkenntnisinteressen anpasste. Nicht mehr der individuelle Sammler, sondern die Logik der Institution bestimmte die Ordnung der Dinge. Zweitens lässt sich am neuen Stellenwert der Antiken ein geschichtliches Denken erkennen, das Relikte der Vergangenheit nutzte, um mit Blick auf die Gegenwart und Zukunft Sinn zu stiften. Ein solches Denken in Ursache-Wirkungs-Logiken war neu und sollte das Museum im 19. Jahrhundert zu einer eminent politischen und modernen Institution machen. Drittens beeinflussten Sammlungsbestände zunehmend, was die Menschen über die Welt wussten. Wie dieses Wissen strukturiert war, hing ganz entscheidend von den Arbeitsweisen in den Museen ab. Erst eine neue Katalogisierungsmethode für die naturkundlichen Bestände machte es möglich, dass die neue (und in der Folge weltweit maßgebliche) Systematik von Linné vom British Museum anerkannt wurde. Diese Ordnungs*praktiken* waren mithin keine Randerscheinungen, sondern sie tangierten den Kern moderner Wissenschaft. In Museumssammlungen – das muss man sich heute wieder bewusst machen – handelten Wissenschaftler grundlegende Fragen ihrer Forschungen aus. Nicht immer passierte das so prominent wie in den naturkundlichen Sammlungen eines der größten europäischen Museen. Doch generell waren viele Museen des 19. Jahrhunderts primär Forschungsorte. Ihre Sammlungen waren Erkenntnisstifter ersten Ranges. Das erklärt ein spezifisches Verständnis von Öffentlichkeit, wie es sich im British Museum herausbildete.

Das British Museum definierte das Museum als öffentlichen Raum neuen Zuschnitts. Von Beginn an fühlte es sich – dem testamentarischen Willen Sloanes folgend – der gesamten Gesellschaft verpflichtet, sollte „all studious and curious persons“ kostenfrei offenstehen. Die Trustees freilich bemühten sich um die Upper und Middle Classes und fürchteten die unteren Schichten. Ihnen graute vor den öffentlichen Besuchszeiten für jedermann: „No person of superiour degree will care to come on such days so that this low Class with the lowest of the Mob, will make the Museum that day a place of diversion“, mutmaßte 1759 der Beirat Dr. Ward. Er empfahl für die öffentlichen Besuchszeiten die Präsenz von Polizei und Ordnungsdiensten, um die schlimmsten Auswüchse zu verhindern (zit. nach Wilson 2002, 36). Generell hatte der Schutz der Sammlungen Vorrang vor allen Besucherinteressen. Niemand durfte das Museum ohne Führung betreten. Selbst der Zugang zu den Leseräumen war streng reglementiert. In den ersten Monaten nach Eröffnung konsultierten den Leseraum vor allem Kleriker, einige Persönlichkeiten höheren Standes, Kenner und Wissenschaftler. Viele von ihnen kamen aus dem Ausland, um auf Einladung der Trustees mit den Sammlungen zu arbeiten. Die Londoner wollte man am liebsten aus dem Museum heraushalten.

Sechs Stunden war das Museum an Werktagen geöffnet. Pro Stunde durften es zehn Besucher betreten, wenn sie zuvor ein kostenfreies Ticket zugeteilt bekommen hatten. Dafür mussten sie sich Wochen im Voraus auf eine Liste setzen lassen und sich regelmäßig nach dem Termin erkundigen. Der Museumsdirektor genehmigte jeden Besuch einzeln. Aber nicht jeder, der wollte, bekam Zutritt. 1784 klagte ein William Hutton aus Birmingham, dass er ohne entsprechende Kontakte kein Ticket bekommen könne. Schließlich wurde er auf dem Schwarzmarkt fündig. Der Besuch war für Hutton dann eine einzige Enttäuschung. Niemand in seiner Gruppe hatte zu sprechen gewagt, nachdem ein Kustos Hutton gleich zu Beginn angefahren hatte, als er um Erklärungen zu den Objekten bat. „The company seemed influenced; they made haste and were silent. No voice was heard but in whispers [...]. In about thirty minutes we finished our silent journey through this princely mansion, which would be well have taken thirty days. I went out much about as wise as I went in" (zit. nach ebd. 40). Doch trotz der ganz offensichtlich mäßigen Begeisterung der Museumsmitarbeiter über die lästige Pflicht der Besucherführungen, die sie schnell abzuwickeln versuchten, waren viele Besucher vor allem von den ägyptischen und etruskischen Antiken begeistert. Das Museum hatte sie entsprechend in Szene gesetzt – unter anderem in einer Vitrine, die der Kustos mithilfe einer Handkurbel drehen konnte. Zwischen 1800 und 1810 lockerte das British Museum sein strenges Besucherreglement merklich: Es verlängerte die Öffnungszeiten, gewährte mehrstündige Aufenthalte und ließ bis zu 360 Besucher täglich in die Schauräume. Um dem stark steigenden Besucheraufkommen Herr zu werden, engagierten die Trustees hauptamtliche Museumsführer, die mehrere Sprachen beherrschten.

Das Verhältnis zur Öffentlichkeit war von Beginn an *das* große Thema des British Museum. Hier zeigten sich bereits jene Konflikte, die für die Institution Museum in der Folge typisch werden sollten (und auf die ich im Kapitel zum 19. Jahrhundert noch ausführlich eingehe): die Spannung zwischen Öffnung der Sammlungen und Schutz der Bestände; die Vision, wirklich *allen* offenzustehen bei gleichzeitigem Argwohn gegenüber den unteren Schichten; das Selbstverständnis als Forschungsort, an dem Besucher die Kustoden von der wissenschaftlichen Arbeit abhalten im Kontrast zur Selbstdarstellung als nationale Kulturinstitution, die aus öffentlichen Mitteln finanziert wird und zum Nutzen der Gesellschaft agiert. Im British Museum zeigt sich, wie konfliktreich diese Aushandlungsprozesse waren und wie sich ein neuer Begriff von Öffentlichkeit in Institutionen wie dem Museum erst ausbildete.

Ein dritter Punkt ist – neben den Themen Sammlung und Öffentlichkeit – hier bemerkenswert: Im British Museum wird der schleichende Übergang von den Wunderkammern zum modernen Museum erkennbar. Beide Formen existierten im 18. Jahrhundert nebeneinander. Allen voran im Barock stehen höfische Kunst- oder Schatzkammern, wie sie sich etwa August der Starke (1670–1733) zwischen 1723 und 1730 in Dresden einrichten ließ (das heutige Historische Grüne Gewölbe), um Reichtum und Macht zu demonstrieren, neben modernen Museen aus dem Geist der Aufklärung wie dem British Museum. Aber auch dieses orientierte sich an den Darstellungs- und Sammlungspraktiken der früheren Kammern, die es erst nach 1800 endgültig ablegte: Seine Sammlungen waren eher zufällige Ansammlungen als wissenschaftliche Klassifikationen. Seine Schauräume changierten zwischen wunderkammerartigen Kabinetten mit bunt gemischten Objekten aus aller Welt – naturhistorische Exemplare neben Antiken, Gemmen oder Elfenbeinschnitzereien – und Räumen, die einzelnen Sammlungsbeständen gewidmet waren: der Münzsammlung Sloanes, den Manuskripten, den Antiken oder den Zeichnungen. Hier differenzierte sich das Museum bereits in Spezialgebiete, die den unterschiedlichen Erkenntnisinteressen der neu entstehenden Wissenschaften entsprachen. Die Naturkunde ordnete ihre Dinge nach anderen Kriterien als die Bibliothek, und um Zeichnungen und Gemälde richtig beurteilen und handhaben zu können, bedurfte es anderer Kenntnisse und Fertigkeiten als für die Arbeit mit griechischen Reliefs und ionischen Säulen.

Je spezialisierter das Wissen wurde und je mehr (exotische) Dinge im Zuge der europäischen Kolonisierung der Welt in die Sammlungen strömten, desto untauglicher war das alte Wunderkammermodell mit seinem Anspruch, die gesamte Welt im Kleinen zusammenzutragen. Es gab schlicht zu viel, um es an einem einzigen Ort zu versammeln, und die Erkenntnisinteressen der Gelehrten hatten sich zu weit voneinander entfernt. Spezialsammlungen traten neben die enzyklopädischen Kunst- und Wunderkammern oder ersetzten diese gleich ganz.

Weiterführende Literatur

Hooper-Greenhill 1993: Eilean Hooper-Greenhill, Museums and the shaping of knowledge (London 1993).

McOuat 2001: Gordon McOuat, Cataloguing Power. Delineating ‚competent naturalists' and the meaning of species in the British Museum. In: The British Journal for the History of Science 34, H. 1, 2001, 1–28.

Wilson 2002: David Wilson, The British Museum. A history (London 2002).

Kultur, Nation und Bürgertum: Das 19. Jahrhundert als Museumszeitalter | 2.3

Die Französische Revolution und die Erfindung des Kulturerbes

Die große Zeit des modernen Museums begann auf dem europäischen Kontinent mit der Französischen Revolution. Der Zorn des Dritten Standes, der in der Levée en Masse, dem Aufstand der Massen, immer wieder als zerstörerischer Furor wütete, Fürsten enteignete, Kunst raubte und Kirchen plünderte, tobte sich an den Institutionen und Symbolen des Alten Regimes aus: Die Revolutionäre stürzten Denkmäler, zerstörten Bilder, verscherbelten Gemälde und Skulpturen und brandschatzten Bibliotheken und Archive, auf dass nichts mehr an die alte Herrschaft erinnern möge. Den Bilderstürmern folgten die Museumsgründer: Der Nationalkonvent fürchtete den totalen Erinnerungsverlust der Nation und versuchte, die wichtigsten Zeugnisse zu retten. 1790 setzte er eine Kommission ein, die all jene Dinge als schutzwürdig einstufen sollte, die dem künftigen Staat als wichtige politische Symbole dienen könnten. Die Prunkstücke des Ancien Régime sollten in neuem Kontext ihre verführerische Wirkung für die revolutionäre Idee von Freiheit, Gleichheit und Brüderlichkeit entfalten können. Das Wort der Stunde lautete: ‚Patrimoine', Kulturerbe. Es bezeichnete die Idee eines Kanons materieller Werte – Gebäude, Gemälde, Skulpturen, historische Relikte, Denkmäler oder Urkunden –, die für die nationale Geschichte und Kultur Frankreichs unverzichtbar seien. Kulturerbe entwickelte sich von da an zum wichtigsten Argument für den kulturellen Wert und den gesellschaftlichen Auftrag des Museums. Bis heute ist der hier implantierte Glaube an die Kraft des kulturellen Erbes fest im (kontinental-)europäischen Museumsdiskurs verankert, etwa in der Rede vom „kulturellen Wert der Sammlungen" oder von der „Aura des Originals". Entscheidend ist, dass dieses Patrimoine jetzt *kollektives Eigentum des Volkes* war und nicht mehr Privateigentum des Adels oder Klerus. Zugang zu den Sammlungen war mithin ein *Recht* für jedermann und keine Gnade des Königs.

Den Dingen kamen zu dieser Zeit nicht nur ihre alten Eigentümer abhanden, auch die Räume, in denen sie bis dato bewahrt und exponiert wurden, die Paläste, Residenzen und Klöster, standen als Museen nicht mehr zur Verfügung oder konnten nicht mehr im alten Stil betrieben werden. Die Revolutionsregierung musste in alten Gebäuden neue Museen erschaffen, und zwischen ihnen entstand 1793 mit dem Muséum central des Arts im Pariser Louvre – einer ehemaligen Residenz der französischen Könige – jenes Museum für die neue französische Nation, das europaweit Maßstäbe setzen sollte. 537 Gemälde, dicht gehängt von der Decke bis zum Boden, und 184 Skulpturen und Büsten zeigte die Eröffnungsausstellung in den baufälligen Gebäuden. Der Louvre war vor allem der Kunst aus den vormals königlichen Sammlungen gewidmet, die er dem exklusiven Zugriff des Adels entzog und als Eigentum des Volkes exponierte: „In der Großen Galerie des Louvre verwandelte man die Kunst aus einem Luxusgut des Ancien régime, das herkömmlicherweise mit demonstrativem Konsum und gesellschaftlichen Privilegien in Verbindung gebracht wurde, in ein Eigentum der Nation, in eine Quelle patriotischen Stolzes und ein Werkzeug der Volksaufklärung." (Sheehan 2002, 84)

Neben dem Louvre entstanden weitere öffentliche Museen in Paris: 1793 eröffneten das Musée des monuments français für Denkmäler und Kunst des Mittelalters und der Renaissance sowie das Muséum d'histoire naturelle für naturkundliche Objekte, ein Jahr später das Conservatoire des Arts et Métiers als Handwerks- und Gewerbemuseum. Die politische Elite versprach sich viel von

Museen als neuen bildmächtigen Medien, die mit Autorität Geschichte deuten und Macht legitimieren konnten. Pathetisch formulierte 1792 Innenminister Jean-Marie Roland de La Platière: „Das Museum hat eine derart starke Wirkung auf den Geist des Volkes, es berührt derart stark seine Seele und wärmt die Herzen, dass es eines der wirkmächtigsten Mittel ist, um all das zu illustrieren, wofür die französische Republik steht." (zit. nach Poulot 1997, 196, Übersetzung von mir) Allen voran Napoleon nutzte Museen als politische Schaubühnen, auf denen er Beutekunst seiner Feldzüge zeigte und sie zu Monumenten der eigenen Herrlichkeit machte. Das Muséum central des Arts im Louvre hieß nach seiner Kaiserkrönung von 1803 an Musée Napoléon.

Abb. 2: Innenhof des Louvre mit Pyramide

Der Louvre war in mehrfacher Hinsicht für das moderne Museum wegweisend: Er etablierte – erstens – eine moderne Idee von Kulturerbe, und er symbolisierte – zweitens – das revolutionäre Leitbild von Liberté, Fraternité und Egalité. Er war das Symbol eines neuen Staates, der vom Volk regiert werden sollte (Fraternité im Sinne von Volkssouveränität). In ihm sollten sich gleichberechtigte und freie Bürger (Egalité, das heißt gleiche Rechte und Pflichten für alle Männer und keine Leibknechtschaft) als kollektive Eigentümer des Patrimoine treffen. Als Museum einer befreiten und (vermeintlich) freien Nation (Liberté) stiftete er nationale Identität mit universalem Anspruch: „Frankreich sollte die Meisternation Europas werden, seine künstlerische Überlegenheit [...] bewahren, und das Erbgut der Menschheit verwalten." (Pommier 1996, 10) Ein solcher Staat hatte alles Recht, die Kulturgüter der gesamten Menschheit zu beherbergen, weil er aus dem Geist einer freien Gesellschaft agierte – einer Gesellschaft, die aufgrund ihrer moralischen Avanciertheit Anspruch darauf erheben könne, für die gesamte Menschheit Kultur zu sichern. Das galt insbesondere für Kunst aus dem antiken Griechenland, der die Revolutionäre ein freiheitliches Ideal zuschrieben, das sie zur

Läuterung der Völker Europas bewahren müssten: „die siegreiche Freiheit verleiht Frankreich das Recht, ja sogar die Pflicht [...], sich die Meisterwerke der Griechen als Schöpfungen des Freiheitsgeistes anzueignen; ein freies Volk, das Volk der Revolution, allein ist würdig, die Meisterwerke aufzunehmen und sie zu besitzen." (ebd. 11) Diese Idee des auserwählten Volkes, das die Kunst befreit, indem es sie vermeintlichen Despoten wegnimmt, legitimierte die Raubzüge der Revolutionäre (und später Napoleons) in den von Frankreich besetzten Ländern. Sie ließ es nicht als Widerspruch erscheinen, dass in dem neuen Zentralmuseum der französischen Nation die geraubten Gemälde von Rubens und van Dyck aus Flandern ebenso zu sehen waren wie erbeutete Renaissancemalerei aus Italien und Skulpturen aus Griechenland. Bis heute hat sich dieser innere Widerspruch zwischen Herkunfts- und Aufbewahrungsort, zwischen „geschichtlichem" und „ideologischem Begriff des Erbguts" (ebd. 16) in unseren Debatten um ‚nationales Kulturgut' erhalten (siehe Kap. 2.5, Kulturerbe und Provenienzforschung).

Drittens manifestierte sich im Louvre ein verändertes Verhältnis zur Öffentlichkeit aus demokratischem Anspruch. Was vormals im Schloss von Versailles den Augen des Ersten und Zweiten Standes vorbehalten war, war jetzt räumlich und sozial in der Mitte der Gesellschaft angekommen. Zwar gab es zuvor schon die Kunstsalons der Académie Royale de Peinture et Sculpture, die von 1737 an den Salon des Louvre für ihre öffentlichen Verkaufsschauen nutzte, und in den letzten Jahren der Monarchie hatte der Graf d'Angiviller den Louvre als Museum für die Öffentlichkeit öffnen wollen – doch die Revolution kam dem zuvor. Sie führte zu einer generellen Öffnung, und sie widmete die vormals königlichen Sammlungen in Volkseigentum um. Die Öffentlichkeit durfte die Kunstsammlung jedoch erst sehen, nachdem der König hingerichtet worden war. Auf den Tag genau ein Jahr nach dem Sturm auf die Tuileries, am 10. August 1793, eröffnete der Louvre als neues Museum der Republik. Fünf Tage pro Woche (im Revolutionskalender hatte die Woche zehn Tage) hatte der Louvre nur für Künstler geöffnet, zwei Tage war er zur Reinigung geschlossen und drei Tage durfte ein allgemeines Publikum ihn besuchen. Allen voran die öffentlichen Besuchstage zogen Massen von Menschen unterschiedlicher Milieus an. Einige waren betrunken, andere brachten Hunde mit ins Museum. Offensichtlich bestand kein Konsens darüber, was angemessenes Verhalten in einem Museum bedeutete. Der Louvre begann, das Verhältnis zwischen Öffentlichkeit und Hochkultur durch Verhaltensregeln neu zu definieren. Er fungierte als öffentlicher Ort, an dem sich eine neue Zivilgesellschaft formieren sollte. Die Kunsthistoriker Carol Duncan und Alan Wallach haben diese Praxis später im Begriff „zivilisatorisches Ritual" verdichtet (Duncan / Wallach 1980).

Allerdings gab es bereits vor der Französischen Revolution in Großbritannien (siehe British Museum) oder im Heiligen Römischen Reich deutscher Nation (königliche und fürstliche) Sammlungen, die mit ausgefeilter Didaktik und wissenschaftlichem Anspruch für ein breites Publikum aufbereitet wurden. In Wien hatte zwischen 1779 und 1781 der aufgeklärte Kupferstecher Christian von Mechel die kaiserlich-königliche Gemäldegalerie im Lustschloss Belvedere eingerichtet. Er hatte die Gemälde einheitlich gerahmt und beschriftet, die Kunstwerke katalogisiert und war dem kunsthistorischen Prinzip der Galleria Progressiva gefolgt. Statt die Wände, wie bis dato üblich, als pittoreske Komposition über und über mit Gemälden zu behängen, hatte er sie in chronologischen Reihen als lineare Abfolge inszeniert. Mechel hatte seine Bilder nach Malerschulen sortiert und die individuelle ästhetische Wirkung des einzelnen Werks seinem Platz in der Serie untergeordnet.

Mechels Konzept war aus zwei Gründen eine Provokation: Erstens hatte es Kunst nicht länger um des ästhetischen Genusses willen präsentiert, sondern mit dem rationalistischen Anspruch, ein für Kunst- wie Naturgeschichte gleichermaßen anwendbares Ordnungssystem einzuführen. Zweitens hatte er die vormals exklusiven fürstlichen Bestände einer vergleichsweise breiten Öffentlichkeit vorgeführt. Mechel hatte auch Bürger jenseits der Oberschicht zum Besuch ermutigt, indem er die Sammlungen auf ihre Bedürfnisse zuschnitt: Er hatte die Werke so aufgestellt, dass er einen vereinfachten Rundgang anbieten konnte, der die Betrachter an den wichtigsten, mit einem X gekennzeichneten Stücken vorbeiführte. Dahinter hatte er Vertiefungsbereiche eingerichtet für diejenigen, die mehr Zeit mitgebracht hatten und sich spezieller interessierten. Und die breite Öffentlichkeit kam tatsächlich:

> Man stellte tatsächlich Wächter an den Eingang und erließ Verbote, z.B. das Mitnehmen von Stöcken. Das sind Indizien für einen anonymen, nicht oder kaum zensierten ‚Massen'besuch, auf den man einerseits ‚didaktisch' reagierte (Katalog; Beschriftung), andrerseits disziplinierend (Wächter oder Wärter, also Aufsicht, Hausordnungen [...]). Reaktionen auf den freizügigen und kostenlosen Zugang zur Wiener Sammlung zeigen klar, daß es aber auch um den ‚Skandal' ging, daß offenbar bislang ausgeschlossene soziale Schichten von der ‚Einladung' tatsächlich Gebrauch machten. (Fliedl 2010)

Das Wiener Beispiel – das allerdings für Kontinentaleuropa eine Ausnahme war – zeigt, dass nicht alles im Louvre erfunden wurde, was wir heute dem Louvre zuschreiben. An der Interpretation, dass der Louvre eine Zäsur für das Museumswesen darstellt, ist deshalb Kritik laut geworden. Der Kunsthistorikerin Bénédicte Savoy gilt die louvreaffine Lesart als Erfindung des 19. Jahrhunderts, um die Bedeutung der Französischen Revolution zu betonen. Insbesondere in den deutschen Fürstentümern und Königreichen und in der Habsburgermonarchie habe es feudale Museen gegeben, die Kriterien des modernen Museums früher erfüllten: „Gemeinnützig, wissenschaftlich, zugänglich: diese Eckpfeiler des ‚modernen Museums' charakterisieren die Institution in Deutschland seit den 1750er Jahren, spätestens seit dem letzten Viertel des 18. Jahrhunderts in hohem

Maße [...]. Die museumshistorische Trennlinie, die so gerne um 1800 gezogen wird, ist nicht stichhaltig." (Savoy 2006, 22) Für Savoy steht außer Frage, dass „das öffentliche Kunstmuseum kein Resultat der Französischen Revolution [ist]; auch vor 1789 waren Zugänglichkeit und Bildungsabsicht Merkmale vieler Sammlungen, nicht nur in Deutschland." (ebd. 9)

Savoys Intervention war wichtig, weil sie den Louvre entmythisierte und eine eigene ‚deutsche' Traditionslinie aufzeigte. Dennoch relativierte sie die Zäsur der Französischen Revolution zu stark. Zu grundlegend war die gesellschaftliche Transformation dieser Jahre, zu grundstürzend ein neues Verständnis von Öffentlichkeit, kollektivem Eigentum und Auftrag des Museums im Dienste der Bildung und der nationalen Bewegungen, als dass man die neuen Museen des 19. Jahrhunderts vor allem in der Tradition der alten fürstlichen Museen betrachten könnte. Auch wenn die Museumspraxis in Teilen ähnlich war – die Attitüde war eine andere und führte mittelfristig zu einem anderen Umgang mit den Dingen.

> Zum ersten Mal an den Museen greifbar, die in der Französischen Revolution gegründet wurden, ist das Museum ein sozialer Ort, nicht weniger als einer der Teilhabe der Bürger am Gründungsakt einer Nation. Sie konstituieren die neue Gesellschaft und reziprok werden sie, die Bürger, durch diese Teilhabe zu Staatsbürgern. Diese Form der Teilhabe steht ab nun, auch als verbrieftes demokratisches Recht, etwa in der Form des Rechtes auf Bildung in der Französischen Verfassung von 1793, jedermann zu und verleiht dem Ritual, mit dem sich Menschen im Museum zum Publikum zusammenfinden, eine bislang nicht denkbare und im Sammelwesen der frühen Neuzeit auch nicht angelegte politische und soziale Bedeutung. (Fliedl 2016b)

Infobox

Öffentlichkeit

Der Glaube an die soziale Macht des Museums gedieh zu einer Zeit, in der ein neuer Akteur die Bühne betrat, der als ‚Publikum' oder ‚Öffentlichkeit' bezeichnet wurde. Dabei handelte es sich nicht länger um ein weitgehend rechtloses Heer von Untertanen. Öffentlichkeit bestand seit der Französischen Revolution aus ‚Citoyens', Staatsbürgern, die zunehmend politische Macht ausüben wollten respektive konnten und sich als ‚öffentliche Meinung' artikulierten. „Für das 19. Jahrhundert war damit der Weg gewiesen: das nun als ‚mündig' postulierte bürgerliche Publikum drängte zur Teilhabe am öffentlichen Leben des Staates. [...] [Seit Mitte des 18. Jahrhunderts] bezeichnet ‚öffentlich' nicht nur den Geltungsbereich staatlicher Autorität, sondern zugleich den geistigen und sozialen Raum, in dem diese sich legitimieren und kritisieren lassen muß." (Hölscher 1978, 437 f.)

Basierend auf den Ideen der Aufklärung, die als legitim nur das erachtete, was rationale Argumente erklärten, entwickelte sich im 18. Jahrhundert in immer mehr europäischen Ländern das, was der Philosoph Jürgen Habermas (1990) „räsonnierende Öffentlichkeit" genannt hat. Sie war eine bürgerliche Öffentlichkeit, die ihr Miteinander im ‚Raisonnement', also durch Austausch von vernünf-

tigen Argumenten in öffentlichen Diskussionen regelte. Für die bürgerlich-räsonnierende Öffentlichkeit waren Massenmedien und öffentliche Orte zentral: Literatur, Zeitungen, Cafés, Salons oder Museen. Diese Organe und Räume waren politische Orte, an denen die bürgerliche Allgemeinheit an den Staatsgeschäften teilhatte. Hier konnte man vor Publikum miteinander ins Gespräch kommen, Ideen diskutieren und unterschiedliche Positionen verhandeln. Hier bildete sich öffentliche Meinung, die als Grundlage der neu entstehenden Nationen galt. Die neuen Staatswesen hatten also – anders als ihre absolutistischen Vorläufer – ein ganz anderes Interesse daran, die öffentliche Meinung für sich zu gewinnen. Gegen sie konnte auf Dauer niemand Politik betreiben. Das Museum für die Allgemeinheit zu öffnen war mithin kein Gnadenakt, sondern eine Maßnahme, um öffentlichen Raum zu schaffen und zu kontrollieren und so öffentliche Zustimmung für wesentliche Fragen des Zusammenlebens und der Politik zu erhalten.
Dies galt umso mehr, seit die Sammlungen der Museen kollektives Eigentum des Volkes waren. In dem Moment, in dem der Staat vormals private Sammlungen übernahm, änderte sich das Verhältnis der Museen zu ihrem Publikum. Das Volk hatte jetzt ein *Recht* darauf, ‚seine' Sammlungen sehen zu können. Doch auch wenn formale Zugangsschranken fielen: die fehlende Freizeit und Bildungsorientierung, die Art des Umgangs mit den Dingen und der exklusive Standesdünkel, der in vielen Museen weithin herrschte, hielten weite Teile der Bevölkerung – Arbeiter, Bauern, Tagelöhner – von der neuen bürgerlichen Kultur fern.

Höfische und bürgerliche Kultur in den deutschsprachigen Ländern

Die Französische Revolution war Fanal einer neuen Epoche in Europa. Mit ihr begann sich die feudalstaatliche Ständeordnung aufzulösen, in der Adel und Klerus andere Rechte hatten als Beamte, Arbeiter oder Bauern. Neue Staats- und Gesellschaftsformen traten an ihre Stelle. Auf dem Gebiet des Heiligen Römischen Reichs deutscher Nation entstanden nach dessen Ende 1806 konstitutionelle Monarchien und Klassengesellschaften, die primär nach ökonomischem Status und nicht (allein) nach Geburtsstand hierarchisiert waren. In ihnen sollte im 19. Jahrhundert eine neue Gruppe die wichtigste Kultur tragende Schicht werden: das Bürgertum.

Diese Position hatte lange der Adel besetzt. Könige, Fürsten und Herzöge gründeten Theater und Museen an ihren Höfen. In Dresden richtete August der Starke zwischen 1723 und 1730 sein Grünes Gewölbe als Schatzkammer ein, mit dem er die Öffentlichkeit durch Prunk beeindrucken wollte. In Weimar entstand unter Herzogin Anna Amalia von 1772 an eine reiche Kulturlandschaft mit Theatern und der berühmten Bibliothek, die heute unter dem Label ‚Weimarer Klassik' ein Glanzpunkt deutscher Hochkultur ist. Die höfische Hochkultur repräsentierte die Macht und den Status ihrer Mäzene. Vor allem aber war die hier gepflegte Kultur kategorial anders als das, was den Besuchern später in den verbürgerlichten Theatern, Konzerthäusern oder Museen begegnen sollte. „An den Höfen war Musik oft nur Hintergrund gewesen, Divertimento und Stimmenakrobatik. Ein Spiel, bei dem man einen Akt auslassen konnte, und wo im Park keineswegs immer bürgerlich disziplinierte Aufmerksamkeit herrschte, sondern munteres Stimmengewirr. Gemälde füllten leere Wände. Dramen sollten eher kurz sein, um nicht vom Essen und Tanzen abzuhalten." (Seibt 2015) Kunst und Hochkultur waren kein Selbstzweck, sondern beiläufig, unterhaltsam und nicht didaktisch ausgerichtet. Sie sollten dem Hof ein eigenes Gepräge der Kunstsinnigkeit geben, so dass er sich klar von anderen Schichten abgrenzen konnte (was diese ihm als Manieriertheit vorwarfen).

Die Theater, Galerien und Kunstkammern, die dafür nötig waren, bezahlte der Adel mit den Steuern, die er den unteren Ständen abgenommen hatte. Die höfische Kunst, Literatur und Musik „beruht historisch auf Ausbeutung, sie ist gemacht für die Herrschenden" (ebd.). Dieser Kultur war ein Klassencharakter eingeschrieben, den sie nie wirklich verlor und der sie nach 1968 verdächtig machte. Sie war ein Erbe höfischer Kultur und kein Produkt einer neuen (Massen-)Gesellschaft. Das unterschied die deutschen Museen vom revolutionären Frankreich: Ihre Kunstwerke und repräsentativen Schaustücke hatte niemand handstreichartig erobert und als Symbole einer freien Gesellschaft neu codiert. Vielmehr wanderten sie langsam in den Besitz neuer Träger, und zwar unter Mithilfe der alten Eigentümer: „Die deutschen Fürsten hatten offenbar mehr aus der französischen Revolution gelernt als das deutsche Bürgertum: sie machten den bürgerlichen Intellektuellen ihre Kunstsammlungen zugänglich, bevor diese auf die Idee kommen konnten, dies zu verlangen. Das Kunstmuseum wurde zum Bestechungsgeschenk." (Grasskamp 1981, 39)

Vergleichsweise ungebrochen konnten die Dinge so weiterwirken. Auch die Aura des Ortes, an dem sie zu sehen waren, erhielt sich bei diesem schleichenden Übergang von feudalen in verbürgerlichte, staatlich finanzierte Museen. Sie blieben Orte der Distinktion und des exklusiven Zugangs, auch wenn sie formal für eine breitere Öffentlichkeit zugänglich sein sollten. Prinzipiell wollte die bürgerliche Gesellschaft – darin ganz Kind der Aufklärung – sich allen Schichten öffnen, um ihre Ideen und Kulturideale als allgemeinen Maßstab zu etablieren. Allein, „die reale Exklusivität im vorgeblichen Universalismus" (Kocka 1987, 15) gehörte von Beginn an zum Grundwiderspruch bürgerlicher Kultur. Wie hätte ein Bauer, wie ein (Fabrik-)Arbeiter den Weg ins Museum finden können, der kaum lesen konnte, sein Geld zusammenhalten musste und täglich von morgens bis abends schuftete? Ganz abgesehen davon, dass er keine Garderobe besaß, mit der er nicht negativ aufgefallen wäre, und nie gelernt hatte, wie er Kunst und ‚Kultur' zu sehen hatte. Das, was er kannte und verstand, zählte nicht zum Kanon dieser ihm fremden Kultur.

Infobox

Bürgertum

Das Bürgertum des 19. Jahrhunderts war weder eine Klasse mit eigenem ökonomischem Status noch ein rechtlich definierter Stand wie (seinerzeit) der Adel. Es etablierte sich als neue Gruppe in einer sozial differenzierten Gesellschaft, verfügte über Besitz und Personal (Dienstmädchen) und definierte sich maßgeblich über seine Lebensweise, das heißt über seine ‚Bildung' und ‚Kultur'. Teil dieser Kultur war es, bei Tisch mit gedämpfter Stimme zu sprechen, sich höflich und vernunftgeleitet zu begegnen, auf der Straße einen Hut auf dem Kopf zu tragen (den man zum Grüßen kurz anhob) und über „Die Leiden des jungen Werther" ebenso gebildet parlieren zu können wie über Gemälde von Karl Spitzweg. Regelmäßige Besuche von Theater, Oper und Museum waren ebenso Kennzeichen bürgerlicher Kultur wie das Klavierspiel, die Ehrfurcht vor Titeln (der ‚Herr Doktor') und die Mitgliedschaft in Vereinen. Es gab innerhalb dieser Gruppe also Kennzeichen und Verhaltensstile, an denen sich die Bürger erkannten. Etliche ihrer Werte und Normen konnten sie anderen Gruppen – Arbeitern oder Bauern – als attraktiv und nachahmenswert vermitteln, unter anderem weil Bürger das Schul- und Bildungswesen ebenso dominierten wie die Presse, und auch die Kirche war zunehmend bürgerlich geprägt.

Das Bürgertum übernahm nicht nur die Herrschaft über bestehende Bildungsinstitutionen, es erfand neue, und zwar zu einer Zeit, als der *Historismus* erblühte, also der Glaube an den Wert historischen Wissens und historischer Dokumente und Relikte. Wer sich auf eine lange Tradition berufen konnte, hatte das stärkste Argument für sein Anliegen. Der Historismus verstärkte das kollektive Entzücken an den Reizen der materiellen Überlieferung und inspirierte engagierte Bürger, eigenständig jene Überreste und Symbole zu sammeln, die für das bürgerliche Geschichtsbild und Selbstverständnis wichtig waren. Während das reiche Großbürgertum in der Großstadt sich bevorzugt der Symbole der alten Oberschicht bediente und kanonische (d.h. teure) Kunst sammelte, organisierten sich viele Bildungs- und Kleinbürger in naturkundlichen oder Altertumsvereinen.

Besonders ausgeprägt war bürgerschaftliches Engagement in den freien Reichsstädten, die nur dem Kaiser, nicht aber einem Fürsten unterstellt waren. Hier war Freiraum für Eigeninitiative und politische Partizipation. In der freien Reichsstadt Frankfurt am Main dominierten bürgerliche Mäzene im 19. Jahrhundert weite Teile der öffentlichen Kulturszene. Diese bürgerliche Kultur unterschied sich von jener der Höfe, weil sie nicht dem Willen und Geschmack eines Fürsten folgte, sondern prinzipiell offen für neue Stifter und ihre Interessen war: „Fernab einer fürstlichen Residenz entstand ein Netzwerk für die vielfältigsten kulturellen Aktivitäten." (Roth 1998, 106) In der liberalen bürgerlichen Stifterkultur waren auch jene Minderheiten akzeptiert, die ansonsten außen vor bleiben mussten. Hier konnten sich Frauen engagieren und ähnlich wie Männer an Wissenschaft und Volksbildung mitwirken. Hier konnten sich die Frankfurter Juden nach ihrer politischen Emanzipation Mitte des 19. Jahrhunderts darstellen und durch kulturelle Teilhabe zeigen, dass sie in der gesellschaftlichen Elite angekommen waren.

Aus bürgerlichem Engagement entstanden in Frankfurt der Zoo, mehrere Bibliotheken, Forschungsinstitute und Akademien sowie wichtige Museen: 1815 das Städel, 1821 das naturkundliche Senckenberg-Museum und 1877/78 das Historische Museum. Zwar finanzierte und verwaltete die Stadt das Historische Museum, die Initiative zu seiner Gründung aber kam aus der Bürgerschaft und nicht von der Politik. Etliche Sammlungen, auf denen es basierte, hatten Bürger in ihren Wohnhäusern zusammengetragen. Der 1857 gegründete Geschichts- und Altertumsverein lancierte 1861 die ersten Ideen für eine „Halle für Frankfurts Geschichte, Sitte und Kunst". Dieses Museum sollte den demokratischen Geist Frankfurts als Freier Reichsstadt und als Ort des ersten deutschen Parlaments in der Paulskirche 1848 feiern. Es blieb bei der Idee: Als Preußen Frankfurt 1866 annektierte, war der Status als Freie Stadt verloren und der Museumsplan vorerst gescheitert. Die Besatzung freilich hatte den Wunsch nach einem eigenen Museum verstärkt, das an die Freie Stadt erinnern und den Widerstand gegen die Annexion in der nächsten Generation wachhalten sollte.

Abb. 3: Halle im Erdgeschoss des Historischen Museums Frankfurt 1906

1878 – das Deutsche Reich war inzwischen sieben Jahre alt – konnte das Museum eröffnen und in das neue Gebäude des Stadtarchivs einziehen. Beide Institutionen sollten das „Gedächtnis der Bürgerstadt“ sein. Das Museum verwahrte die städtischen Sammlungen, die der Öffentlichkeit bis dato kaum gezeigt worden waren, und übernahm die Sammlungen des Geschichts- und Altertumsvereins. 1877 hatte sich der Verein für das Historische Museum als Förderverein gegründet. Das neue Museum hielt sich mit politischen Botschaften zurück und sparte die Zeit der Annexion 1866 aus. Stattdessen zeigte es seine Exponate als ästhetische Ensembles, die nicht auf ein Narrativ festgelegt waren, sondern auf Dingen basierten, die aufgrund ihrer Ästhetik für sich sprechen sollten. Die Frankfurter nahmen ‚ihr‘ Museum gut an: jeder vierte Bewohner der Stadt besuchte es in den ersten Jahren, vor allem an den zwei kostenfreien Öffnungstagen pro Woche kamen Besucher aus allen Schichten.

Überall im Deutschen Reich existierten alte höfische und neue bürgerliche Sammlungen nebeneinander und gingen eine für die deutschen Länder „einzigartige Symbiose zwischen dem bürgerlichen Vereinswesen, den höfischen Kultureinrichtungen sowie den Institutionen des modernen und später auch demokratischen Staates“ ein (Grasskamp 2016, 83). Je umfangreicher die Sammlungen wurden, desto stärker belasteten sie ihre Gründer, die Vereine und Privatsammler. Allenthalben mangelte es an Geld und Personal für die Pflege, ganz zu schweigen von Räumen, in denen die Dinge lagern oder ausgestellt werden konnten. Die öffentliche Hand übernahm viele Sammlungen. Sie stellte ehemalige Kontore, Rat- oder Zeughäuser als Schau- und Lagerräume zur Verfügung. Rechtfertigen ließ sich das nur mit dem Bildungswert der Sammlungen. Hier schälte sich das nach wie vor gültige „deutsche Deutungsmuster“ (Bollenbeck 1994, 25) des Museums als Ort der ‚kulturellen Bildung‘ heraus, das bis heute (mehr denn je) den Einsatz von Steuergeldern rechtfertigt. Diese Bildung war normativ aufgeladen und entlehnte ihre leitenden Prinzipien den Idealen der Bildungsbürger. Mittelfristig sollte sie das einfache Volk zu Bürgern ‚zivilisieren‘. Bildung in diesem Sinne verhieß, dass jeder Staatsbürger – zumindest im Prinzip – am Leben der Gesellschaft teilhaben sollte, indem er sich an öffentlichen Orten wie dem Museum mit ihren Symbolen vertraut machen und so sozial integriert werden konnte, sich also aufgenommen fühlte.

Das Museum als Erziehungsanstalt und der Exhibitionary Complex

Auf die Idee, das Museum als Erziehungsinstrument zu nutzen, kamen freilich nicht erst die Bürger. Zuvor hatten bereits progressive Monarchen wie König Friedrich Wilhelm III. von Preußen (1770–1840) auf Museen vertraut, um ihre Untertanen zu erziehen. 1830 eröffnete er das Königliche Museum (heute Altes Museum) in Berlin (in München eröffnete im selben Jahr die Glyptothek, das Museum antiker Skulpturen). Dieses Museum beherbergte die königlichen Sammlungen, die Friedrich Wilhelm aufgebaut hatte. Es zeigte explizit ‚hohe' Kunst, wozu auch Altertümer und Ethnografica zählten, und präsentierte sich als Ort der Kunstandacht. Der Bau orientierte sich an der Form der Athener Propyläen und war mit allerlei Herrschaftsinsignien versehen. Der Besucher betrat ihn über eine große Freitreppe, an deren Ende sich 18 Säulen erhoben. Im Innern konnte er in hohen Räumen, die jeden Menschen klein machten, Kunst und Antiken huldigen, und zwar in einem Gestus der Ehrfurcht und Ehrerbietung.

Das Königliche Museum war Teil der preußischen Verwaltungs- und Bildungsreformen, die nach der Niederlage gegen Napoleon nötig erschienen. Ziel dieser Reformen war es, mündige Bürger als Basis eines modernen preußischen Staates zu erziehen und sich damit von der alten Feudal- und Standesordnung zu verabschieden. Um dies zu erreichen, reformierte Preußen seine Schulen und Universitäten und errichtete Museen als Erziehungsanstalten. Treibende Kraft war der Bildungsreformer Wilhelm von Humboldt (1767–1835). Er propagierte eine zweckfreie allgemeine Bildung, die nicht zielgerichtet Sachkenntnisse vermittelte, sondern die umfassend gebildete Persönlichkeit anstrebte.

Infobox

Das Humboldt'sche Bildungsideal und Schillers „ästhetische Erziehung"

‚Bildung' im Sinne Humboldts musste von innen, „aus der Tiefe des Geistes" kommen, aus der dann Freiheit erwachsen könne. Humboldts Ideal war der ‚mündige' Bürger, der eigenverantwortlich und vernunftgeleitet agierte. Die Erziehung des Menschen hatte allein um des Menschen willen zu geschehen. Von dieser vermeintlich zweckfreien Hingabe erwartete man sich freilich eine naturwüchsige Loyalität zu Staat und Nation (siehe Humboldt 2010).

Humboldts Bildungsideal war ungemein einflussreich. Es basierte – und das macht es für das Museum so interessant – auf einem pathetischen Glauben an die läuternde Kraft der Kunst und an die politische Wirkmacht der Hochkultur. Ihr Gewährsmann war Friedrich Schiller, der 1795 angesichts der Gewaltexzesse der Französischen Revolution seine Idee der „ästhetischen Erziehung des Menschen" (Schiller 2009) durch Kunst lanciert hatte als Weg in eine bessere, friedliche Zukunft. Schönheit und Kunst (als ‚Spiel') galten Schiller als unmittelbare Wege zur Freiheit des Individuums und sinnlich-geistiger Ganzheit. Da die Kunst grundsätzlich frei (‚autonom') von Verwertungsinteressen sei, könne sie all jene innerlich frei und damit besser machen, die sich ganz auf sie einlassen. Kunst, so glaubte Schiller, bilde den Menschen als Ganzen, weil sie ihn sinnlich, moralisch und intellektuell verfeinere (dem Theater wies er entsprechend den Status einer „moralischen Anstalt" zu). Schillers Idee von ästhetischer Erziehung war ein idealistischer (aber auch von Eigeninteressen geleiteter) Gegenentwurf zur ökonomisch-rationalisierten Alltagswelt. Auf uns wirkt sie heute übersteigert, fast weltfremd. Aber sie hinterließ Spuren im Denken über Hochkultur und damit über Sinn und Zweck des Museums, die bis heute fortwirken. „Selbst wenn seine visionäre Konzeption inzwischen nur noch selten in naiver Ausdrücklichkeit vertreten wird, bestimmt sie doch auch weiterhin maßgeblich die Kategorien, in denen das Verhältnis von Kunst und Gesellschaft gedacht wird", schreibt der Publizist und Kunsthistoriker Christian Demand (2007, 30). Ein Erbe des Schiller'schen Idealismus ist für Demand, dass der Wert von Kunst für die Gesellschaft und die enormen Summen, die in ihren Erhalt gesteckt werden, nicht diskutabel sind. Folgenreich war auch der Glaube an die Reinheit der *zweckfreien* Kunst, die sich korrumpiere, sobald sie sich kommerziellen Interessen andiene. Auf dieser Annahme gründen jene Verfallsnarrative, die kommerzielle ‚kommodifizierte' Kultur von vornherein als schlecht stigmatisieren.

Um 1800 entstand – darauf komme ich später zurück – also eine idealistische Idee von humanistischer Bildung und ‚ästhetischer Erziehung'. Sie band sich eng an die Hochkultur – allen voran Kunst und klassische Antiken – und konnte dank prominenter Vordenker wie Humboldt und Schiller politisch wirksam werden. „Innerhalb weniger Jahre wertet die deutsche Intelligenz mit dem Ideal einer zweckfreien, geistigen ‚Bildung' die Ökonomie und Nützlichkeit, die Berufserziehung und die Technik ab." (Bollenbeck 1994, 99) Statt ihrer propagierte sie „die harmonische, geistige Entfaltung des Einzelnen" (ebd. 100) und etablierte den heute so selbstverständlichen Konnex von Kultur und Bildung. Nur so konnte das Museum in den Rang einer Institution aufrücken, die als politisch besonders relevant galt und der man als neues Medium zutraute, „eine derart starke Wirkung auf den Geist des Volkes" zu haben (Jean-Marie Roland de La Platière), dass man sie nach Kräften förderte. Der Soziologe Tony Bennett hat dazu 1995 unter dem Label ‚Exhibitionary Complex' eine einflussreiche Museumstheorie entwickelt, die das Museum als politisches Instrument analysiert.

Bennetts Exhibitionary Complex besteht aus unterschiedlichen Institutionen des 19. Jahrhunderts, die ältere Arten des Sehens und Zeigens ersetzen: Museen, aber auch Weltausstellungen, Dio- und Panoramen, Schaufenster und Department Stores. Analog zu Foucaults Analysen der Disziplinarmacht begreift Bennett das Museum als Disziplinierungsanstalt, die Machtverhältnisse öffentlich abbildet und herstellt. Das Museum als politisches Schauwerkzeug ist für Bennett Folge der neuen Nationalstaaten, in denen immer öfter eine dezentral organisierte Macht agiert. Diese Disziplinarmacht greift nicht mehr nur direkt auf ihre Untertanen zu, indem sie sie mithilfe von Erlassen oder Gesetzen zu etwas zwingt, sondern sie bedient sich unterschiedlicher Disziplinierungstechnologien, die das Verhalten verändern, und zwar ohne ihr Ziel direkt offenlegen zu müssen. Im Museum verändert diese Politik der subtilen Einflussnahme beispielsweise die Funktion der Hochkultur. Sie repräsentiert nicht mehr vorrangig den Herrscher via Porträt und Prunk ganz direkt wie noch im Grünen Gewölbe Augusts des Starken 1723, sondern fungiert jetzt als Instrument, das Geschmack, Einstellungen und Verhalten modellieren hilft. Diese Kultur mit ihrer „new ‚governmental' relation to culture in which works of high culture were treated as instruments“ (ebd. 6) zielte darauf, Normen zu begründen und zu stabilisieren sowie Verhaltensroutinen als „regimes of self-management“ (ebd.) zu etablieren. Der Rezipient war jetzt nicht mehr bloßer Bewunderer, vor dem der Herrscher seine Macht entfalten konnte, sondern wurde durch kulturelle Institutionen im Sinne der Disziplinarmacht ‚verbessert‘, in seinem Verhalten umerzogen und normiert. Im Museum lernte er leise zu sprechen, langsam zu gehen und Kunstwerke in kontemplativer Konzentration zu betrachten. Dieses bürgerliche Verhaltensregime konnte ihm vertraut oder fremd sein, ließ ihn selbstbewusst oder mit wachsendem Unbehagen über die Marmorböden und durch die riesigen Räume schreiten. So machte das „zivilisatorische Ritual“ (Duncan/Wallach 1980) des Museumsbesuchs Zugehörigkeit *körperlich* erfahrbar. In ehrfurchtgebietenden Bauten voller Glanz und Gloria suggerierte das Museum, dass eine bestimmte Form von Kultur und ein bestimmtes Verhalten richtig und erstrebenswert seien. Es lehrte seine Besucher, welche Kunst gut und welche Persönlichkeiten wichtig waren. Ganz beiläufig sollte das Publikum jene feinen Unterschiede verinnerlichen, die für die Identität von Gruppen wichtig sind. Das Museum war also ein Ort, an dem man sich als Teil einer (in der Regel bürgerlichen) Gruppe erkennen konnte oder ausgeschlossen fühlte.

Für Bennett prägte diese Form der Machtausübung vor allem die bürgerlichen Gesellschaften des 19. Jahrhunderts, die sich mithilfe eines neuen „Regimes des Sehens“ definierten – eines Regimes, das festlegte, wie etwas gezeigt wurde, und das den Kontext vorgab, in dem es erscheinen durfte. Es unterschied sich von feudalen Präsentationsformen, prägte den „bürgerlichen Blick, der die in dieser Darbietung verkörperten bürgerlichen Lehren für die Museumsbesucher sichtbar, verständlich und auf das eigene Leben übertragbar macht“ (Bennett 2010, 47). Solche Präsentationen folgten beispielsweise einem starken Fortschrittsglauben, bei dem die bürgerliche westliche Welt die Spitze der ‚kulturellen Entwicklung‘ darstellte und sich positiv von anderen vermeintlich ‚primitiven‘ Gesellschaften und Zeiten unterschied. In Bennetts Deutung fungierte das Museum des 19. Jahrhunderts als Verhaltensschule und als Schule des Sehens und visuellen Verführens, die ihren Besuchern die Welt ordnete und interpretierte. Sie nahm sie so für oder gegen bestimmte Positionen ein – intellektuell wie habituell.

Museen mit Bennett als Disziplinarinstitutionen zu verstehen heißt sie vor allem als politische Machtagenturen zu sehen. Als Teil des Staatsapparats festigen sie bestehende Regime, erzeugen Loyalitäten und verbreiten bestimmte Ideologien, während sie andere ignorieren. Die große Idee des 19. Jahrhunderts ist die der *Nation*.

National- und Heimatmuseen

Infobox

Nation

Die Idee, sich als Nation zu formieren, machte in den Ländern des späteren Deutschen Reichs (1871) ein Franzose populär: Napoleon. Als er von 1803 an Gebiete östlich des Rheins besetzte, empfanden Preußen und Westphalen, Badener und Württemberger, Hessen und Sachsen eine Verbundenheit, die ihnen bis dato fremd war. Deutschland bestand zu dieser Zeit aus einem Flickenteppich unterschiedlicher Königreiche, Herzog-, Fürsten- und Duodezfürstentümer, von denen Baden und Kurhessen zeitweilig französisch regiert wurden. Mangels gemeinsamen Territoriums und politischer Einheit besannen sich die Vordenker des deutschen Nationalismus auf eine andere Idee: Sie entwarfen Deutschland als ‚Kulturnation'. Die deutschen Länder sollte ihre ‚Kultur' einen, das heißt ihre gemeinsame Geschichte, ihre gemeinsame Sprache und dieselben Heroen und Kunstwerke der Hochkultur. Deutschland, ‚das Land der Dichter und Denker', bezog sich auf Johann Wolfgang von Goethe, Friedrich Schiller, die Brüder Grimm und Immanuel Kant. Die nationale Idee, also das Gefühl als Deutsche zusammenzugehören, verband sich im 19. Jahrhundert mit der Vision des modernen Staates, der souverän und dauerhaft war. Er war an Institutionen statt an Personen gebunden, weltlich und nicht kirchlich ausgerichtet und von einer zentralen Verwaltung gelenkt. Als Nationalstaat war er an ein gemeinsames Territorium gebunden, dessen Regierung und Einwohnern die erste Loyalität der Bewohner zu gelten hatte.

Die Idee eines geeinten Nationalstaats war für die Länder auf dem Gebiet des späteren Deutschen Reichs verführerisch, aber es dauerte, bis ihr Erfolg beschieden war. 1848 sollte sie in Form einer demokratischen Revolution durchgesetzt werden. Als das nicht glückte, versuchte es der Deutsche Geschichts- und Altertumsverein als Sachwalter der ‚deutschen' Vergangenheit mit einer Revolution von unten: Er gründete in Nürnberg das Germanische Nationalmuseum und in Mainz das Römisch-Germanische Zentralmuseum. Beide eröffneten 1852 – 19 Jahre, bevor die Vision eines Deutschen Reichs politische Realität werden sollte.

Das Germanische Nationalmuseum in Nürnberg steht exemplarisch für eine Epoche, in der Johann Joachim Winckelmann (1717–1768) mit seinen „Gedanken über die Nachahmung der Griechischen Werke in der Malerei und Bildhauerkunst" (1755) ein wirkmächtiges Plädoyer für die Sammlung historischer Überreste vorlegte; Heinrich Friedrich Karl Reichsfreiherr vom und zum Stein (1757–1831) brachte nach dem Wiener Kongress 1815 die Idee zu einer Edition aller wesentlichen Geschichtsquellen zur ‚deutschen' Vergangenheit („Monumenta Germaniae Historica") vor; und in Bayern wies König Maximilian I. Joseph (1756–1825) 1808 seine Historische Kommission an, in königlichem Auftrag ‚historische Realien' zu sammeln. In seinem Gründungsmanifest definierte sich das Nürnberger Museum als „ein Centralrepertorium für die sämtlichen in Deutschland bestehenden zerstreuten Staats- und öffentlichen Sammlungen", die es zusammenführen wolle, „um daraus zu ersehen, was an Quellen und Denkmälern der Geschichte, Literatur und Kunst deutscher Vorzeit [...] existirt und wo es zu finden sei" (zit. nach Burian 1977, 14).

Das Germanische Nationalmuseum konkretisierte sein politisches Programm 1869, als es sich als „Nationalanstalt für alle Deutschen" definierte mit dem „Zweck, die Kenntnis der deutschen Vorzeit zu erhalten und zu mehren, namentlich die bedeutsamen Denkmale der deutschen Geschichte, Kunst und Literatur vor der Vergessenheit zu bewahren und ihr Verständnis auf alle Weise zu fördern" (ebd. 15). Die politische Richtung war klar: Dieses Museum sollte der deutschen Kulturnation als Sprach- und Abstammungsgemeinschaft ein materielles und intellektuelles Fundament liefern. Zwar konnte es den postfeudalen Nationalstaat nicht allzu stark propagieren, da es das Wohlwollen von König und Fürsten benötigte (bezeichnenderweise eröffnete 1855 das Bayerische Nationalmuseum in München als dynastisches Projekt der Wittelsbacher). Gleichwohl war ihm eine großdeutsche Utopie mit Habsburg, der Schweiz und dem Elsass als gemeinsamer Nationalstaat eingeschrieben, worauf der Name hinweist, der auf den germanischen Sprachraum anspielte und in der zeitgleich entstehenden Germanistik seine Gewährsdisziplin fand.

Das Germanische Nationalmuseum wies den kulturhistorischen Museen im Deutschen Reich den Weg, die jetzt, im Zeitalter des Historismus, allenthalben entstanden. Es erweiterte die Gruppe museumswürdiger Dinge, indem es neben Altertümern, klassischer Kunst und Erinnerungsstücken von Herrschern und Generälen auch Kleidung, Geschirr oder Werkzeug aus dem Alltag des einfachen Volkes sammelte. Es brach mit der klassischen chronologischen Ordnung, indem es seine Schauräume nach Themen sortierte: Wappen, Waffen, Sakralkunst, Siegel, Gemälde und Grabsteine besetzten je eigene Räume. Zudem experimentierte man in Nürnberg mit neuen Formen szenischer Präsentationen.

Das Gegenstück zu den großen und repräsentativen nationalen Geschichtsmuseen bildeten die Heimatmuseen. Getragen von der ‚Heimatbewegung', entstanden sie um die Jahrhundertwende oft in Mittel- und Kleinstädten (später dann auch in den Dörfern) auf Initiative von engagierten Bürgern oder lokalen Geschichtsvereinen. Im württembergischen Reutlingen (seinerzeit rund 18 000 Einwohner) gründete sich 1889 der Verein für Kunst und Altertum. Er trug historische Relikte, Zeugnisse der Stadtgeschichte und Dinge, die schlicht kurios waren, zusammen: Rebenmännchen und Buttenträger als Symbole des lokalen Weinanbaus, Münzen und historische Gemälde, Urkunden und Pokale. Zudem initiierte der Verein archäologische Ausgrabungen. Die Sammlungen basierten auf älteren Beständen der Stadt, die im Rathaus deponiert waren, auf neu erworbenen bzw. ausgegrabenen Stücken und auf privaten Spenden. Entsprechend unsystematisch waren sie. Die Vereinsmitglieder sammelten, was ihnen gefiel.

Infobox

Heimat

Nachdem 1871 das Deutsche Reich gegründet war, förderte die sogenannte Heimat(schutz)bewegung das nationale Zusammengehörigkeitsgefühl. Die deutsche Heimatideologie – und das unterschied sie beispielsweise von Frankreich – setzte die Vielfalt innerhalb des „deutschen Volkes" in Wert: „Heimat provided an image of the nation as an integrative idea of local and regional cultures." (Confino 1997, 155) Stark nostalgisch grundiert, romantisierte die Heimatbewegung das Landleben und die Nähe zur Natur. ‚Heimat' war die heile, überschaubare Welt der eigenen Umgebung, in der man geboren war (und in die man folglich nicht einwandern konnte). ‚Heimat' war Gegenbegriff zu einer städtisch geprägten Industriemoderne, die binnen weniger Jahre das Leben vieler Menschen grundlegend verändert und sie verunsichert hatte. Folgerichtig war es die vorindustrielle Welt, in der die Heimatbewegung ihre Requisiten fand: bei Spinnstuben und Webstühlen, Trachten, Kutschen und idealisierten Bauernmöbeln. Die zahlreichen neuen Heimat-, Geschichts- oder Trachtenvereine machten diese neuen Symbole einer konservativen Gesinnung in der breiten Bevölkerung bekannt. Sie werteten sie zu Dingen auf, die museumswürdig waren.

Ähnlich laienhaft wie der Sammlungsansatz war die Exposition der Dinge: 1889 zeigte der Kaufmann Eugen Eisenlohr die Vereinsaltertümer in seinem Laden, dann beherbergte sie die Reutlinger Oberrealschule. 1892 baute die Stadtverwaltung das sogenannte Spendhaus. Hier präsentierte der naturwissenschaftliche Verein seine Naturalien. Auch die Stadtbibliothek nutzte das Haus. Das Spendhaus war ein Ort der heimat- und naturkundlichen ‚Volksbildung', an dem die Reutlinger jeweils sonntags für eine Stunde die von der Stadt protegierten Vereinssammlungen besichtigen konnten. Vor allem Schulen nutzten dieses Angebot, wie überhaupt die Schule der wohl wichtigste institutionelle Bezugspunkt für heimatkundliche Sammlungen war: Durch die Nähe zum Heimatkundeunterricht hatten Heimatsammlungen didaktischen Wert und rechtfertigten städtische Subventionen. In Reutlingen hatte die Oberrealschule die Altertumssammlungen kurzzeitig beherbergt, und von 1909 an hatte der Lehrer Gustav Haag als Kustos die Bestände gepflegt und sie nach Epochen und Materialien geordnet (Ströbele 2012).

Haag war es auch, der die Idee eines Reutlinger Heimatmuseums von 1933 an vorantrieb. 1939 konnte es eröffnen. Die Stadt übernahm die Sammlungen des Vereins, dem die Pflege über den Kopf gewachsen war. Das Heimatmuseum als neue Institution sollte mehr sein als eine Herberge für die zufälligen städtischen Sammlungen. Es sollte systematisch sammeln und ein umfassendes Bild von der Heimat geben – ihrer Geschichte, Natur und der ‚alemannischen Kultur'. Es stand im Dienste einer größeren Sache: der Nation – und das hieß zu dieser Zeit auch der nationalsozialistischen Ideologie der Volksgemeinschaft. Was dieses Heimatmuseum betreiben sollte, war Identitätsstiftung, und zwar eine stark nostalgisch gefärbte. Es wollte die gute alte Welt der Bauern und Handwerker dokumentieren, die unter den Dampfhämmern der Industrialisierung für immer verloren zu gehen drohte. Webstühle und Zinngießerei, Schuster-, Bürstenmacher- und Küferwerkzeuge sowie eine geplante ‚Bauernstube' sollten von einer vorindustriellen Welt zeugen, die als romantischer Gegenentwurf zu einer lauten und hektischen modernen Stadtgesellschaft zum Sehnsuchtsort des Bürgertums geworden war. Sie fügte sich gut in das traditionalistische Weltbild des Nationalsozialisten mit seiner Blut-und-Boden-Rhetorik und reagierte auf Modernisierungsängste. Der Philosoph Hermann Lübbe hatte diese Art von Musealisierung im Sinn, als er 1982 seine eingangs erwähnte Kompensationstheorie formulierte.

Das Reutlinger Heimatmuseum steht pars pro toto für ähnliche Einrichtungen in ganz Deutschland. Wie in Reutlingen entstanden die meisten von ihnen aus bürgerschaftlichem Engagement. Allen voran das mittlere und Kleinbürgertum, also Lehrer, Bürgermeister, Beamte, Kaufleute, Handwerker oder Pfarrer unterstützten und betrieben sie. Sie bauten sehr zufällige Sammlungen auf, mit denen sie etwas über die gute alte Zeit am Ort erzählen wollten, und zwar aus einer dezidiert bürgerlichen Perspektive. Aus dieser Sicht war das Land- und Handwerkerleben Inbegriff einer heilen, noch nicht industriell entfremdeten Lebenswelt. Es war nicht durch harte Arbeit, schlechte Hygiene oder karges Wohnumfeld gekennzeichnet, sondern durch idealisierte Bauernmöbel und pittoreske, heimelige Bauernstuben, durch mundgeblasene Uhrengläser und rustikale Werkbänke. Diese Museen waren in ihrer Tendenz „antiurbanistisch und agrarromantisch" (Korff 2007a, 53), bauten das schöne Landleben als Gegenbild zur vermeintlich verkommenen Großstadt auf.

In diesen Museen herrschte nicht der Experte, sondern der engagierte Laie, was den Sammlungen und Ausstellungen zu einer besonderen Lebensnähe und Volkstümlichkeit verhalf – oft um den Preis kritischer Distanz und intellektuellen Niveaus (siehe zur entsprechenden Theorie Kap. 2.4, Neue regionalhistorische Museen). Stattdessen boten Heimatsammlungen und Heimatmuseen Dinge des täglichen Lebens, der Heimatgeschichte und regionalen Natur, die einen engen Bezug zur Lebenswelt der Besucher hatten. Sie waren leicht zu verstehen und wurden gerne in lebensechten Arrangements präsentiert. Berühmtestes Beispiel solcher Arrangements ist das sogenannte Stubenprinzip. Es bezeichnet Szenografien, die ganze Bauernstuben originalgetreu nachbauten (wofür sie oft Versatzstücke aus verschiedenen Regionen und Zeiten nutzten). Einige dieser Stuben konnte der Besucher betreten und so in die Geschichte ‚eintauchen'. Das entsprach ganz der populären Didaktik dieser Häuser, die sich bis heute besonders prägnant in den Freilichtmuseen zeigt: Das Heimatmuseum – und das unterschied es vom Kunstmuseum – war eher Ort der Nostalgie als Repräsentationsraum prestigeträchtiger Hochkultur. Es zielte nicht auf Distinktion, also auf Abgrenzung der Bildungsbürger und Kenner von den weniger gebildeten Arbeitern und Kleinbürgern, sondern stellte als ‚Volksbildungsstätte' im Gegenteil die ‚Kultur' und ‚Heimat' des ‚kleinen Mannes' dar. Es verstand sich „als Ort der ‚unmittelbaren, ursprünglichen, lebensweltlichen' Dingarrangements [...], der gegen das Artifizielle und Elaborierte der bürgerlichen Kultur [...] gerichtet war" (ebd.).

Heimatmuseen waren Kinder der Heimatbewegung um 1900. Zwischen 1890 und 1918 entstanden knapp 400 Heimatmuseen (respektive öffentlich zugängliche Heimatsammlungen) im Deutschen Reich. Das entsprach drei Vierteln aller deutschen Museumsgründungen in dieser Zeit. Waren die frühen Heimatsammlungen noch ganz aus dem Geist des Sammelns und Bewahrens entstanden, als eine Art Sacharchiv für den Heimatkundler, so änderte sich das nach 1900. Jetzt legitimierten sie sich als ‚Volksbildungsstätten', die ihren Schwerpunkt vom Sammeln zum Vermitteln verschoben und denen es primär um Identitätsbildung ging.

Der Kulturhistoriker Alon Confino sieht den Erfolg des Heimatmuseums als direkte Folge der deutschen Nationsbildung 1871. Das neue Deutsche Reich brauchte Institutionen, die seine Existenz als föderales Gebilde aus vielen vormals eigenständigen Ländern legitimierten. Heimatmuseen konnten zwischen lokaler und nationaler Identität vermitteln, „die Liebe zur eigenen Heimat und damit zum großen Vaterland" fördern, wie es 1900 beim Bielefelder Geschichtsverein hieß (zit. nach Griepentrog 1998, 168). Sie erzählten die Geschichte des vergleichsweise jungen Deutschen Reichs anhand vieler regionaler und lokaler Geschichten. Statt von Eliten erzählten sie vom einfachen Mann, statt von Großereignissen in Metropolen vom Alltagsleben auf dem Lande. So machten sie die abstrakte Nationalgeschichte im eigenen Umfeld greifbar und konnten sie mit lokalen Traditionen verweben: „By reclaiming the local pasts, they in essence represented the locality as the location of the origins of the nation." (Confino 1997, 137) „Im Bilde der Gemeinde ahnt und begreift das Volk erst den Staat", hatte der Volkskundler Wilhelm Heinrich Riehl (1883, 115) pathetisch geschrieben. In den 1920er und 1930er Jahren wurde diese Idee in den ‚neuen Heimatmuseen' weiterentwickelt, völkisch akzentuiert und vom NS-Regime pervertiert.

Museumsvielfalt

Die Heimatmuseen waren Teil einer Museumslandschaft, die sich ausdifferenzierte. Waren in den Kunst- und Wunderkammern der Renaissance noch alle möglichen Dinge unter einem Dach vereint, so trennte das Museum des 19. Jahrhunderts seine Bestände nach Fachdisziplinen: Gemälde und Skulpturen gehörten den Kunstmuseen, Ausgrabungsfunde den altertumskundlichen Häusern, ausgestopfte Vögel und Mineralien fanden sich in naturhistorischen Museen und

Tracht und ‚Volkskunst' sammelten volkskundliche Museen. Hinzu traten die neu gegründeten Technik-, Industrie- und Gewerbemuseen. Die Heimatmuseen unterschieden sich von diesen disziplinär definierten Museen dadurch, dass sie sich geografisch spezialisierten: Sie waren Universalmuseen, die alles sammelten, was einen Bezug zum Ort hatte: Dreschflegel, Kochtöpfe, heimische Fauna und Flora oder archäologische Funde aus der Region (siehe zu den einzelnen Museumsgattungen Hartung 2010).

Das 19. Jahrhundert hatte die Forschungsuniversität, das Labor und das geisteswissenschaftliche Seminar hervorgebracht und den Wissenschaftler als neuen Typus kreiert. Er unterschied sich vom ‚Gelehrten' alter Schule durch Expertise in einem spezialisierten Fachgebiet, das er mit spezifischen Methoden erforschte. Je stärker sich das Wissen der Menschen auf einzelne Wissenschaften verteilte, desto unterschiedlicher waren die Theorien und Maßstäbe geworden, mit denen die Experten ihre Dinge bewerteten. Je nach Disziplin respektive Museumstyp entwickelten sich unterschiedliche Vorstellungen davon, welche Dinge aus welchen Gründen museumswürdig seien und wie man sie zu sammeln und auszustellen habe. Mit der Zeit etablierten sich verschiedene Sammlungsansätze und Konventionen des Zeigens, die uns heute gleichsam natürlich erscheinen. Sie legen bestimmte Dinge in unserer Wahrnehmung auf bestimmte Werte fest: auf ästhetische Reize, auf exemplarische Repräsentativität oder historische Zeugenschaft (siehe dazu die Unterscheidung in Werk, Exemplar und Zeuge in Kap. 3.3).

Allen voran die Kunstgeschichte etablierte sich als eigenständige Wissenschaft, die den Museen neue Ansätze abnötigte. Sie bestimmte zunehmend Qualitäts- und Ordnungskriterien, schied legitime Kunst von illegitimem Kitsch. Zu Kunsthistorikern ausgebildete Akademiker besaßen die Expertise, um Fälschungen zu erkennen und Werke zu klassifizieren. Sie besetzten leitende Positionen innerhalb der Museen und definierten die Standards der Kunstbegutachtung und -ausstellung: „Die Kunst musste jetzt die Forderungen der Wissenschaft erfüllen." (Sheehan 2002, 140)

Was die Kunstgeschichte dem Kunstmuseum, war die Volkskunde dem (kultur-)historischen Museum: die primäre Bezugsdisziplin, die museales Arbeiten veränderte und neue Museen gründete. Volkskundler und volkskundlich interessierte Bürger ergriffen die Initiative für zahlreiche neue Geschichts- und Heimatmuseen (und später auch Freilichtmuseen). Weil Bauern, Handwerker und andere Protagonisten der volkskundlich grundierten Meistererzählungen kaum schriftliche Quellen hinterlassen hatten, musste sich, wer die Lebenswelt dieser Milieus erschließen wollte, mit ihrer materiellen Kultur beschäftigen: mit Trachten und Möbeln, Dreschflegeln, Hausgeräten und ihrer ‚Volkskunst'. Bis heute gilt die Volkskunde deshalb als Disziplin, die mit den Museen und Sammlungen entstanden ist und gleichermaßen von Akademikern wie Sammlern getragen wurde.

Das volkskundliche Heimat- und das Kunstmuseum stehen prototypisch für unterschiedliche Verständnisse von Museen, die sich im 19. Jahrhundert ausbildeten. Zwar ging es beiden darum, (kunst-)historisches (bzw. heimatkundliches) Wissen zu verbreiten, und beide verdankten ihre Existenz in der Regel bürgerschaftlichem Engagement. Allein, die Klientel, die fachliche Basis und der Habitus beider Institutionen, also ihr zur Schau gestelltes Selbstverständnis, konnten unterschiedlicher nicht sein. Das Kunstmuseum war im 19. Jahrhundert die Domäne des Groß- und Bildungsbürgertums, Ort demonstrativen Kulturkonsums. Hier gab es prestigeträchtige Hochkultur zu sehen. Hier konnten andere sehen, wer standesmäßig und intellektuell Zugang zu dieser Kultur des „Wahren, Schönen und Guten" hatte und wer es sich leisten konnte, sie als Mäzen zu finanzieren. Ganz anders die Heimatsammlungen und -museen: Sie waren Orte der Volksbildung, zielten bevorzugt auf Bildungs- und Kleinbürger und auf die Schüler der Volksschulen am Ort. Prestigeträchtige Hochkunst zeigten sie kaum, dafür umso mehr Altertümer der Region, naturkundliche und lebensweltliche Dinge. Sie transportierten oft eine stark nostalgisch aufgeladene Vorstellung der vorindustriellen Lebenswelt der Bauern und Handwerker und betrachteten die Menschen am Ort als ihr Publikum.

Neben der disziplinären Ausdifferenzierung, die zuweilen eng mit Milieus verknüpft war, trat im 19. Jahrhundert eine zweite Differenz zwischen den Museen beziehungsweise innerhalb einzelner Museen in den Vordergrund: Einige verstanden sich primär als Forschungsorte, die ihren Sammlungen und den Forschern zu dienen hatten. Andere sahen sich in erster Linie als ‚Volksbildungsstätten', die ein allgemeininteressiertes Publikum unterrichteten. Das Ringen um ein neues Selbstverständnis verdichtete sich in der Museumsreformbewegung um 1900, die das 20. Jahrhundert als *Ausstellungszeitalter* einleitete.

Weiterführende Literatur

Bennett 1995: Tony Bennett, The birth of the museum. History, theory, politics (London 1995).

Bollenbeck 1994: Georg Bollenbeck, Bildung und Kultur. Glanz und Elend eines deutschen Deutungsmusters (Frankfurt a. M., Leipzig 1994).

Fliedl 1996: Gottfried Fliedl (Hg.), Die Erfindung des Museums. Anfänge der bürgerlichen Museumsidee in der Französischen Revolution (Wien 1996).

Grasskamp 2016: Walter Grasskamp, Das Kunstmuseum. Eine erfolgreiche Fehlkonstruktion (München 2016).

Hartung 2010: Olaf Hartung, Kleine deutsche Museumsgeschichte. Von der Aufklärung bis zum frühen 20. Jahrhundert (Köln, Weimar, Wien 2010).

te Heesen 2012: Anke te Heesen, Theorien des Museums zur Einführung (Hamburg 2012).

2.4 | Das 20. Jahrhundert als Ausstellungszeitalter

Fin de Siècle: Museumsreformen und Massenkultur

Um 1900, am Fin de Siècle, erlebte das Großstadtmuseum seine erste Krise. „Allerorten wird es als ein sich immer steigerndes Übel empfunden, dass die Museen infolge des unaufhaltsamen Anwachsens ihres Inhalts unübersichtlich und eintönig geworden sind", klagte 1902 Woldemar von Seidlitz, Fachreferent der Generaldirektion der Königlichen Sammlungen für Kunst und Wissenschaft Dresden. „Der unglückliche Besucher [...] arbeitet sich durch die lange Reihe der Säle hindurch, welche eine endlose Zahl der verschiedensten Gegenstände ohne Sonderung des Bedeutenden von dem Unbedeutenden, wohl aber in ermüdender Aneinanderreihung des Gleichartigen enthalten, und sucht verzweiflungsvoll [...] die für ihn wichtigsten Hauptstücke in diesem wohlgeordneten Chaos herauszufinden." (Seidlitz 1902, 287) In Seidlitz' Kritik deutet sich *die* große Verschiebung an, die das Museum im 20. Jahrhundert durchläuft: Didaktisch aufbereitete Ausstellungen werden für die gesellschaftliche Wertschätzung von Museen wichtiger als die Pflege der Sammlungen. Statt unvermittelter Konfrontation mit der Masse des gesammelten Materials erwarten (zumindest am Ende des Jahrhunderts) Funktionäre und Besucher publikumsnahe Bildung und Vermittlung.

Was um 1900 zur Debatte stand, war das in die Jahre gekommene Museum in den Großstädten, das sich vor allem über seine Sammlungen definierte und diese in ihrer ganzen Pracht zeigte, ohne sie zu erklären. Zu sehr hatte es sich auf die Rückschau konzentriert, Geschichte und historische Erfahrung zur letzten Wahrheit stilisiert, sich allein seinen Sammlungen verschrieben, ohne auf das Publikum zu achten, und es hatte über die Feier des Klassischen versäumt, zeitgenössische Kunst und Kultur zu zeigen oder sich aktuellen Alltagsthemen zu widmen. Diese Rolle übernahmen jetzt zahlreiche Neugründungen wie die Industrie-, Gewerbe- oder Technikmuseen (1906 öffnet das Deutsche Museum in München seine Türen), die Heimat- und Regionalmuseen oder die Arbeitsschutz- und Hygieneschauen (aus Letzteren entstand 1912 das Deutsche Hygienemuseum in Dresden). Sie verstanden sich dezidiert als ‚Volksbildungsstätten' für die breite Masse mit alltagsnahen Themen der Gegenwart. Die Krise des Museums um 1900 war also vor allem eine Identitätskrise der wissenschaftsnahen großen Kunst-, natur- und kulturhistorischen Museen in den Städten, die in ihren Sammlungen gefangen waren. Zahlenmäßig hingegen entstanden von 1900 an mehr Museen denn je, die neue Themen aufgriffen und die Regionen und Kleinstädte für sich entdeckten.

Infobox

Historismuskritik und Avantgarden

Zeitlich fiel die Krise der städtischen Museen mit der Krise des Historismus zusammen, der seinen prominentesten Kritiker in Friedrich Nietzsche (1844–1900) fand. In seinem 1874 erschienenen Text „Vom Nutzen und Nachteil der Historie für das Leben" prangerte er „die Überwucherungen des Lebens durch das Historische" an und polemisierte „gegen die historische Krankheit" (Nietzsche 1964, 192). Nietzsche kritisierte die Geschichtsbesessenheit des 19. Jahrhunderts, weil der Blick zurück den Fortschritt unterbinde und zur Erstarrung führe. Antworten auf aktuelle Probleme jedenfalls brauche man in den Erfahrungen der Vergangenheit nicht länger zu suchen. Das entsprach ganz dem Empfinden vieler Menschen um 1900. Die Industrialisierung hatte ihr Leben radikal verändert, den Arbeits- vom Lebensraum getrennt, die Arbeitsteilung eingeführt und das Leben immer schneller und hektischer werden lassen (etwa durch das Auto und die Straßenbahn oder die Akkordarbeit in den Fabriken).

Verflüchtigt hatte sich zu dieser Zeit der pathetische Glaube an die „ästhetische Erziehung des Menschen" durch Kunst und Hochkultur, die Friedrich Schiller 1795 so emphatisch proklamiert hatte (Schiller 2009). Insbesondere den Kunstmuseen setzten die Avantgarden und Sezessionen zu, die sich an neuen Ausdrucksformen für eine industrialisierte Gesellschaft versuchten: Ihre Gemälde zeigten die Dinge nicht mehr, wie man sie sah, sondern zergliederten sie in geometrische Flächen; ihre Gedichte reimten sich nicht mehr; ihre Musik widersprach jeder gängigen Vorstellung von Harmonie. Diese Künstler konnten mit dem exklusiven, konventionellen und hermetischen Kulturverständnis vieler Kunstmuseen, das auf kontemplativer Versenkung in die Kunstwerke bestand, auf den Kenner zielte und nur bestimmte (klassische) Werke als Kunst gelten ließ, nichts anfangen. Sie wünschten sich neue Institutionen für eine neue Kunst.

In Krisenzeiten gedeiht Kreativität, weil sie bewusst machen, dass sich etwas ändern muss. Im Deutschen Reich formierte sich die sogenannte Museumsreformbewegung, die naturkundliche und kunsthistorische Museen angestoßen hatten. In den Kunstmuseen versuchten progressive Direktoren wie Alfred Lichtwark (1852–1914) (Hamburg), Hugo von Tschudi (1851–1911) (Berlin/München) oder Ludwig Justi (1876–1957) (Frankfurt/Berlin) sich von der belehrenden chronologischen Hängung zu emanzipieren und stattdessen die ästhetische Wirkung der Kunstwerke jenseits ihrer Funktion als historische Dokumente in Szene zu setzen. Sie veranstalteten öffentliche allgemeinbildende Vorträge und initiierten neue Programme für kunstferne Besucher. Lichtwark als ihr wichtigster Repräsentant verstand das Museum als Einrichtung, die zwischen den Schichten vermitteln und die Kultureliten „mit den kulturellen Bedürfnissen unseres Volkes vertraut" machen müsse (Lichtwark 1904, 10). Darin liege ihre gesellschaftliche Verantwortung. „Die Museen, die dem ganzen Volke offen stehen, sind ein Ausdruck demokratischen Geistes", hatte Lichtwark 1904 bei der zwölften Konferenz der Centralstelle für Arbeiter-Wohlfahrtseinrichtungen verkündet, die sich den „Museen als Volksbildungsstätten“ widmete (ebd. 6).

Befeuert durch die neu entstehende Reformpädagogik entstanden um 1900 erste umfassende Vermittlungskonzepte für Museen, auf denen die Museumspädagogik bis heute aufbaut. Lichtwark plädierte schon 1886 für kunstpädagogische Kurse für Lehrer und Führungen für Schulklassen. Er verstand seine Hamburger Kunsthalle als Informationszentrum für Reisende und vertraute auf Wechselausstellungen – ein Format, das damals kaum ein Museum systematisch nutzte. Diese Vision widersprach dem Selbstverständnis der Beamten der Museumsverwaltungen dieser Jahre. Sie sahen sich als Sammlungsverwalter, nicht als Vermittler. Dieses Berufsbild entsprach der Kulturpolitik der Zeit: Die Berliner Museen etwa hatten ihren Angestellten Vermittlungs- und ‚Lehrtätigkeiten‘ generell untersagt.

Seine Vorbilder fand der Reformer Lichtwark in England, wo sich vor allem die naturkundlichen Museen auf neue Besucherwünsche eingestellt hatten. 1858 hatten Zoologen um Charles Darwin (1809–1882) und Thomas Henry Huxley (1825–1895) gefordert, im Zuge des Neubaus des Museum for Natural History in London die Bestände in eine Forschungs- und eine Schausammlung aufzuteilen. Diese Vorlage nutzte 1864 der schon erwähnte John Edward Gray, Kurator der zoologischen Sammlung des British Museum, um weitreichende Reformen für sein Museum vorzuschlagen. Seine Ideen wurden „zum Manifest der englischen Museumsreformbewegung“ (Köstering 2003, 44). Das British Museum sollte für Gray neben dem Bürgertum auch Arbeiter und andere unterbürgerliche Milieus ansprechen, um sie zu bilden und zu erziehen. Dafür bedürfe es einer eigenen, didaktisch aufbereiteten Schausammlung in hellen, repräsentativen Räumen. In den 1880er Jahren folgte das British Museum dieser Idee und trennte seine Sammlungen zwischen Ausstellung und Depot. Museen unterschiedlicher Sparten in Europa und den USA schlossen sich an, im Deutschen Reich als eines der ersten das Berliner Museum für Naturkunde.

Zunächst war es freilich nicht der normale Museumsgast, für den diese Museen ihre Sammlungen aufbereiteten. Sie hatten den Forscher und Kenner im Auge, dem sie eine ruhige Arbeitsatmosphäre bieten wollten, in der er Dinge aus der Nähe ansehen und in die Hand nehmen konnte. Allen voran die naturkundlichen Museen definierten sich als Stätten der Forschung, in denen Publikum nur störte. Sie verstanden sich als Archive der Naturgeschichte, wähnten sich dem Labor näher als der Ausstellung und sahen sich im Dienste einer hoch spezialisierten Wissenschaft – eine Strategie, mit der sie sich zum Ende des 20. Jahrhunderts ins Abseits manövriert hatten, bevor sich immer mehr naturkundliche Häuser als populäre Familienmuseen inszenierten und überaus erfolgreich ins öffentliche Leben zurückkehrten.

Die sogenannte Volksbildungsdebatte entzündete sich 1900 exakt an dieser exklusiven Haltung. Polemisch stellten ihre Protagonisten dem Museum als Forschungsinstitut das Museum als ‚Volksbildungsstätte' gegenüber. Die Schausammlungen sollten sich von wissenschaftlichen Klassifikationen, die nur dem Fachmann etwas sagten, freimachen und Objekte in erklärenden statt systematischen Kontexten zeigen. Sie hatten wissenschaftliche Erkenntnisse so aufzubereiten, dass der Laie sie nachvollziehen konnte. Landschaftsdioramen mit ausgestopften Tieren ersetzten oder ergänzten nun die üblichen Auslagen der Präparate nach naturkundlichen Taxonomien.

Auch die historischen Museen diskutierten die Sammlungsteilung. 1907 bemängelte der Volkskundler Otto Lauffer, der im selben Jahr Direktor des Historischen Museums Frankfurt geworden war, die Geschichtsmuseen seien überfüllt und schlecht sortiert. Er plädierte für eine Schausammlung mit „sorgfältiger Auswahl und geräumiger Aufstellung", systematisch gruppiert und in „geschmackvoller Ausstattung" mit den herausragenden Exponaten. Das Depot („Magazin") sah er als Verlängerung der Schausammlung. Es sollte die nicht ausgestellten Stücke horten, folgte aber derselben Systematik wie die Ausstellung: „Die Gruppierung der Einzelstücke muß also in dem Magazin genau nach demselben System und in derselben Sorgfalt erfolgen wie in der Schausammlung, nur können sie wesentlich enger und ohne jede dekorative Ausstattung aufgestellt werden, das ist der einzige Unterschied." (Laufer 1907, 237)

Museumsdirektoren, Pädagogen, Künstler und Philosophen freilich waren nur die öffentlichkeitswirksame Spitze einer Museumskritik, deren Fundament die industrialisierte Massengesellschaft bildete. In ihr etablierte sich mit den Arbeitern und Dienstleistern eine neue klein- bzw. unterbürgerliche Schicht, die erstmals über etwas verfügte, was bis dato den Bessergestellten vorbehalten war: *Freizeit und Einkommen*. Erstmals hatten Arbeiter und Angestellte Ende des 19. Jahrhunderts die Zeit und das Geld, regelmäßig Kulturinstitutionen aufzusuchen, so dass sich einige Museen – etwa die neuen Technik- oder die zahlreichen Heimatmuseen – mit nicht-bürgerlichen Besuchern in größerer Zahl konfrontiert sahen bzw. diese als Publikum für sich gewinnen wollten. Hingegen mieden diese Gruppen in der Regel die exklusiven Tempel der Hochkultur (in der Regel Kunstmuseen), weil sie sich dort nicht willkommen fühlten. Zu deutlich traten ihnen hier die Symbole der Abgrenzung entgegen, als dass sie sich wohlgefühlt hätten: das leise Sprechen, die affektierten Gebärden, die ehrfurchtgebietenden Dimensionen und der ästhetische Prunk der Räume, die nicht erklärte Kunst. Diese Orte waren elitäre Räume einer exklusiven bürgerlichen Gesellschaft.

Diese ‚feine' Gesellschaft hatte andererseits ein Interesse, ihre Kulturideale mithilfe der Museen zu verbreiten. Ganz im Sinne von Schillers pathetischer Idee einer „ästhetischen Erziehung" wollte sie die vermeintlich rohen Unterschichten mithilfe hoher Kultur veredeln. Es konnte den bürgerlichen Kulturförderern also nicht recht sein, den Kontakt zu jener Klientel zu verlieren, die sie zu missionieren trachteten. Zumal – und das schien ausgesprochen bedrohlich – insbesondere die Arbeiter begannen, sich einer überaus beliebten kommerziellen Populärkultur zuzuwenden. Diese Kultur verbreitete sich in Romanheften und ‚Polkakneipen', in ‚Gassenhauern' und Kinofilmen.

Ihre Förderer waren Kolporteure und Unternehmer, die mit der verkauften Kunst Geld verdienen wollten. Hier entstand nach amerikanischem Vorbild eine veritable Kulturindustrie: Diese habe, schreibt der Kulturwissenschaftler Kaspar Maase, auf Gewinn abgezielt, nicht auf Erziehung, Propaganda oder Erbauung. „Gerade deswegen konnten die einfachen Leute die modernen Massenkünste ihren Vorlieben und ihren Lebensgewohnheiten anpassen." (Maase 2007, 17) Maase versteht diesen Prozess nicht als Qualitätsverlust der Kultur, sondern als „Element der Demokratisierungsprozesse der Moderne" (ebd. 16). Eine neue „Massenkultur" trat in den Städten neben die etablierte Hoch- und bürgerliche Unterhaltungskultur, die beide mit den Vergnügungen der Massen nichts zu tun haben wollten. „Gehobenes Bürgertum und städtische Unterschicht (‚der Pöbel' oder die ‚gefährlichen Klassen', wie es um 1850 weithin hieß) hatten in dieser Sicht [der Bildungsbürger, tt] moralisch und ästhetisch nichts gemein." (ebd. 58) Im 19. Jahrhundert zementierte sich der Gegensatz zwischen ernster Kultur/Bildung auf der einen und ‚seichtem' Vergnügen/‚leichter' Unterhaltung auf der anderen Seite, der bis heute in den Museen nachhallt. Dieser Gegensatz beruhte nicht auf der Qualität der Produkte: Dass Operette und Revue moralisch und künstlerisch der nicht-bürgerlichen Populärkultur überlegen waren, darf man bezweifeln. Was hier ausgetragen wurde, war – folgt man Maase – ein ästhetisch codierter Klassenkampf: „An der Verbreitung des populären Geschmacks las man ab, wie weit die ‚einfachen Leute' sich durchgesetzt hatten." (ebd. 18)

Ich erwähne diese gesellschaftlichen Verschiebungen deshalb so ausführlich, weil sie die Praxis der Kulturinstitutionen veränderten: Theater verdunkelten den Zuschauerraum und verbaten sich Zwischenrufe, um einzig dem Werk auf der Bühne huldigen zu können; klassische Konzerte mieden bewusst populäre Stücke; und die Museen entzogen ihre Objekte den alltagsweltlichen Bezügen, um sie zu auratisieren. Gemälde waren nicht mehr primär dekorativer Wandschmuck wie noch in den Residenzen. In bürgerlichen Kunstmuseen (anders als in den Kunstgewerbemuseen) sollte man sie um ihrer selbst willen konzentriert betrachten, sich in sie versenken und von ihnen ästhetisch berühren und läutern lassen. Zugangsbeschränkungen, die bürgerliche Standards voraussetzten, taten das Ihre: „Zum Besuche des Museums sind alle Personen in anständiger, reinlicher Kleidung zugelassen", schrieb das Schlesische Museum 1899 in seine Besucherordnung (Archiv Stiftung Preußischer Kulturbesitz).

In der zweiten Hälfte des 19. Jahrhunderts hatte sich endgültig durchgesetzt, was wir schon beim Übergang der höfischen in die bürgerliche Kultur gesehen haben: Kunst und Hochkultur wurden ernst und schwer. Sie forderten volle Konzentration und galten nur dann als ‚gut', wenn nicht jedermann sie verstand. Sie fungierten als Mittel der Distinktion. Mit ihnen grenzten sich obere von unteren Schichten ab.

> Kunstaneignung geriet zur Weihestunde. Damit wurde ein ganzes Bündel von Gewohnheiten für illegitim erklärt, die das Publikum der Theater und Konzerte noch in der ersten Hälfte des [19.] Jahrhunderts über Klassen und Standesgrenzen hinweg verbanden [...]. Adeliger und Handwerksgeselle, Kaufmannsgattin und Dienstmädchen genossen Kunst gerade in Verbindung mit weiteren Tätigkeiten: Essen und Trinken, Flirt und Gespräch. Sie schätzten aufwendige Ausstattung und verblüffende Bühneneffekte, stimmliche und körperliche Spitzenleistungen, die mehrfache Wiederholung ‚besonders schöner' Stellen, spannende Handlung und starke Gefühle. Die idealistische Ästhetik und die von ihr geleitete Aufführungspraxis lehnten derartige Vorlieben und entsprechende Eigenschaften der Werke ab [...]. (Maase 2007, 60 f.)

Vordergründig machten die Kulturwächter die Unterschiede an der Qualität der Werke fest, indem sie beispielsweise ‚Kunst' von ‚Schund' unterschieden. De facto waren es vor allem die rhetorischen und inszenatorischen Rahmungen, die den Unterschied ausmachten, also die Art und Weise, wie gebildet man über die Dinge reden und sie so legitimieren konnte oder mithilfe welcher symbolischer Schranken man sie verbarrikadierte. Die residenzähnliche Museumsarchitektur und die feine Garderobe der Besucher waren wirksame Mittel, um bestimmte Gruppen vom Besuch abzuhalten. Hohe Kunst eignete man sich anders an als populäre Vergnügen – das machte im Kern ihren Unterschied aus. „Damals wie heute bezeichneten ‚Kunst' und ‚Unterhaltung' keine Eigenschaften von Werken, sondern verschiedene Formen des Umgangs mit ihnen." (ebd. 61)

Die Museumsreformer und neuen Museen des frühen 20. Jahrhunderts zogen daraus Konsequenzen. Bewusst versuchten sie, die exklusiven und damit exkludierenden Schranken ihrer Museen zu senken und sich (auch) der Volksbildung zu widmen. Aber selbst die Museen, die derlei Versuche nicht unternahmen, vergraulten nicht zwingend Besucher anderer Schichten. Je weiter das Jahrhundert voranschritt, desto deutlicher zeigte sich auch in diesen Häusern, dass die industrialisierte Massengesellschaft auf einer breiter werdenden gesellschaftlichen Mitte aufbaute, die mit der Zeit Klassengrenzen aufweichte – allen voran beim Kulturkonsum. Die bürgerlichen Museen wurden Mitte des 20. Jahrhunderts in dem Maße schichtübergreifende Institutionen, wie sich bürgerlicher Lebensstil und bürgerlicher Konsum in der Breite der Gesellschaft als Standard durchsetzten.

Erster Weltkrieg und Weimarer Republik: Neue Inszenierungskultur

Als 1914 der Erste Weltkrieg ausbrach, änderte sich für Europas Museen alles. In Berlin schlossen mit Kriegsbeginn alle königlichen Museen für zehn Tage, da zu viele Mitarbeiter zum Kriegsdienst ausgerückt waren, um den Betrieb wie gewohnt aufrecht erhalten zu können. Als sie wieder öffneten, mussten viele Häuser einzelne Säle dauerhaft schließen. An der Front versehrten und verheerten die Soldaten dieses ersten industrialisierten Massenkrieges derweil mit ihren Granaten, Bomben und Gewehren Menschen, Gebäude und Dinge in einem nie dagewesenen Ausmaß – und was sie nicht zerstörten, raubten die Besatzer, um es als Kriegsbeute in die Heimat zu bringen. Das Deutsche Reich kam vergleichsweise glimpflich davon, weil die schlimmsten Schlachten in Russland, Frankreich oder Belgien tobten. Die Zeitgenossen hatten gleichwohl das Gefühl, an einer historischen Zäsur teilzuhaben, die sie dokumentieren wollten. Entsprechend groß war der Sammeleifer, noch während die Soldaten kämpften.

Quer durch alle am Krieg beteiligten Länder entstanden institutionelle und private Kriegssammlungen, die vom Alltagsleben in Kriegszeiten zeugen sollten. Das deutsche Kriegsministerium entsandte mit Beginn der Kämpfe 1914 „Kriegsbeuteoffiziere" und richtete im ganzen Reich Sammelstellen für Beuteobjekte ein. In Bielefeld empfahl Museumspfleger Hermann Tümpel 1916, Verwaltungsverordnungen, Lebensmittelkarten und Fotografien der „Volksküchen" und Lazarette zu sammeln, auf dass sich „kommenden Geschlechtern die Möglichkeit [biete], sich von unserer Zeit ein möglichst deutliches Bild zu machen, nicht nur von den großen Ereignissen auf dem Kriegsschauplatz, sondern auch von den Einwirkungen des Krieges auf unser Leben und Treiben daheim" (zit. nach Griepentrog 1998, 311). Die Stadt- und Heimatmuseen sammelten fleißig Ausrüstungen, Feldpostkarten, Kriegsnippes und ‚Graben-Kunst' aus Kriegsschrott von der Front und eröffneten Kriegsausstellungen. Auch private Anbieter und die Kulturpolitik bedienten sich dieses Mittels unabhängig von Museen.

Die Kriegsausstellungen waren gleichermaßen konventionell und innovativ: Sie zeigten im Stil der alten Waffenkammern Serien von Waffen, Fahnen und Uniformen und kombinierten diese Schauarrangements gerne mit detailreichen Bühnenbildern von Frontszenerien und begehbaren Kriegsgräben, Infografiken, Gemälden und Fotografien. Die „Vielfalt an Ausstellungsformen und Gestaltungsmitteln" ist für die Kulturwissenschaftlerin Christine Beil (2004, 371) das Charakteristikum der deutschen Kriegsausstellungen, die sich überwiegend in den Dienst der ‚nationalen Sache' gestellt haben – obwohl sie im Vergleich zu den propagandistisch kontrollierten Schauen des Zweiten Weltkriegs inhaltlich weit weniger unter Aufsicht der Militärbehörden standen. Als Aufsehen erregende Schauevents waren die Kriegsausstellungen Großereignisse, die Besucherscharen anzogen. Ausstellungen wie die „Deutsche Kriegsausstellung", die als Wanderaus-

Abb. 4: Die „Große Deutsche Kriegsausstellung" 1916 in Berlin

stellung durch 30 Städte reiste, zeigten (erbeutete) Waffen und Uniformen sowie einen maßstabsgetreu nachgebauten Schützengraben. So wollten sie den Angehörigen zu Hause das Fronterlebnis der Soldaten nahebringen. Sie kündeten von Erfolgen und – je weiter der Krieg voranschritt – auch von den Opfern aller Seiten. Diese Ausstellungen in Museen und außerhalb von Museen waren gleichermaßen Orte der Information, der Unterhaltung, der Trauer und des ehrenden Gedenkens der eigenen Soldaten.

Mit Kriegsende differenzierte sich das Bild: Während England nach 1918 in Kriegsausstellungen seinen Sieg als Gemeinschaftsprodukt von Millionen Briten feierte und in Frankreich das Musée de l'Armée sich mit Ausstellungen und vor allem Zeremonien auf das Gedenken an die Gefallenen des Krieges konzentrierte (freilich ohne den Sieg der eigenen Nation zu vergessen), widmeten sich die deutschen Museen vorerst nicht mehr dem Krieg, sondern unverfänglicheren und weniger schmerzhaften Themen. Die Kriegsausstellungen hatten in der deutschen Museums- und Ausstellungsszene trotzdem Spuren hinterlassen: Sie hatten mit Präsentationsformen experimentiert, auf denen die Szenografien der Großausstellungen der 1920er und 1930er Jahre aufbauen konnten, die ihrerseits wiederum das Gestaltungsrepertoire der (kultur-)historischen Museen erweiterten.

Abb. 5: Sowjetischer Pavillon auf der „PRESSA" 1928

Beispielhaft für die neue Raumästhetik der 1920er Jahre war die große Presseausstellung „PRESSA", die 1928 in Köln stattfand. Sie zeigte in verschiedenen Pavillons, wie die Presse als modernes Massenmedium die Gegenwart prägte. Der Modernität des Gegenstandes entsprach das Ausstellungsdesign: Im sowjetischen Pavillon hatte der Künstler El Lissitzky (1890–1941) raumhohe Zeitungsdruckpressen nachgebaut, über die Bilderfriese mit Typografie und Zeitungsseiten liefen. Mit aufwändigen Kulissenbauten, Großfotografien, Plakaten, Grafiken und Ausstellungsstücken schuf Lissitzky in der großen Messehalle ein eindrückliches Raumerlebnis, das „für den damaligen Betrachter vollkommen neu" war (te Heesen 2012, 127). Das virtuose Spiel mit Dimensionen und das avantgardistische Raumdesign sollten den Betrachter sinnlich überwältigen und als körperliches Erlebnis Eindruck machen. Diese Räume unterschieden sich fundamental von den Präsentationen in Museen. Sie zielten nicht auf kontemplative Versenkung in einzelne Exponate oder auf belehrende Schaubilder, sondern setzten den Betrachter einer Vielzahl optischer Reize aus. Mit Erfolg: Der Pavillon musste wegen des großen Andrangs immer wieder geschlossen werden.

Bei der „PRESSA" deutete sich an, was Anke te Heesen als Kennzeichen der Ausstellungskultur des 20. Jahrhunderts beschreibt: „dass Ausstellung und Museum zwei verschiedene Präsentationsweisen sind, die erst zu Beginn des 20. Jahrhunderts zueinander fanden [...]. Das Beständige des Museums und das Mobile, Ephemere der Ausstellung bilden den Kernpunkt und die Dualität unserer heutigen Auffassung von räumlicher Präsentation." (ebd. 14f.) Die Großausstellungen der Zwischenkriegszeit fungierten als „Präsentationslabore" (ebd. 125), in denen insbesondere Künstler neue visuelle Darstellungsformen testeten. Aus ihnen entwickelte sich das moderne Kommunikationsdesign, das sich mit Herbert Beyers (1900–1985) „Fundamentals of Exhibition Design" 1937 in einer frühen Programmschrift manifestierte. Die Ausstellungsgestaltung aus dem Geiste des Designs (und nicht aus den Museumswerkstätten) veränderte mittelfristig die Museumsschauen grundlegend. Mit ihrer Expertise bei der grafischen Gestaltung von Räumen und im Umgang mit modernen visuellen Medien wie der Fotografie oder Bildstatistik hob sie die (kultur-)historischen Ausstellungen auf ein neues ästhetisches Niveau.

NS-Zeit: ‚Entartete Kunst' und neue Heimatmuseen

Nachdem die Nationalsozialisten im Januar 1933 die Macht im Deutschen Reich übernommen hatten, griffen sie massiv in die Kulturpolitik ein: Sie beschlagnahmten Kunst in großem Stil und grenzten (jüdische) Kulturschaffende aus, und sie bedienten sich der Kultur- und Bildungseinrichtungen, um ihre Ideologie zu verbreiten. Allen voran die *Heimat- und Freilichtmuseen* als volksnahe Bildungsinstitutionen und die *Großausstellung* als museales Format, das in der Weimarer Republik als avantgardistisches Medium die Massen in Bann geschlagen hatte, interessierten das Regime.

Die bekannteste NS-Großausstellung trug den Titel „Entartete Kunst". Das Reichspropagandaministerium hatte sie 1937 in München eröffnet – einen Tag nach dem Haus der Deutschen Kunst direkt nebenan, das seit 1933 gebaut wurde. Dieser 175 Meter lange neoklassizistische Monumentalbau – um dessen Instandsetzung aktuell gestritten wird – zeigte bis 1944 die „Große deutsche Kunstausstellung" mit Werken, die das Regime protegierte. Pompös in hellen Räumen inszeniert, war sie das Gegenteil der Wanderausstellung „Entartete Kunst", die durch alle Großstädte des Reiches wanderte. Rund zwei Millionen Besucher sahen Letztere. Diese Ausstellung führte in bewusst schlecht inszenierten Räumen Gemälde von Otto Dix (1891–1969), Max Beckmann (1884–1950), George Grosz (1893–1959) oder Wassily Kandinsky (1866–1944) vor, die das Regime in deutschen Museen und Galerien als ‚entartete' Kunst beschlagnahmt hatte. In München verstieß es sie öffentlich aus dem Kanon ‚deutscher Kultur'. Programmatisch hieß es zu Beginn des Ausstellungsführers:

> Was will die Ausstellung ‚Entartete Kunst'? Sie will am Beginn eines neuen Zeitalters für das Deutsche Volk anhand von Originaldokumenten allgemein Einblick geben in das grauenhafte Schlusskapitel des Kulturzerfalls der letzten Jahrzehnte vor der großen Wende. Sie will, indem sie das Volk mit seinem gesunden Urteil aufruft, dem Geschwätz und Phrasendrusch jener Literaten- und Zunft-Cliquen ein Ende bereiten, die manchmal auch heute noch gerne bestreiten möchten, dass wir eine Kunstentartung gehabt haben [...]. Sie will die gemeinsame Wurzel der politischen Anarchie und der kulturellen Anarchie aufzeigen, die Kunstentartung als Kunstbolschewismus im ganzen Sinn entlarven. (Entartete Kunst 1937, 2)

„Kulturzerfall", „Kunstentartung", „kulturelle Anarchie": Derlei Rhetorik diffamierte die hier gezeigte Kunst als politische Gefahr, die das ‚deutsche Volk' zerstöre. Dieses Verdikt traf vor allem die moderne Kunst. Mit ihren neuen Formen, ihrer pazifistischen, kosmopolitischen und antibürgerlichen Haltung widersprach sie zentralen politischen Zielen des Regimes wie der militärischen Mobilmachung.

Entsprechend polemisch präsentierte das Regime die ‚Entartete Kunst'. So sahen sich die Dadaisten mit ihren eigenen Stilmitteln verspottet: Der Künstler Adolf Zieler (1892–1959) hatte für ihre Kunst eine Wand entworfen, die den expressionistischen Malstil Kandinskys karikaturesk nachbildete. Auf diesem Hintergrund hatte er Gemälde von Kurt Schwitters (1887–1948), Paul Klee (1879–1940) und Kandinsky (obwohl die letzten beiden keine Dadaisten waren) sowie zwei Cover des Magazins ‚Dada' angebracht, um das Ganze als Kraut-und-Rüben-Collage von Wirrköpfen zu verunglimpfen. Das Ensemble krönte ein Zitat des Dada-Künstlers Grosz: „Nehmen Sie Dada ernst! Es lohnt sich". Die räumliche Ordnung stützte diese Herabwürdigung der Kunst: Wo das Haus der Kunst seine Werke nach kunsthistorischen Gattungen (Stillleben, Porträt, Landschaftsmalerei) sortierte und sie mit viel Platz an weißen großen Wänden überhöht zur Geltung brachte, so dass man zu ihnen aufschauen konnte, waren die Bilder der Expressionisten und Dadaisten näher am Boden platziert, so dass man auf sie herabschauen musste.

Die Ausstellung „Entartete Kunst" ist das prominenteste, da besonders plakative Beispiel einer NS-Kulturpolitik, die für die Masse der deutschen Museen weniger klar konturiert war. Eine systematische ‚Gleichschaltung' hat es nicht gegeben. Der Museologe Markus Walz führt das auf ein „Machtvakuum" zurück, das zwischen rivalisierenden Ministerien und Behörden entstanden sei. In diesem Vakuum konnten die Museen vergleichsweise eigenständig agieren und weitermachen wie bisher – für Walz (2012, 69) Zeichen für ein allgemeines „Desinteresse der nationalsozialistischen Machtblöcke am Museumswesen als Ganzem". Zudem verhinderten die Verwaltungsstrukturen mit ihren verteilten Kompetenzen in Kulturfragen eine konsequente politische Instrumentalisierung von oben.

Abb. 6: Dada-Wand in der Ausstellung „Entartete Kunst“ 1937

Zuständig blieben in der Regel die Regionen mit ihren Museumspflegern. „Nicht Gesetze oder Durchführungsverordnungen bestimmen das Bild, sondern ausführendes Verwaltungshandeln auf den hergebrachten mittleren Ebenen (die Länder und preußischen Provinzen).“ (ebd. 70)

Umgekehrt freilich stellten sich etliche Museen von selbst in den Dienst des neuen Regimes. Allen voran der Deutsche Museumsbund – 1917 als Interessenvertretung der deutschen Museen gegründet – suchte schnell die Nähe zum Reichserziehungsministerium. 1933 waren in ihm 570 Heimatmuseen, 25 Völkerkundemuseen, 180 kulturhistorische und Kunstmuseen sowie 210 Naturkundemuseen organisiert. Nachdem es seinem Vorstand in den ersten Jahren gelungen war, den Museumsbund als wichtigsten Experten in Museumsfragen im Reich zu etablieren, verlor er seinen Einfluss von 1937 an. Mit der Kunsthistorikerin Kristina Kratz-Kessemeier (2016, 35) kann man seine Rolle am ehesten als die einer Mitläuferorganisation einstufen, „die einer Ideologisierung der Institution Museum und ihrer gezielten Einbindung in den NS-Staat gerade über eine professionelle Volksbildungsarbeit von Beginn an aufgeschlossen gegenüberstand und die auf diese Weise eine im Grunde wenig stringente NS-Museumspolitik faktisch in Teilen selbst mit konturiert hat“.

Die Idee der Volksbildung durch Museen, die Impulse der Bildungsreform um 1900 aufgriff, passte zur Volkstumsideologie der NS-Zeit. Besonders umworben waren volkstümliche Heimatmuseen wie das 1934 in Westfalen eröffnete Wallfahrts- und Heimatmuseum Telgte. Es präsentierte anfangs Objekte des bäuerlichen Lebens und der gelebten Religiosität aus seinen Sammlungen. Neben der stark nostalgisch eingefärbten Rückschau widmete es sich dem ‚bodenständigen Handwerk' der Region in Geschichte und Gegenwart. 1937 erweiterte die Verwaltung das Gebäude, um die Besucher durch detailliert nachgebaute Spinn-, Web- und Strumpfwirkerstuben, durch Blaudrucker-, Töpfer- und Holzschuhmacherwerkstätten führen zu können. Das Museum hatte sich inzwischen in Heimathaus Münsterland umbenannt und so schon im Namen den Platz der Religion und die musealisierte Vergangenheit zugunsten der Gegenwart relativiert. Zusammen mit der Münsteraner Handelskammer zeigte es statt religiöser Votivbilder und Heiligenfiguren früherer Zeiten vermehrt aktuelle Tische, Stühle und Schränke ländlicher Wohneinrichtungen des regionalen Handwerks, um für ‚heimatgerechtes' Wohnen zu werben. Handwerker arbeiteten selbständig in den Museumswerkstätten und verkauften im Heimathaus ihre Waren. Das Museum kontrollierte „lediglich die kulturelle und geschmackliche Ausrichtung" (aus einem Bericht des Museums, zit. nach Griepentrog 1998, 242). Nicht mehr allein die Sammlungen, sondern das zeitgenössische Handwerk und die industriepolitischen Ziele der Region bestimmten, was es in diesem Haus zu sehen gab.

Telgte steht exemplarisch für die neuen Heimatmuseen der 1920er und 1930er Jahre, die sich nicht mehr auf das Retten und Sammeln von ‚Volkskultur' beschränkten, sondern sich vor allem als gegenwartsorientierte Bildungs- und Lernorte sahen. In Telgte konnten die Konsumenten lernen, was das heimische Handwerk zu produzieren in der Lage war und wie es sich in der Lokalgeschichte verorten ließ. Das Museum sollte Belegstücke „guter heimatlicher Volkskunst" zeigen und so die heimische Wohnkultur aus dem Geiste der Tradition erneuern. Dazu bediente es sich moderner didaktischer Mittel: Schautafeln, Grafiken, Bildstatistiken und Fotografien. Und es richtete erlebnisnahe und detailreich ausgestaltete ‚Stuben' (Werkstätten, Bauernstuben) ein, die dem Besucher das Gefühl gaben, in ein historisches Milieu einzutauchen, um ihn emotional zu vereinnahmen.

Bei aller Modernität blieb – wie bei den frühen Heimatmuseen – die Stoßrichtung dieses Hauses antiurban. Das Heimathaus Münsterland setzte den vermeintlich minderwertigen maschinell gefertigten Produkten aus den städtischen Fabriken die ländlich-handwerkliche ‚Wertarbeit' entgegen. Es nutzte Geschichte, um das zeitgenössische Handwerk mit seiner über Generationen gewachsenen Qualität in eine eigene wertbildende Traditionslinie zu stellen. Publikum und Politik gefiel dieser Ansatz. Das Heimathaus galt der Provinzialverwaltung und dem NS-Regime als vorbildlich. 1936 war es das meistbesuchte Heimatmuseum in Westfalen. Eine ideologisierte Anstalt der NS-Kulturpolitik war es nicht, wenn man dem Kulturhistoriker Martin Griepentrog glaubt. Er beurteilt den Einfluss des NS-Regimes auf die deutschen (Heimat-)Museen als in der täglichen Museumsarbeit wenig spürbar.

Politischen Einfluss auf die Museen hat das NS-Regime vor allem durch willfährige Disziplinen wie die Rassenkunde, die Ur- und Frühgeschichte und die Volks- und Völkerkunde genommen, und nicht, weil es konkrete Inhalte verordnet hatte: „die Errichtung von ‚politischen Museen' blieb im Nationalsozialismus auf breiter Front aus" (ebd. 316). Statt etablierte Museen und ihre Schausammlungen zu vereinnahmen – was nur punktuell geschah –, nutzte das NS-Regime neue Formate wie die Heimat- oder Freilichtmuseen für seine Zwecke. Während die regimetreue Volkskunde Erstere bespielte, fand die Ur- und Frühgeschichte in den Freilichtmuseen ihre Bühne, um sich der NS-Ideologie anzudienen. Hier inszenierte sie ihre Ausgrabungen als Zeugnisse früher Hochkulturen auf deutschem Boden, um das „Märchen vom Barbarentum unserer Vorfahren, die in windschiefen Hütten und Erdlöchern gehaust haben sollen", bildmächtig zu widerlegen (so ein zeitgenössischer Bericht, zit. nach Sénécheau/Samida 2015, 108). Das 1936 errichtete „Germanengehöft" in Oerlinghausen etwa sollte die weit entwickelten Siedlungsformen cheruskischer Adelsbauern vor 1800 Jahren darstellen und „lebendiges Zeugnis" der germanischen Urgeschichte ablegen (ebd. 112). Bisweilen belebten Darsteller in Kostümen als ‚germanische Krieger' die Szenerie und sollten der Geschichte jene Lebensnähe geben, die von Beginn an mit dem Konzept des Freilichtmuseums verbunden war.

Diese vergleichsweise neue Gattung, die auf großen Freiflächen Ausgrabungen, Häuser, Höfe oder Werkstätten an ihrem Ursprungsort („in situ") musealisierte bzw. sie im Umland abbaute und auf dem Museumsareal wiedererrichtete, hatte der Philologe Arthur Hazelius 1891 im schwedischen Skansen begründet. Das Freilichtmuseum Skansen – bis heute eines der berühmtesten seiner Art – präsentiert typische Bauwerke aus ganz Schweden, um das gesamte Land im Kleinen darzustellen. Hazelius nutzte dafür nicht nur Bauten und Objekte, sondern verlebendigte die Museumsarrangements durch Darsteller, die altes Handwerk ausübten und in ihren Kostümen vergangene Epochen auferstehen ließen. Im Deutschen Reich folgte man dem Beispiel zunächst zögerlich. Vergleichsweise früh entstand hier zwar das Pfahlbaumuseum in Unteruhldingen am Bodensee (von 1922 an). Aber erst in der NS-Zeit etablierte sich dieses Format im Deutschen Reich, als unter anderem das Museumsdorf Cloppenburg 1934 in Niedersachsen eröffnete.

Neben den Heimat- und Freilichtmuseen nutzte das NS-Regime für seine Zwecke temporäre Ausstellungen als populäre Massenmedien, die mit neuen didaktischen Mitteln arbeiteten. Auf Museumssammlungen waren sie nicht angewiesen. Dennoch wurden etliche dieser Schauen zusammen mit Museen konzipiert bzw. in Museen gezeigt: Das Städtische Museum Hagen präsentierte 1935 in Kooperation mit dem NSDAP-Gau Westphalen Süd die Schau „Rasse – Sippe –

Siedlung“, um „Grundsätze der nationalsozialistischen Rassenlehre“ bekannt zu machen, wie es im Katalog hieß (zit. nach Griepentrog 1998, 321). Doch selbst bei vergleichsweise eindeutigen Themen und Titeln ist insgesamt schwer einzuschätzen, wie stark einzelne Museen und Ausstellungen sich in den Dienst des NS-Regimes stellten: „Systemkonforme Ansprachen zu Museumsthemen oder ideologisch interpretierbare Wechselausstellungstitel dienen weniger der ‚Selbstgleichschaltung‘ denn als verbale Kulissen, um in einem diffusen Machtgefüge Akzeptanz zu finden, ohne überzeugte Anhängerschaft, Indifferenz oder Dissidenz auszudrücken.“ (Walz 2012, 69)

Für die Heimatmuseen gilt: Auch wenn sie sich nach der NS-Machtübernahme 1933 vergleichsweise wenig verändert hatten und möglicherweise mehr opportunistisch denn überzeugt agierten, bereiteten sie als Horte national-konservativer Gesinnung dem Nationalsozialismus den Weg. Sie halfen, das Konzept des ‚Volkes‘ populär zu machen, das sie an ‚Heimat‘ im Sinne von Blut und Boden koppelten. Entstanden als identitätsstiftende Einrichtungen aus dem Geiste der Heimatbewegung, kennzeichnete sie, was der Volkskundler Wilhelm Peßler in seiner berühmten Denkschrift über Heimatmuseen 1927 so beschrieb: „Mit der Besinnung des deutschen Volkes auf sein eigenes Wesen und auf dessen Werte hat sich auch die Wertschätzung der Heimatmuseen gesteigert. Man erkennt immer mehr in den Heimatmuseen Stätten, von denen aus alle edlen Kräfte des Menschen in der Liebe zu Heimat, Volk und Vaterland belebt werden können.“ (Peßler 1927, 11) Und weiter: „Das Heimatmuseum soll ‚gesinnungsbildend‘ sein [...]. Nicht nur Wissen, sondern auch Wollen ist die Geisteskraft, deren Bereicherung und Stärkung vom Heimatmuseum ausgehen soll. Nicht nur Heimatkunde, sondern auch Heimatliebe soll in Sinn und Herz der Deutschen ausstrahlen vom Heimatmuseum.“ (ebd. 124) Hier tönten bereits jene Vokabeln, die wenige Jahre später im NS-Jargon als „Wille und Tat“, „deutsches Volkstum“ oder „Blut und Boden“ ihre zerstörerische Kraft entfalteten. Hier frönte man bereits einer Didaktik des ‚Geschichtsgefühls‘, die nach 1945 für lange Zeit verpönt bleiben sollte, weil sie während der NS-Zeit dazu geführt hatte, Menschen emotional zu manipulieren und zu indoktrinieren.

Zweiter Weltkrieg und Nachkriegszeit: Museumsapathie

Am 1. September 1939 begann mit dem Überfall der Wehrmacht auf Polen der Zweite Weltkrieg. In der Folge raubten deutsche Soldaten Kulturgüter aus allen besetzten Gebieten, von denen ein Gutteil deutschen Museen übereignet wurde. Bomber flogen Angriffe auf Städte der am Krieg beteiligten Länder. Die Gefahr für die Museen des Deutschen Reichs war damit ungleich größer als noch im Ersten Weltkrieg. Entsprechend wies das NS-Regime alle Museen an, ihre wichtigsten Stücke aufzulisten, um sie schnell auslagern zu können.

Das Badische Landesmuseum in Karlsruhe – 1921 als Zentralmuseum der neuen Republik Baden im Karlsruher Residenzschloss eröffnet – evakuierte noch vor Kriegsbeginn Teile seines Münzkabinetts, die wertvollsten Bronzegefäße und antiken Schmuck. Evakuierungen und Kriegseinsatz der Mitarbeiter beschränkten die Museumsarbeit auf ein Minimum. An Sammeln und Grundlagenforschung in den Beständen war nicht zu denken. Selbst der fast fertiggestellte Museumsführer konnte nicht mehr in Druck gehen. Am 1. Dezember 1939 schloss das Museum. Die Evakuierung lief derweil schleppend weiter. Erst als Bomben im April 1943 die Schlosskirche trafen und niederbrannten, „führte [dieses Unheil] nochmal zu besonderen Anstrengungen zur Sicherung der Museumsbestände, die beinahe bis zur letzten Minute in immer größerer Eile abgewickelt wurden" (Grimm 1993, 172). Das Museum versteckte seine Inventare und die wichtigsten Bestände wie die Kroninsignien im Salzbergwerk von Heilbronn. Andere Teile der Sammlungen lagerte es in Schlösser, in ein Gefängnis und in die Kellergewölbe des Schlosses aus. Am 27. September 1944 brannte das Schloss nach einem Luftangriff vollkommen aus – außer die Keller mit den Depotbeständen.

Wie in Karlsruhe war die Lage in vielen deutschen Museen gegen Kriegsende schlecht. Mussten viele Häuser zu Beginn des Krieges nur kurz schließen, so zehrten die anhaltenden und immer brutaleren Kämpfe die Kulturinstitutionen aus. In den letzten Kriegsmonaten sollten alle Museen geschlossen bleiben (eine Maßgabe, der sich etliche Museen widersetzten). Das Personal wurde für Fronteinsatz und ‚Volkssturm' benötigt. Museumsbauten nutzte die NS-Verwaltung als Notunterkünfte für Obdachlose oder als Lazarette.

Nach Kriegsende kam die zweite Vernichtungswelle über die Sammlungen: Soldaten der Besatzungsmächte und andere Personen plünderten die Museumsdepots. In Karlsruhe, wo die Lagerräume in den Kellergewölben von den Bomben nicht zerstört worden waren, schleppten sie vor allem wertvolle Münzen und Bücher aus den ungeschützten Ruinen des Schlosses. Die Räume waren überdies feucht geworden. Ein Jahr dauerte es, bis die Museumsmitarbeiter die Bestände mit primitiven Handkarren in sichere Gebäude transportiert hatten. Problematischer war es, die an anderen Orten ausgelagerten Bestände zurückzuholen. Da die Zeit gedrängt hatte, hatte das Museum während der Evakuierung im Krieg aufgehört, diese Objekte in einer Liste zu verzeichnen. Das rächte sich: Das Landesmuseum konnte nicht nachweisen, welche Dinge ihm gehört hatten. Zäh musste es mit der französischen Besatzungsbehörde über einzelne Stücke verhandeln. Erst 1951 kehrten die letzten Dinge nach Karlsruhe zurück.

Ausstellungsräume für die Sammlungen existierten nicht. Das Schloss war zerstört, und in das dem Museum versprochene Erbgroßherzogliche Palais zog das Bundesverfassungsgericht ein. Binnen kürzester Zeit musste das Museum erneut seine Kisten packen und wieder umziehen. Einzelne Exponate konnte es für Sonderausstellungen an andere Museen verleihen. Auf eigene Schauen musste es mangels Räumen vorerst verzichten. Vorrang hatten ohnehin Restaurierungsarbeiten und die Sicherung der Sammlungen. Ende der 1940er Jahre begannen die Kustoden wieder, Bestände zu erschließen und zu inventarisieren – Arbeiten, die von 1949 an zu einigen Publikationen führten. Erst 1959 konnte das Badische Landesmuseum wieder in das teilweise instand gesetzte Schloss einziehen und den Museumsbetrieb aufnehmen.

Zuvor hatte sich das Badische Landesmuseum auf Weisung der amerikanischen Militärregierung mit Rückgabeforderungen (‚Restitutionen') beschäftigen müssen: Aus Straßburg hatten die Deutschen während des Krieges die Porzellansammlung des österreichischen Kunsthistorikers Ernst Polaczek (1870–1939) mit wertvollen Keramiken (‚Fayencen') entwendet und in ein Außendepot des Badischen Landesmuseums gegeben. 1949 einigte sich das Museum mit den Erben Polaczeks, ihnen den Nachlass abzukaufen.

Das Badische Landesmuseum ist in vieler Hinsicht typisch für die Situation der Museen in Nachkriegsdeutschland: Plünderungen, kaputte Gebäude, unzureichende Depots und wenig Geld zwangen viele bis in die 1950er Jahre (zum Teil auch länger) in eine Mangelwirtschaft. Es galt, die Sammlungen zu sichern und – nachdem viele Bestände verloren oder an unterschiedlichen Orten ausgelagert waren – sie wieder in einen nutzbaren Zustand zu bringen. Vereinzelt waren Forschungen möglich. Jene Museen, die von Bomben und Evakuierungen verschont geblieben waren, konnten erste Ausstellungen konzipieren. Viele Gebäude blieben aber auf Jahre hin so beschädigt, dass man sie höchstens eingeschränkt nutzen konnte. Heute erscheinen uns die 1940er und 1950er Jahre – über die es für die deutsche Museumsgeschichte kaum Forschungen gibt – als Zeit, in der sich die deutschen Museen neu aufstellen und vor allem ihren Sammlungen widmen mussten. Der massive Kunstraub der Nationalsozialisten während des Krieges führte zu einer ersten Welle der Restitution vor allem in Kunstmuseen, die in der Regel auf Druck der Besatzungsbehörden geraubtes Kulturgut an die Herkunftsländer zurückgeben mussten. Die sogenannten ‚Arisierungen', also der Raub jüdischen Eigentums, der oft als ‚Verkauf' (weit unter Marktpreis) getarnt war, wurden zu dieser Zeit allerdings kaum aufgearbeitet.

Die Alliierten beschlagnahmten ihrerseits von 1945 an Kunstschätze in Deutschland. Insbesondere die Rote Armee schickte ‚Trophäenkommissionen' in deutsche Museen, Archive und Bibliotheken, um systematisch Kulturgut in die UdSSR zu bringen (die sogenannte ‚Beutekunst'). Über einige dieser Stücke streitet die Bundesrepublik bis heute mit der russischen Regierung. Andere gab die UdSSR seit den 1960er Jahren an Museen in der DDR zurück.

Museen in der DDR: Ideologie und Museologie

Mit Gründung der Deutschen Demokratischen Republik und der Bundesrepublik Deutschland 1949 existierten für die nächsten 40 Jahre zwei Staaten nebeneinander, in denen die Museen sich in unterschiedliche Richtungen entwickelten. Eine einheitliche deutsche Museumsgeschichte lässt sich für diese Zeit nicht erzählen.

Infobox

Geschichtspolitik in der DDR

Anders als die Bundesrepublik betrachtete sich die Deutsche Demokratische Republik nicht als Rechtsnachfolgerin des Deutschen Reichs. Sie war in ihrem Selbstverständnis ein neuer deutscher Staat aus dem Geiste des Sozialismus (und unter Kuratel der Sowjetunion), der gegen Faschismus und ‚westlichen Imperialismus' (worunter insbesondere der Kapitalismus als Wirtschaftsform verstanden wurde) antrat. Der selbst ernannte ‚Arbeiter- und Bauernstaat' wollte sich von den alten Kultureliten und von ‚bürgerlichen' Kultur- und Gesellschaftsvorstellungen frei machen, um einen wirklich egalitären, ‚demokratischen' Staat aufzubauen. Die Realität sah anders aus: Die DDR beruhte de facto auf einer Herrschaft von Parteikadern und Funktionären der Sozialistischen Einheitspartei Deutschlands (SED), die die Bevölkerung systematisch ausspionierten, unterdrückten und sie 1961 in den Staatsgrenzen einmauerten. Mitbestimmung kannte dieser Staat nicht, weshalb er stärker als sein westdeutsches Gegenüber Geschichte und ‚Kultur' nutzte: „Die Geschichte wurde von der SED instrumentalisiert, um die Utopie des sozialistischen Neuaufbaus und den damit einhergehenden tief greifenden Transformationsprozess zu legitimieren [... Sie übernahm] eine wichtige Ersatzfunktion für die fehlende demokratische Zustimmung." (Anger 2006, 7) Grundlage des DDR-Geschichtsverständnisses war der Marxismus-Leninismus. Er verstand die Geschichte als gesetzmäßige Abfolge einander ablösender Gesellschaftsformen, die langsam aber sicher von Reformation (1517) und Bauernkrieg (1525) über die Ausrufung der Räterepublik 1918 zur Gründung der DDR und zum Sieg der Arbeiterklasse in die vermeintlich beste Gesellschaftsform führten. Diese Geschichtsauffassung war streng dogmatisch, ihre Geschichte nicht verhandelbar. Sie war Instrument der Politik und legitimierte den neuen Staat.

Angetreten mit dem Ziel einer „demokratischen Erneuerung" der Gesellschaft auf Grundlage des Marxismus-Leninismus sollten die neuen sozialistischen Museen helfen, die Einwohner der DDR umzuerziehen. Sie sollten Volksbildungsstätten für die gesamte Bevölkerung sein, also vor allem jene unterschwelligen Zugangshürden überwinden, die in den ‚bürgerlichen Museen' des Deutschen Reichs die Klassen voneinander getrennt hatten. Allen voran die Arbeiter waren Zielgruppe didaktischer Schauen, die versuchten, viel zu erklären und wenig vorauszusetzen. Hier sind die Verbindungen zu den didaktischen Ansätzen der Museumsreformbewegungen um 1900 offensichtlich, die in West- wie Ostdeutschland weiterwirkten – allerdings inhaltlich denkbar anders besetzt waren.

Um sein neues Geschichts- und Gesellschaftsbild auch gegen innere Widerstände populär zu machen, versuchte das Ministerium für Kultur in den 1950er Jahren, die Museen systematisch zu kontrollieren. Es führte – von 1965 an unterstützt durch den Rat für Museumswesen – Inspektionen am Ort durch und forderte jährliche Berichte. Auf dieser Grundlage machte es inhaltliche Vorgaben. Generell sollten historische Museen die Geschichte von der siegreichen Arbeiterklasse und von der DDR als Höhepunkt der historischen Entwicklung erzählen. Von verschiedenen Museen verlangten die Kontrolleure, Objektensembles zur bürgerlichen Wohnkultur abzubauen, um sie beispielsweise durch eine Sektion zur örtlichen Arbeiterbewegung zu ersetzen.

Allein, etliche Museumsmitarbeiter boykottierten die Vorgaben der Funktionäre, vor allem in den ehrenamtlich geführten kleinen (Heimat-)Museen. Deshalb begann das Ministerium für Kultur, die Ausbildung von Museumspersonal zu systematisieren. 1954 gründete es in Halle die Zentrale Fachstelle für die Heimatmuseen (von 1971 an Institut für Museumswesen Berlin) und die Fachschule für Museumsassistenten in Köthen (von 1966 an Fachschule für Museologen in Leipzig). Fachstelle wie Fachschule sollten dafür sorgen, dass sich der Aufbau sozialistischer Museen planmäßig mit neu geschultem Personal vollzog. Peu à peu wollte das Regime so die widerständigen ‚bürgerlichen' Museumsmacher durch systemkonforme Museologen (oder durch loyale Parteimitglieder) austauschen. Wesentlich früher als in der Bundesrepublik etablierte sich in der DDR Museologie als eigenständige Disziplin aus der osteuropäischen Tradition (als erstes Land hatte die Tschechoslowakei 1962 einen Lehrstuhl für Museologie in Brünn eingerichtet, den der einflussreiche Museologe Zbynek Stransky [1926–2016] besetzte). Sie leistete Grundlagenforschung zu theoretischen und praktischen Fragen des Museumswesens, die es heute wiederzuentdecken gilt. Wesentlich früher auch wertete man im Ostteil Deutschlands die Museumspädagogik auf: Das Museum für Deutsche Geschichte integrierte – kurz nachdem es 1952 eröffnet hatte – die Museumspädagogik, und als die Volkskammer 1965 das „Gesetz über das einheitliche sozialistische Bildungssystem" verabschiedete, gründeten die meisten größeren Museen museumspädagogische Abteilungen.

Besonders wichtig für die Geschichtspolitik der DDR war das Museum für Deutsche Geschichte (MfDG), das 1952 im ehemaligen Zeughaus Unter den Linden in Berlin eröffnete (dort, wo heute das Deutsche Historische Museum seinen Sitz hat). „Zum ersten Mal", rühmte sich das Museum in seinem letzten Ausstellungskatalog von 1987, „gab es eine geschlossene museale Gesamtdarstellung der Geschichte des deutschen Volkes aus marxistisch-leninistischer Sicht [...]. Zugleich war ein neuer Museumstyp für die DDR entstanden: das sozialistische Geschichtsmuseum." (Museum für Deutsche Geschichte 1987, 33) Dieses sozialistische Geschichtsmuseum war eine politische Gründung, die den ideologischen Vorgaben der SED folgte: Die Schau hatte die Inhalte der Zentralschriften des

Marxismus-Leninismus zu reproduzieren, „die damit in den Rang historischer Quellen erhoben wurden [...]. Die Forschungsarbeit im Museum bestand somit aus Exegese, und die objektbezogene Arbeit blieb, sofern sie überhaupt stattfand, davon abhängig. Das historische Objekt geriet zur Staffage." (Ebenfeld 2001, 111)

Die Parteiführung hatte hohe Erwartungen in das MfDG als zentralem Lernort der neuen Nationalgeschichte gesetzt. Entsprechend forciert betrieb sie den Aufbau. Den Angestellten blieb kaum Zeit, die Eröffnungsausstellung vorzubereiten, zumal der allgemeine Ressourcenmangel die Arbeit erschwerte. Zudem war das Personal wenig überzeugt vom neuen ideologischen Ansatz bzw. schlecht geschult. Zweimal musste das Museum die Ausstellungseröffnung verschieben. Die finale Freigabe erteilte die Partei erst, nachdem eine Kommission des Politbüros die Schau inspiziert und mehrere Änderungen erzwungen hatte. Die Sektion für die Zeit nach 1848 hatte die Kommission wegen ‚ideologischer Mängel' nicht genehmigt. Sie musste geschlossen bleiben. 1953 kontrollierte das Politbüro diese Sektion erneut und gab sie mit verschiedenen Auflagen frei: „Bei der Darstellung des faschistischen Terrors ist das Gedicht von J.R. Becher ‚Kinderschuhe' zu bringen", befahlen die Kontrolleure, die zudem Korrekturen an einem Porträt des KPD-Politikers Fritz Heckert (1884–1936) wünschten, auf dem er „zu schmal gezeichnet" sei (zit. nach ebd. 121). Solche Anweisungen zeigen, wie stark die Partei in Inhalte der Ausstellung eingriff – zum Nachteil der Exposition.

Schon mit der Eröffnungsausstellung war niemand recht zufrieden gewesen: Aus der ohnehin kleinen Sammlung zeigte das Museum kaum Objekte. Vieles, was in den Beständen existierte, eignete sich nicht, um den vermeintlich gesetzmäßigen Verlauf der Geschichte darzustellen. Die Überlieferungslücken sollten Historiengemälde, Modelle oder Schaubilder schließen. Ansonsten dominierte der Text. Erklärtexte und großformatige Zitate der Protagonisten des Sozialismus konnten die Parteidoktrin eindeutiger vermitteln als die widerspenstigen, mehrdeutigen Dinge. Das Publikum konnte mit der text- und theorielastigen Präsentation kaum etwas anfangen: „Der Betrachter wurde durch eine Flut *schwer verdaulicher* Informationen überfordert." (ebd. 140) Die propagandistische Wirkung des Museums war anfänglich geringer als erhofft. Erst die kontinuierliche Optimierung der Schau führte dazu, dass sie auch im (westlichen) Ausland (als vorbildlich) wahrgenommen wurde und sie die Bundesrepublik 1971 mit der Schau „1871 – Fragen an die deutsche Geschichte" zu einer Gegendarstellung nötigte.

Als Reaktion auf die missglückte Instrumentalisierung versuchte die DDR-Führung, ihre Museen zentral zu ‚lenken'. Diese Maßnahme richtete sich insbesondere gegen die neu gegründeten ‚Heimatstuben', die sich als private Initiativen der staatlichen Kontrolle immer wieder entzogen. Die Heimatstuben waren ideologisch ein Problem, da sie nicht im Geiste der alten Heimatideologie fortbestehen sollten. Die geistige Nähe der Heimatbewegung zu Leitideen des Faschismus hatte sie diskreditiert. Zudem war sie, indem sie regionale oder nationale Eigenarten betonte, das Gegenteil der propagierten internationalen Solidarität („Proletarier aller Länder, vereinigt Euch!"). Dass die Heimatideologie ‚Bourgeoisie' und ‚Proletariat' auf eine gemeinsame regionale Identität einschwor, sie also den vermeintlichen Klassengegensatz zwischen beiden in Abrede stellte, ließ es dem DDR-Regime geboten erscheinen, einen neuen ‚sozialistischen' Heimatbegriff zu prägen. In ihm konnte sich echte Heimatliebe bei der gesamten Bevölkerung nur ausbilden, wenn das Privateigentum aufgelöst und die Idee des ‚Volkseigentums' durchgesetzt war. Statt rückwärtsgewandt war diese Idee von Heimat auf die Zukunft gerichtet. Von den Heimatmuseen jedenfalls forderte das Regime, entschieden Partei für den Sozialismus zu ergreifen und an gegenwartsnahen Themen die Führungsrolle der Arbeiterklasse darzustellen. Oft blieb es beim Appell, den viele Museen ignorierten.

Geschichtspolitisch mindestens ebenso wichtig wie historische (Heimat-) Museen waren in der DDR die Gedenkorte. In ihnen konnte der junge Staat seine Siege und Heroen feiern und seine antifaschistische Haltung dokumentieren. Während die Bundesrepublik die ehemaligen Konzentrationslager des ‚Dritten Reichs' lange ignorierte (in Westdeutschland entstand als erste die KZ-Gedenkstätte in Dachau 1965, und zwar auf Initiative der einstigen Opfer, nicht der Politik), weihte die DDR 1958 die „Nationale Mahn- und Gedenkstätte Buchenwald" bei Weimar ein, gefolgt von den Gedenkorten in Ravensbrück (1959) und Sachsenhausen (1961). In ihnen gedachte man vor allem der verfolgten kommunistischen Widerstandskämpfer im Nationalsozialismus. Dass die sowjetische Besatzungsmacht die Lager nach 1945 als Speziallager weiter genutzt hatte, erzählte man nicht. Neben den Erinnerungsstätten an NS-Verbrechen richtete das DDR-Regime Personengedenkstätten an Dichter ein – allen voran die „Nationalen Forschungs- und Gedenkstätten der klassischen deutschen Literatur" in Weimar 1953 mit dem Goethehaus. Zudem erinnerten Gedenkstätten an Politiker und andere Heroen des DDR-Geschichtsbildes und an historisch einschlägige Orte: die „Gedenkstätte der Befreiung" auf den Seelower Höhen oder – nachdem die DDR in den 1970er Jahren die Romantik als Teil ihres Erbes entdeckt hatte – eine „Romantiker-Gedenkstätte" in Jena im ehemaligen Wohnhaus des Philosophen Johann Gottlieb Fichte.

Über die Museen in der DDR wissen wir wenig. Insbesondere die 1970er und 1980er Jahre sind kaum kritisch erforscht. Sie sind vor allem über Erlasse, ‚Grundsätze' oder ‚Thesen' der Staatsführung zur Zukunft der sozialistischen Museen oder über einige Forschungen der DDR-Museologie greifbar (siehe etwa die 1982 eingereichte Dissertation des DDR-Museologen Klaus Schreiner „Einführung in die Museologie"). Ansonsten bleibt eine Bilanz in Zahlen: 1989 existierten in der DDR 750 Museen, die in diesem Jahr von 32 Millionen Besuchern frequentiert worden waren. Insbesondere die Geschichtsmuseen fanden ihr Publikum und unterschieden sich mit ihrer positiven Nationalgeschichte deutlich von ihren westdeutschen Nachbarn. Die großen westdeutschen Geschichtsschauen der 1970er Jahre gelten heute als Reaktion auf diese identitätsstiftenden Schauen der DDR, denen die Bundesrepublik etwas entgegensetzen wollte.

Museen in der Bundesrepublik (1950–1990): Geschichtsausstellungen und ‚Lernorte'

Die frühen Jahre der Bundesrepublik waren für die Museen Jahre der Apathie. Nur langsam erholten sie sich von den Kriegsfolgen. An avancierte Ausstellungs- und Forschungsarbeit war kaum zu denken. „In den fünfziger und sechziger Jahren war die Arbeit der Museen zwangsläufig durch Restaurierung und Wiederaufbau geretteter Bestände bestimmt gewesen", resümierte 1971 die Deutsche Forschungsgemeinschaft (DFG) in ihrem „Appell zur Soforthilfe der deutschen Museen". Mangels Finanzmitteln seien etliche Museen von diesem Ziel nach wie vor entfernt. „Im Gegenteil – viele Museen sind im internationalen Vergleich in der Bildungs- und Forschungsarbeit zurückgeworfen worden."

Vereinzelt gab es freilich Lichtblicke. So vermehrten sich in den 1950er und 1960er Jahren in der Bundesrepublik die Freilichtmuseen: 1954 eröffnete die bayerische Gemeinde Illerbeuren ihr Freilichtmuseum, 1957 das westfälische Kommern das Rheinische Freilichtmuseum, 1960 folgten Freilichtmuseen in Detmold, Hagen und bei Kiel. Kleinere Kommunen folgten. Der westdeutsche Wirtschaftsaufschwung hatte die Landwirtschaft erfasst und die ländliche Arbeit mechanisiert. Statt Pferdefuhrwerken bestellten Traktoren das Feld, Melkmaschinen und Mähdrescher ersetzten Milchkanne und Dreschflegel. Die Kommunen veränderten den Zuschnitt der Äcker und Höfe, und sie bauten die alten Dörfer um. Breite Straßen ersetzten die engen Gassen, funktionale Neubauten mit Silos und geräumigen Scheunen die alten Bauernhöfe. Der ‚regionale Baustil' wich Häusern, wie man sie in ganz Deutschland fand. Den Heimatschützern galt dieser Einbruch der Industriemoderne als Gefahr für die heimatliche Idylle: „Flur und Siedlung", warnte der bayerische Generalkonservator Josef Maria Ritz (1892–1960) 1959, „sind als Ganzheit wie in ihren Höfen und Einzelbauten von der Technisierung und Modernisierung jeglicher Art bedroht." (zit. nach Schröder 1997, 81) Rettung versprachen die Freilichtmuseen, die die schönsten und typischen Bauten der untergehenden ländlichen Lebenswelt – Inbegriff der heimischen Kultur und ihres Baustils – konservieren sollten. In Baden-Württemberg wurde so der Vogtsbauernhof bei Gutach (erbaut 1570) als „ein Stück bodenständiger Volkskultur" (so der Hausforscher und Denkmalpfleger Hermann Schilli, zit. nach ebd. 85) von 1962 an zum ersten Freilichtmuseum umgebaut.

Zur selben Zeit – auch dies Vorboten eines neuen Aufbruchs – reüssierten einige große Geschichtsschauen wie die Ausstellung „Werdendes Abendland an Rhein und Ruhr", die 1956 in der Villa Hügel in Essen zu sehen war. Sie war „die erste überregional bedeutende Großausstellung der Bundesrepublik. Erstmals in der Nachkriegszeit war es einer deutschen Ausstellung gelungen, Museen und

Bibliotheken aus fast ganz Westeuropa zur Überlassung von kostbaren Leihgaben zu bewegen." (Große-Burlage 2005, 20) In Bayern lancierte wenig später (1961) die Landes-SPD die Idee, ein „Haus der Bayerischen Geschichte" aufzubauen, das mit Bezug zu Themen der Gegenwart regionale Identität stiften sollte. Zwar kam es nicht zu diesem Museum (das erst jetzt in Regensburg entsteht und im Mai 2019 eröffnen soll), aber 1974 richtete der Freistaat ein permanentes Büro ein, das landeshistorische Ausstellungen initiierte, die erste 1976 zu „Kurfürst Max Emanuel – Bayern und Europa um 1700" in Schleißheim. Zusammen mit der Stuttgarter Stauferausstellung von 1977 entstand hier die Idee zu einem regionalhistorischen Format, das heute „Große Landesausstellung" heißt.

Für die westdeutsche Kulturpolitik waren die 1970er Jahre eine Umbruchzeit. Je stärker sich die Bundesrepublik im Zuge der neuen Ostpolitik Willy Brandts der DDR gegenüber öffnete, desto schmerzlicher vermissten Bundes- und Landesregierungen positive identitätsstiftende National- oder Regionalgeschichten. Das Innenministerium gab die Ausstellung „1871 – Fragen an die deutsche Geschichte" in Auftrag, die 1971 im Berliner Reichstag gezeigt werden sollte. Sie war die Antwort der Bundesrepublik auf die Geschichtsdarstellung der DDR im Museum für Deutsche Geschichte. Immer mehr Touristen aus dem Westen besuchten dieses Museum, zu dessen Narrativ, das die ‚BRD' in der Tradition des Faschismus verortete, es in der Bundesrepublik kein Gegenbild gab. Die 1871-Ausstellung sollte die freiheitlich-demokratische Tradition aus dem Geiste der Revolution von 1848 nachzeichnen, in der die Bundesrepublik sich verortete. „Zum ersten Mal wurde staatlicherseits versucht, das eigene Selbstverständnis aus der Geschichte heraus zu konstruieren und damit ein positives Identifikationsangebot zu präsentieren." (Borcke / Kühne / Zarfati 2015, 22) Dieses Angebot wurde 1974 zu einer Nationalgeschichte erweitert, die der bundesdeutschen Demokratie viel Platz einräumte. Eingebunden in die Aktivitäten zur politischen Bildung (60 % der Besucher waren Schüler) war sie ein Publikumsmagnet: 500 000 Menschen besuchten die Schau bis 1975, 13 Millionen bis 1994.

Nicht nur politisch, auch stilistisch war die West-Berliner Ausstellung eine Zäsur, die prototypisch für die bundesdeutschen Geschichtsschauen der 1970er Jahre steht: Jetzt entstanden (kultur-)historische Großausstellungen, die anders ansetzten als ihre Vorgänger. Wo die (kultur-)historischen Schauen der 1950er und 1960er Jahre den Kenner angesprochen, dem kaum kommentierten Einzelstück gehuldigt und konzentrierte Anschauung verlangt hatten, waren die neuen Präsentationen populär angelegt und machten sich von dem Gedanken frei, kulturhistorische Preziosen ins Zentrum stellen zu müssen. Sie wollten nicht primär ästhetisch erbauen, sondern politisch bilden. Das originale Objekt aus den Sammlungen war dafür nicht zwingend nötig. „Fragen an die deutsche Geschichte" verzichtete weitgehend auf Originale. Stattdessen reproduzierte die Schau auf 300 Ausstellungstafeln mehr als 3000 Zeichnungen, Gemälde, Karikaturen, Dokumente und Fotografien. Gestaltet von einer Werbeagentur, hatte der Historiker Lothar Gall als Kurator sie als begehbares Geschichtsbuch angelegt: „Das einzelne Exponat“, erklärte Gall, „[... hat] nur dienende Funktion. Sein Eigenwert tritt – von Schlüsseldokumenten abgesehen – zurück hinter seinem Illustrationswert für bestimmte Vorgänge und historische Prozesse.“ (zit. nach ebd. 22) Die Museumsszene, in der üblicherweise Sammlungsexperten agierten, irritierte die dokumentarische Form, die Texte und reproduzierte ‚Flachware‘ nutzte, statt Realien aus Sammlungen zu zeigen. Bald etikettierte sie diese Art der Präsentation als ‚Historikerausstellung‘, deren wichtigstes Exempel von 1972 an in Frankfurt am Main zu finden war.

Abb. 7: Bundespräsident Gustav Heinemann besucht die Ausstellung „1871 – Fragen an die deutsche Geschichte“

Hier hatte das städtische Historische Museum als eines der ersten deutschen Häuser versucht, das Museum ideologiekritisch als ‚Lernort‘ zu erneuern. Seine zwischen 1972 und 1975 grundlegend neu konzipierte Dauerausstellung in neuem Gebäude präsentierte deutsche Geschichte unter linksintellektuellen Vorzeichen (etwa indem sie die Geschichte der Arbeiter erzählte und Alltagskultur zeigte), was ihr massive Kritik vieler Historiker an der vermeintlich „vulgärmarxistischen Propaganda“ eintrug. Neu war, dass die Ausstellung neben der Hochkultur auch Exponate der Alltags- und Arbeiterkultur integrierte. Programmatisch wollten die Kuratoren die Verführungsmacht der Dinge brechen, die sie mit langen Texten einhegten und in einem funktionalen, kühlen Ausstellungsdesign zeigten.

> *Praktische Museumsarbeit muss bewirken, dass Museumsgut nicht als Faktum hingenommen oder gar bestaunt wird, sondern Anlass bildet für eine Reflexion, die in Erkenntnis mundet.* Die hier und heute im Museum verfügbaren, aber tradierten Zeugnisse [...] vermitteln sich nicht selbst. Das Objekt [...] existiert hier und jetzt nur noch als Fragment. Erst die Bewusstmachung des historischen Zusammenhangs, dem das Fragment seine Existenz verdankt, gibt ihm seine historische Bedeutung zurück. (Schirmbeck 1974, 288)

Historische Aufklärung durch maximale Erklärung war das Frankfurter Credo. Die Kuratoren wollten die Besucher zu kritischem Mitdenken anregen, sich Rezipienten erziehen, die Fragen stellten, statt Antworten zu erwarten. Entsprechend exponierte man in Frankfurt – darin der Berliner Reichstagsausstellung von 1971 ähnlich – im Stile einer „Historischen Dokumentation", die Objekte primär als Dokumente nutzte. In der „Historischen Dokumentation 20. Jahrhundert" verzichtete man fast gänzlich auf Sammlungsgegenstände. Das entsprechende Raumdesign war weiß und kühl gehalten: Statt warmer Spotlights erhellten kalte Neonröhren die Objekte. In die Schauräume hängte das Museum mobile Stellwandsysteme ein, deren rechtwinkliges Grundraster Texttafeln, Neonröhren und Sockel integrieren konnte. Sie sollten sich zu einem einheitlichen, technizistischen Erscheinungsbild fügen. Piktogramme und Grafiken bestimmten das Raumbild, das auch deshalb einem Lehrbuch glich, weil die Ausstellungseinheiten wie eine wissenschaftliche Qualifikationsschrift mit Unterpunkten durchnummeriert waren (‚53.06.6'). Aurazerstörung galt „als vordringliche ideologiekritische Aufgabe für ein demokratisches Museum. Der Technizismus des Designs wollte – und wurde – als eine kalte und brüske Geste der ‚Decouvrierung' verstanden werden, die den alten Kulturbegriff als Kulturstilisierung bloßstellen will." (Schmidt-Linsenhoff 1982, 333) Der asketische Präsentationsstil sollte die Schau als effizienten Lernort betonen, der sich gegen kontemplativen Kunstgenuss, gegen Nostalgie und Gefühlsduselei jeder Art wendete.

Das Gegenmodell zur „Historischen Dokumentation" präsentierte 1975 das Römisch-Germanische Museum in Köln: Seine neue Dauerausstellung huldigte dem originalen Objekt. Statt mit Dingen Texte zu illustrieren, versuchte die von dem Mittelalterarchäologen Hugo Borger (1925–2004) konzipierte Schau, die Dinge vor allem ästhetisch in Szene zu setzen. Nicht das kühl-distanzierte Weiß dominierte die Schauräume, sondern rote Sockel, auf denen die Exponate thronten. Optisch traten die Texte hinter den Objektensembles zurück. Die Präsentation sprach zuerst das Auge an, indem sie Büsten, Schnitzereien oder Schmuck vertikal aufbaute und die begleitenden Texte horizontal davon abgrenzte. Das Vertrauen in die Attraktion der Dinge war groß. Anders als in Frankfurt fürchtete man in Köln die Monumentalisierung der Gegenstände nicht.

In Berlin, Frankfurt und Köln kündigte sich an, was heute unter ‚Museumsboom' firmiert: Die Besucherzahlen (kultur-)historischer Ausstellungen stiegen seit den 1970er Jahren stark an und lagen 2015 bei 114 Millionen Besuchen in den rund 6700 deutschen Museen (Statistisches Bundesamt 2017). Länder, Städte und Kommunen investierten in Ausstellungen und neue Museen, und die bekannteren Großstadtmuseen erlebten (vor allem mit Sonderausstellungen) einen Zulauf, wie sie ihn bis dato nicht gekannt hatten. Publikum, Politik und Medien nahmen Museen und (kultur-)historische Ausstellungen nun wieder als wirkmächtige Institutionen der historisch-politischen Bildung wahr. Neben der verbesserten Museumsinfrastruktur mit mehr Platz für Besucherservice (Museumscafé, Shop) und Vermittlungsangeboten waren drei Gründe hauptverantwortlich für den Boom: erstens erfolgreiche Wechsel- und Großausstellungen (in Museen oder Ausstellungshäusern), die zeigten, wie stark das Interesse an Geschichte war und wie gut sich Museen und Ausstellungen eigneten, um dieses Interesse zu bedienen; zweitens die Bildungsreform und ‚Neue Kulturpolitik'; drittens banden Museen verstärkt Pädagogen, Werbe- und Öffentlichkeitsarbeiter und Ausstellungsgestalter ein, um ihre Schauen publikumsnah und ästhetisch auf neuem Niveau zu gestalten und offensiv zu vermarkten.

Exemplarisch zeigte sich das an der Ausstellung „Die Zeit der Staufer. Geschichte – Kunst – Kultur", die 1977 für 72 Tage im Württembergischen Landesmuseum in Stuttgart zu sehen war und den Beginn der (kultur-)historischen ‚Blockbusterausstellungen' markiert. Ministerpräsident Hans Filbinger (1913–2007) hatte sie als identitätsstiftendes Geschichtsereignis für Baden-Württemberg ins Werk setzen lassen: Vor dem Landesmuseum bildeten sich lange Besucherschlangen quer über den Schillerplatz. Das war neu und erregte im ganzen Land große Aufmerksamkeit. 671 000 Menschen besuchten die Schau, die gemessen an der Publikumsresonanz zur bis dato erfolgreichsten historischen Ausstellung der Bundesrepublik wurde. Ihr vierbändiger Ausstellungskatalog verkaufte sich 150 000 Mal, womit das Format des wissenschaftlichen Begleitbandes mit populärem Anspruch etabliert war.

Der große Ausstellungsetat von rund neun Millionen Mark, das enorme Medienecho und der ungeheure Werbeaufwand machten die Schau zum „überragenden kulturellen Ereignis des Jahres 1977 in Baden-Württemberg" (zit. nach Haspel-Press 1977, Art. 157). Die Marketingstrategen hatten unter anderem zahlreiche Veranstaltungen im ganzen Bundesland ausgerichtet und die Ausstellung als Touristenangebot mit der zeitgleich in Stuttgart stattfindenden Bundesgartenschau verknüpft. Der Erfolg der Stauferausstellung inspirierte andere Bundesländer, ebenfalls große Landes- beziehungsweise Geschichtsausstellungen zu organisieren mit dem Ziel, regionalhistorische Themen für eine breite Öffentlichkeit aufzubereiten. 1980 folgten in Bayern die Ausstellung „Wittelsbach und Bayern", 1981 in Berlin die Schau „Preußen – Versuch einer Bilanz".

Die Preußen-Ausstellung unterschied sich von den dynastischen Geschichtsschauen dadurch, dass sie nicht allein auf den Reiz kunsthistorischer Preziosen setzte, sondern statt „Glanz und Gloria" auch „Land und Leute" zeigte (zit. nach Korff 2007a, 241). Gemeinsam mit Bühnenbildnern der Berliner Schaubühne arrangierten die Ausstellungsmacher um Generalsekretär Gottfried Korff Objekte der Alltagskultur zusammen mit kanonisierten Museumsdingen zu großen, nur spärlich kommentierten und zuweilen ironischen Raumbildern, die man so in deutschen Ausstellungen nicht kannte. Die Gestalter um Karl-Ernst Herrmann (1936–2018) hatten ein Reiterdenkmal Wilhelms I. an einen Fesselballon unter die Glaskuppel des Martin-Gropius-Baus gehängt und so den Kaiser vom Sockel gehoben. Sie hatten Sichtbeziehungen zwischen Webstuhl und Kaiserporträts hergestellt und Gemälde und Herrscherdarstellungen des 19. Jahrhunderts im schlecht beleuchteten Gewölbe aufgestellt. So entlarvten sie den schönen Schein preußischer Selbstdarstellung durch den bewusst unfertig wirkenden Raum und brachen die Perspektive auf die preußische Obrigkeit durch Objekte und Themen aus dem Alltagsleben der einfachen Leute. Dieser Ansatz, der die Dinge textlich kaum einhegte und auf das visuelle Potenzial des Objektarrangements als Bilderrätsel vertraute, provozierte stark. Er musste gut begründet werden und verlangte plakative Begriffe wie den der Inszenierung, der die neuartigen Arrangements den zahlreichen Kritikern plausibel machen sollte (siehe Kap. 1.1, Ausstellen).

Die Geschichtsschauen der späten 1970er Jahre versuchten sich an einer Synthese vormals gegensätzlicher Präsentationsformen: sie bemühten sich „um die Integration von historisch-erzählendem und kunsthistorisch-zeigendem Gestus, das heißt um das an Originalen ansetzende Geschichts- und Geschichten-Vermitteln. Dieses Prinzip erwies sich als publikumswirksam." (Korff 2007a, 31) Publikumswirksam war freilich nicht allein die Art, wie die Dinge inszeniert wurden. Auch die Vermittlungsarbeit hatte sich verändert und das Museum nahbarer gemacht. In Hamburg, Köln und München entstanden zentrale Museumspädagogische Dienste, die Lehrmaterial und Führungen konzipierten, und große Museen wie das Deutsche Museum in München richteten eigene Abteilungen für Museumspädagogik ein. In der Bundesrepublik war dafür die Bildungsreform der 1970er Jahre verantwortlich, die mit ihren Ideen des Museums als ‚Lernort' und einer ‚Neuen Kulturpolitik' leicht zugängliche Kulturangebote für jedermann etablieren wollte. Immer mehr Museen begannen nun, ihre Angebote vom Besucher und nicht mehr allein von den Sammlungen aus zu konzipieren.

Infobox

Bildungsreform und Neue Kulturpolitik

Was in den 1950er Jahren die Ökonomie geleistet hatte („Wohlstand für alle", Ludwig Erhard) und seit den 1960er Jahren Schulen und Hochschulen leisten sollten („Bildung ist Bürgerrecht", Ralf Dahrendorf), forderte der Frankfurter Kulturdezernent Hilmar Hoffmann in den 1970er Jahren unter dem Schlagwort „Kultur für alle" nun von Museen und Theatern: Sie sollten nicht länger Elitekultur zur Schau stellen und so Klassengegensätze zementieren und sichtbar machen, sondern im Gegenteil helfen, soziale Ungleichheit zu beseitigen. Konkret hieß das, mehr Kulturbauten vor allem auf dem Land zu errichten, damit Kultur räumlich nah bei den Leuten war, Alltagskultur nicht mehr auszugrenzen und zeitgemäße Kulturangebote zu machen, die einen engen Bezug zu den Interessen der Besucher hatten. Die „Entkonventionalisierung der Kultur" (Korff 2007a, 24) führte zu neuen Ausstellungsthemen, die auf Alltagsobjekte zurückgriffen, für die sich bislang vor allem Heimatmuseen interessiert hatten. Das Museum sollte sich als Bildungsanstalt ‚demokratisieren' mit dem Ziel, Menschen aller Milieus zu erreichen und sie zu mündigen, ‚demokratiefähigen' Bürgern zu erziehen.
Diese Vision lag ganz auf der Linie einer internationalen neuen Kulturpolitik der Teilhabe, wie sie die UNESCO 1976 programmatisch in ihrer „Empfehlung über die Teilnahme und Mitwirkung aller Bevölkerungsschichten am kulturellen Leben" formuliert hatte. Sie zielte darauf, unterschiedliche Bevölkerungsschichten an der Arbeit mit Kulturerbe zu beteiligen und postulierte, „that culture is, in its very essence, a social phenomenon resulting from individuals joining and co-operating in creative activities." Hier klingt bereits an, was Museen heute als ‚Partizipation' allenthalben einzulösen versuchen: Teilhabe an Kultur soll Menschen bestmöglich in die Gesellschaft integrieren (die aktuellen Schlagworte dafür lauten ‚Cultural Citizenship' und ‚Shared Heritage'; siehe Kap. 2.5, Kulturerbe und Provenienzforschung). Der Internationale Museumsrat ICOM hatte da seine Definition dessen, was ein Museum sein soll, bereits um den Zusatz „im Dienste der Gesellschaft und ihrer Entwicklung" ergänzt.

Wendejahre: Neue Geschichtspolitik und Nationalmuseen

Die Preußenausstellung war Teil der Preußenrenaissance in DDR und Bundesrepublik seit den 1970er Jahren. Sie war Vorbote einer Ära, in der mit dem Historiker Helmut Kohl als Bundeskanzler von 1982 an Westdeutschland eine neue, aktive Geschichtspolitik betreiben sollte. Die Symbole dieser neuen „Geschichtsversessenheit" (Assmann / Frevert 1999) bildeten die Neue Wache in Berlin, die historisch-politischen Landes- und Großausstellungen und der Plan, zwei historische Nationalmuseen einzurichten. In seiner Regierungserklärung hatte Kohl 1983 die Gründung eines Deutschen Historischen Museums (DHM) in Berlin für das Jahr 1987, dem 750. Geburtstag der Stadt, avisiert und zusätzlich ein Haus der Geschichte der Bundesrepublik Deutschland (HdG) in Bonn in Aussicht gestellt. Beide Häuser sollten sich ergänzen: Während das DHM sich vor allem auf deutsche Geschichte bis 1945 konzentrierte, widmete sich das HdG exklusiv der Bonner (und inzwischen auch der Berliner) Republik.

Die projektierten Nationalmuseen in Bonn und Berlin waren europaweit Vorreiter des neuen Typus der politisch-historischen Nationalmuseen. Sie zwangen die deutsche Öffentlichkeit, sich grundsätzlich darüber zu verständigen, inwiefern ein Museum (Zeit-)Geschichte angemessen repräsentieren kann und wie mit der deutschen Geschichte in der Erinnerungspolitik umzugehen sei. Dass die Konzeption des DHM just in dem Moment in die entscheidende Phase eintrat, als in der Bundesrepublik 1986/87 der Historikerstreit ausgetragen wurde, ließ das ganze Unternehmen zeitweilig unter Nationalismusverdacht geraten, verhinderte die Gründung des DHM am 27. Oktober 1987 aber nicht.

Im Zuge der DHM-Gründung wurde über den Standort (Zitadelle Spandau, Gropius-Bau, Spreebogen), die Form (Museum oder „Forum für Geschichte und Gegenwart", also Ausstellungsort ohne eigene Sammlungen) und die inhaltliche Konzeption des Museums diskutiert, das bis dato über keine Sammlung verfügte. Das DHM, so schlug es eine Expertenkommission in ihrem Gutachten vor, sollte Fragen herausfordern und Identifikationsangebote machen, ohne zur indoktrinierenden ‚Identifikationsfabrik' zu werden. Die deutsche Geschichte sollte es im europäischen Kontext darstellen, um nationaler Nabelschau vorzubeugen. Es sollte „Einsicht in Zusammenhänge ermöglichen und dabei Wesentliches von Unwesentlichem unterscheiden". Statt eines kohärenten Geschichtsbildes sollte das DHM mehrere konkurrierende Versionen der Geschichte zulassen. „Das Museum darf deshalb nicht versuchen, eine Botschaft zu vermitteln [...]. Auf der Grundlage wissenschaftlich gesicherter Erkenntnisse muss es die Perspektivität historischer Auffassungen und Urteile zum Thema und Darstellungsprinzip machen." (zit. nach Stölzl 1988, 611 f.) Zugleich sollte es statt unverbindlich und beliebig urteilsstark und wählerisch sein. An diesen vielfältigen und widersprüchlichen Ansprüchen mussten sich das Museum und die 2006 schließlich eröffnete Dauerausstellung messen lassen, was ihnen viel Kritik eintrug. Dabei hatte sich der Kontext in der Zwischenzeit vollkommen verändert.

Nach der Wiedervereinigung bezog das DHM keinen Neubau im Spreebogen, sondern 1991 das Zeughaus Unter den Linden. Hier hatte zuvor das Museum für Deutsche Geschichte der DDR residiert, dessen Sammlungen das DHM jetzt übernahm. Die Ausrichtung des Museums musste grundsätzlich überdacht werden. Was als westdeutsches Identitätsprojekt gestartet war, wurde jetzt zum Testfeld für eine neue gesamtdeutsche Geschichte, auf dem das Verhältnis des neuen Deutschland zur NS-Zeit und zum Nationalismus zur Debatte stand. Umso wichtiger wurde der Bezug zur europäischen Geschichte, der die Schauen des DHM kennzeichnen sollte. Es sollte allerdings bis 2006 dauern, bis das Berliner Nationalmuseum eine Dauerausstellung in den neuen Räumen und aus den eigenen Beständen präsentierte. Bis dahin zeigte es wechselnde Ausstellungen zur deutschen Geschichte im internationalen Kontext.

Parallel zum DHM baute man in Bonn am Haus der Geschichte. Dieses Museum verstand sich von Anfang an als „eine Sammlung zur Deutschen Geschichte seit 1945 [...] gewidmet der Geschichte unseres Staates und der geteilten Nation“ (Kohl 1982, zit. nach Bundesministerium des Innern 1984, 1). 1994 eröffnet, wurde es 2001 und 2011 gründlich überarbeitet. Von 1992 an baute es ein Archiv der Deutschen Einheit in Leipzig auf, wo es seit 1999 auch das Zeitgeschichtliche Forum als Außenstelle betreibt. 2011 übernahm das HdG das Gebäude des sogenannten ‚Tränenpalasts‘. In dieser ehemaligen Grenzabfertigungshalle am Bahnhof Friedrichstraße in Berlin thematisiert es den Alltag an der innerdeutschen Grenze. Die Alltagsgeschichte der DDR präsentiert es seit 2013 in der Kulturbrauerei in Berlin.

Die Bundesregierung hatte das HdG gegründet, um die „Geschichte des ersten stabilen demokratischen Gemeinwesens in Deutschland“ in chronologischer Abfolge zu erzählen. Obwohl dezidiert nicht als „Museum herkömmlichen Typs“, sondern als „Ausstellungs-, Dokumentations- und Informationszentrum“ annonciert (ebd. 3 und 1), war die Grundidee für das HdG, erstmals eine zentrale systematische Sammlung zur Geschichte der Bundesrepublik und – von 1990 an – der ehemaligen DDR zusammenzutragen. In der Museumsszene erregte das neue Haus Aufsehen, weil es auf einem neuen Verständnis von historischen Ausstellungen basierte. „Wir wollten nicht das Objekt in der Vitrine. Wir wollten Geschichten erzählen“, charakterisiert HdG-Chef Walter Hütter diesen Ansatz (Interview mit dem Autor 2017). Anders als die historischen Dokumentationen der 1970er Jahre vertraute man in Bonn auf multimediale Raumbilder, die die Museumsausstellung als ästhetisches Medium neu interpretierten. Die Perspektive auf historische Ausstellungen und Museen verschob sich vom pädagogisch inspirierten „Geschichte lernen“ (so der Titel eines Sammelbandes von Kühn / Schneider 1978) zum ästhetisch ausgerichteten „Geschichte sehen“ (Rüsen / Ernst / Grütter 1988) bzw. „Geschichte erleben“ (siehe Website des HdG: www.hdg.de).

HdG und DHM unterschieden sich in ihrem Ausstellungsansatz grundlegend. Während das Berliner DHM die Objekte seiner Sammlung klassisch museal zeigte und sich mit Kulissenbauten zurückhielt, wählte das HdG einen narrativ-szenografischen Ansatz. Es nutzte die Objekte als Aufhänger für größere Erzählungen, verzichtete aber darauf, sie mit Objektdaten auszuweisen und so ihren Wert als Realien zu betonen. Statt sich allein auf die Objekte der Sammlung zu konzentrieren, schuf das HdG in seinen Räumen szenografische ‚Erlebniswelten‘. In der Bonner Szenografie steht der originale Jeep der amerikanischen Besatzer aus den 1940er Jahren vor einer nachgebauten Mauerruine, auf der Monitore Filmbilder der Berliner Luftbrücke von 1948 zeigen. Den Hintergrund bildet eine raumhohe Fotografie von Rosinenbombern. Sammlungsobjekt, Medien und Kulissen verweben sich zu einem Raumbild, das Geschichte möglichst detailliert vor Augen führen soll.

Abb. 8: Sektion 1890–1914 in der Dauerausstellung des Deutschen Historischen Museums Berlin

Infobox

Szenografie
„Die Artikulation als ‚Szenografie'", schreiben die Medienwissenschaftler Heiner Wilharm und Ralf Bohn (2009, 9), „signalisiert [...] den Wunsch nach einer integrativen, von der Bindung an überkommene Gattungsgrenzen relativ freien Design- und Gestaltungshandlung rund um die Produktion von Ereignissen und Erlebnissen im öffentlichen Raum. Welche Veränderungen und Erweiterungen finden statt, wenn man sich dem Raum nicht mehr auf der Ebene von Dingen und Objekten nähert, sondern auf der Ebene von Ereignissen?"

Die Kritik am narrativ-szenografischen Ansatz spielte seinerzeit wissenschaftliche Genauigkeit gegen Unterhaltung aus (‚Disneyland') – und folgte darin Setzungen des Bildungsbürgertums aus dem 19. Jahrhundert (‚Kultur' vs. ‚Unterhaltung'). Ihr Angriffspunkt war der Versuch der Ausstellung, die Darstellungslücken der klassischen Objektschau durch Nachbauten zu schließen. Szenografische Schauen wie in Bonn unterwarfen sich nicht dem Diktat von „Überlie-

Abb. 9: Szenografie zu Kriegsende und Luftbrücke im Haus der Geschichte Bonn

ferungs-Chance und Überlieferungs-Zufall" (Esch 1985), indem sie Geschichte als Summe von vorhandenen Fragmenten zeigten, sondern sie ergänzten oder ersetzten die originalen Relikte aus der Vergangenheit durch Kulissen, Medienstationen und Großfotografien. Nicht Überlieferung mit Originalobjekten, sondern Kohärenz der Darstellung ist das Ziel, also der möglichst dichte Zusammenhang der Elemente einer Erzählung, um viele wichtige Handlungen und Ereignisse darstellen zu können. Als problematisch galt den Kritikern, was die Literaturwissenschaftlerin Mieke Bal als „epistemologische Verführung" (Bal 2002, 96) durch museale Inszenierung bezeichnet, nämlich dass diese den Besucher von der Richtigkeit des Dargestellten durch visuelle Dichte überzeugen will: „Es geht um [...] eine Beschreibung der Welt, die so lebensecht ist, dass Auslassungen unbemerkt bleiben, Lücken mitgetragen werden und unterdrücktes Material dem Bemerktwerden entgeht." (ebd. 97)

Die Kritik der 1990er und 2000er Jahre an szenografischen Ausstellungen – die inzwischen kaum mehr vorgebracht wird – war zu einem Gutteil auch ein Gefecht um das Deutungsmonopol der sammlungsbezogenen akademischen Disziplinen im Museum, die den Eigenwert der Kunstwerke oder Dinge ins Zentrum stellten und die Aura des Originals beschworen. Mit den Bonner Historikern und ihren Ausstellungs- und Mediengestaltern kamen nun neue Akteure dazu, die Ausstellungen nicht primär von den Sammlungen aus beurteilten, sondern sie an den Maßstäben der Architektur und des Designs ausrichteten und Ausstellungen vom Raum und der Storyline her dachten. Sie begriffen Raumgestaltung als eigenes Kunstwerk, das nicht allein den Dingen dient, sondern sich unterschiedlicher Medien, Einbauten oder Exponate bedienen kann.

Neue regionalhistorische Museen: Heimat-, Stadt- und DDR-Museen

Die Ausweitung der Kulturzone auf Objekte des Alltags in den 1970er Jahren zeigte sich besonders deutlich an der Renaissance der regionalhistorischen Museen. Sie entwickelten sich in unterschiedlichen Formen: als Freilicht- und Heimatmuseen seit den 1970er Jahren bevorzugt in den Dörfern und Kleinstädten des ländlichen Raumes, als Museen der untergegangenen DDR und als Stadtmuseen in den Metropolen nach 1990.

Den ländlichen Raum erfasste seit den 1960er Jahren der sogenannte Strukturwandel, der die alten dörflichen Ordnungen auflöste. Kleinbauern gaben ihre Höfe auf, landwirtschaftliche Betriebe modernisierten sich, standardisierte Neubauviertel entstanden allenthalben und neue Bundesstraßen durchzogen alte Ortskerne, um der stetig wachsenden Gruppe der Berufspendler den Weg zur Arbeit zu ebnen. Anfang der 1970er Jahre legten die Bundesländer zudem in großen Gemeindereformen vormals eigenständige Kommunen zusammen. Ortsbild und Sozialstruktur vieler Gemeinden änderten sich radikal. Die Heimatvereine und Kommunalpolitik entdeckten nun Heimat- und Freilichtmuseen aus zwei Gründen wieder: Sie sollten als ‚Standortfaktoren' Kulturangebote auf dem Land bereithalten (‚Kultur für alle') und der Lokalidentität jenes Fundament errichten, das ihr die Verwaltungs- und Gemeindereformen entzogen hatten. In Baden-Württemberg kamen 1986 auf 1100 Gemeinden 866 Museen – so viele wie in keinem anderen Bundesland. Die Kulturwissenschaftlerin Martina Schröder deutet das als Reaktion auf die „Nivellierung durch die staatlichen Verwaltungsreformen" (Schröder 1997, 126), die den Kommunen ihre Eigenständigkeit genommen hatten. Hinzu kam das neue Engagement für lokale Alltagsgeschichte, das in den Dörfern und (Klein-)Städten maßgeblich von den örtlichen Geschichtswerkstätten und -vereinen ausging und unter dem Slogan „Grabe, wo Du stehst" vor allem die lokale NS-Vergangenheit den Menschen bewusst machte. Etliche kleinere NS-Gedenkorte entstanden zu dieser Zeit.

Neben den klassischen Heimatmuseen bildete sich nach dem Fall der Mauer ein Spezialtyp dieser Gattung: DDR-Museen. Viele von ihnen entstanden aus dem Rettungsgedanken, der schon den volks- und heimatkundlichen Sammlungen um 1900 zugrunde lag. Sie trug der Wunsch, die Lebenswelt einer untergehenden Gesellschaft in umfangreichen Sammlungen für die Nachwelt zu dokumentieren. Mit dem Fall der Mauer 1989 begannen engagierte Laien und Vereine in Ostdeutschland Dinge aus ihrem unmittelbaren Lebensumfeld zusammenzutragen: Essgeschirr und Kinderspielzeug, Unterhaltungselektronik und

Möbel, Teekessel, Bierflaschen und Spreewaldgurken. In etlichen Sammlungen und ‚Museen' von Privatleuten entstand mithilfe der Alltagsdinge eine in der Regel idealisierte DDR aus dem Geiste der ‚Ostalgie'. Eine Systematik oder ein geschichtspolitisches Konzept fehlte den meisten dieser Präsentationen, die ganz vom Sammlungsgedanken getragen waren. Sie setzten assoziativ an, trugen zusammen, was ihren Sammlern als typisch für ‚ihre' DDR erschien oder sie an besondere Ereignisse erinnerte. Bis heute werben sie damit, Besucher in die Geschichte eintauchen zu lassen: „Erleben Sie die Welt hinter dem ‚Eisernen Vorhang' und tauchen Sie ein in die Geschichte der jüngsten deutschen Vergangenheit." (Museum „Die Welt der DDR" in Dresden) Das DDR-Museum Berlin verspricht, „Geschichte lebendig" zu machen und den Besucher mithilfe von einem Trabi-Fahrsimulator und einer „authentisch eingerichteten Plattenbauwohnung mit fünf Zimmern" ganz nah an die DDR heranzuholen. Diese Schauen finden ihr Publikum, haben aber die Tendenz, einen vergleichsweise unkritischen Blick auf den ostdeutschen Teilstaat zu werfen, der die pittoresken, heiteren und skurrilen Seiten zeigt, das totalitäre politische System mit Bespitzelung, Folter und Unterdrückung aber kaum differenziert erwähnt (höchstens als Gruselkammer) (siehe Zündorf 2013). Nicht zuletzt wegen dieser privaten Museen und ihres in der Tendenz unkritischen Blicks auf die DDR empfahl die „Expertenkommission zur Schaffung eines Geschichtsverbundes ‚Aufarbeitung der SED-Diktatur'" 2006 professionell aufgebaute Erinnerungsorte an die DDR-Alltagsgeschichte einzurichten, wie sie sich heute zum Beispiel im Zeitgeschichtlichen Forum Leipzig (unter Federführung des HdG Bonn) oder im Dokumentationszentrum Alltagskultur der DDR in Eisenhüttenstadt finden (siehe Sabrow u.a. 2007).

Etliche kleine Heimatmuseen und viele der ostalgischen Heimatsammlungen sind ehrenamtlich geführte Museen, die nur bedingt mit den Standards und Theorien hauptamtlich geführter Museen zu vergleichen sind. Die Frankfurter Kuratorin Angela Janelli hat für diese Museen 2012 eine eigene Theorie mit dem Titel „Wilde Museen. Zur Museologie des Amateurmuseums" entworfen. Angelehnt an die Theorie des „wilden Denkens", die 1962 der Ethnologe Claude Levi-Strauss (1908–2009) formuliert hat, gelten Janelli diese Museen als „wild", weil sie ganz eigenständige, oft improvisierte und alltagsnahe Umgangsformen mit den Dingen entwickeln. Ein wildes Museum basiere „nicht auf wissenschaftlich fundierten Klassifikationen oder Objektbegriffen [...], sondern auf unabhängigen, eigenständigen Formen des Sammelns und Ausstellens" (Janelli 2012, 273). Seine Arbeitsweise beschreibt Janelli als „Bricolage" im Sinne von Bastelei auf Grundlage dessen, was bereits vorhanden ist. Janelli charakterisiert „wilde Museen" als „Orte des Erfahrungswissens, nicht des wissenschaftlichen Wissens" (ebd. 280). Statt am Fachexperten, der exklusive Kenntnisse in einer Spezialdisziplin besitzt und vermittelt, orientiere es sich am Experten des Alltags, dessen Ansätze sich eher an den Kenntnissen und Bedürfnissen der Besucher ausrichten als an den Erwartungen der Forschung.

Von den kleinen ehrenamtlichen „wilden Museen“ unterscheidet sich der dritte Typus der regionalhistorischen Museen, der seit einigen Jahren wieder im Aufwind ist: das Stadtmuseum. Es vermeidet oft bewusst den Heimatbegriff, der in Deutschland eng mit dem Landleben außerhalb der Metropolen assoziiert ist. Bis vor Kurzem schien es der Verlierer des westdeutschen Museumsbooms zu sein, drohte durch die Konkurrenz von immer neuen und spektakulären Großstadtmuseen auf der Strecke zu bleiben. „Zwischen dem Haus der Kunst und der Neuen Pinakothek konnte sich das Münchner Stadtmuseum (ehedem – bis in die frühen 1980er – eine Einrichtung mit weitstrahlendem Ausstellungsrenommee) nur noch schwer behaupten. In Frankfurt wurde das historische Museum [...] zwischen Städel, Schirn und Museum für Moderne Kunst profillos, fast nichtexistent“, bewertete Korff (2011, 70) die Situation in den 1980er Jahren. Seit den späten 1990er Jahren änderte sich das: 1997 schloss Nürnberg sein altes Stadtmuseum, um es im Jahr 2000 grunderneuert wiederzueröffnen. 2007 beschloss die Stadt Frankfurt, ihr Historisches Museum explizit als Stadtmuseum neu auszurichten, das 2017 eröffnete. 2018 hat Stuttgart sein neu gegründetes Stadtmuseum zugänglich gemacht. Und auch in München liegen Pläne für eine Generalüberholung des Museums vor.

Die neue Hausse der Stadtmuseen ist vor allem ein politisches Projekt. Seit die Stadtentwicklung mit Imagebildung einhergeht und sich in Selbstbildern wie der „Creative City“ (Florida 2004) manifestiert, muss dieses Wunschbild durch Institutionen hergestellt werden, die es als „Bildlieferanten“ (Korff 2011, 77) symbolträchtig belegen können. Zudem gelten Stadtmuseen als wichtige Institutionen für das ‚Diversitätsmanagement‘. Sie sollen die diverse Stadtgesellschaft, in der oft die Hälfte der Einwohner Migranten oder ‚Menschen mit Migrationshintergrund‘ sind, mit gemeinsamen urbanen Narrativen bedienen, um inneren Zusammenhalt zu schaffen. Indem sie sich auf die konkrete Lebenswelt der Menschen am Ort beziehen, sollen sie Gruppen miteinander in Kontakt bringen und sich in ähnlichen Geschichten wiederfinden lassen. Nicht zufällig begreifen sich viele Stadtmuseen als öffentliche Räume für die gesamte Stadtgesellschaft (und eben nicht primär für Touristen oder die Kulturbeflissenen) und versuchen dieses Anliegen bevorzugt mit partizipativen Formaten zu untermauern, also mit Ausstellungs- und Sammlungsteilen, die sie zusammen mit (marginalisierten) Gruppen aus der Stadt entwickelt haben. So hoffen sie, Interesse an der Stadtgeschichte auch bei jenen zu wecken, die bislang mutmaßlich den Weg in ein Museum gescheut haben. Ein gutes Beispiel ist das Historische Museum Frankfurt.

Weiterführende Literatur

Beier-de Haan 2005: Rosmarie Beier-de Haan, Erinnerte Geschichte – Inszenierte Geschichte. Ausstellungen und Museen in der Zweiten Moderne (Frankfurt a.M. 2005).

Ebenfeld 2001: Stefan Ebenfeld, Geschichte nach Plan? Die Instrumentalisierung der Geschichtswissenschaft in der DDR am Beispiel des Museums für Deutsche Geschichte in Berlin (1950 bis 1955) (Marburg 2001).

Griepentrog 1998: Martin Griepentrog, Kulturhistorische Museen in Westfalen (1900–1950). Geschichtsbilder, Kulturströmungen, Bildungskonzepte (Paderborn 1998).

Hammerstein / Scheunemann 2012: Katrin Hammerstein / Jan Scheunemann (Hg.), Die Musealisierung der DDR. Wege, Möglichkeiten und Grenzen der Darstellung von Zeitgeschichte in stadt- und regionalgeschichtlichen Museen (Berlin 2012).

te Heesen / Schulze / Dold 2015: Anke te Heesen / Mario Schulze / Vincent Dold (Hg.), Museumskrise und Ausstellungserfolg. Die Entwicklung der Geschichtsausstellung in den Siebzigern (Berlin 2015).

Korff 2007a: Gottfried Korff, Museumsdinge. Deponieren – exponieren. In: Martina Eberspächer / Gudrun Marlene König / Bernhard Tschofen (Hg.), Museumsdinge. Deponieren – exponieren (Köln, Weimar, Wien 2007[2]).

Sabrow u. a. 2007: Martin Sabrow / Rainer Eckert / Monika Flacke / Klaus-Dietmar Henke / Roland Jahn / Freya Klier / Tina Krone / Peter Maser / Ulrike Poppe / Hermann Rudolph (Hg.), Wohin treibt die DDR-Erinnerung? Dokumentation einer Debatte (Göttingen 2007).

Das Museum im 21. Jahrhundert: Themen der Gegenwart | 2.5

Das partizipative Museum

Als das Historische Museum der Stadt Frankfurt am Main (HMF) im Herbst 2017 eröffnete, war das Interesse der Öffentlichkeit groß. Deutlich hatte sich diese Institution während ihrer Konzeption zu aktuellen Fragen des Museums und seiner Zukunft positioniert. Als „Stadtmuseum für das 21. Jahrhundert" versprach es grundlegende Neuansätze, zumal es die Expertenkommission bei Gründung als „Labor und Forum für die neue Stadtgesellschaft" annonciert hatte (Gerchow 2017, 11). Untergebracht in einem spektakulären Neubau auf dem Frankfurter Römer, liegt es nicht nur im Herzen der Frankfurter Altstadt, sondern auch an einem Ort, den viele Touristen in Frankfurt passieren. Entsprechend vielfältig ist die Zielgruppe, zumal das Museum die „neue Stadtgesellschaft" von Frankfurt als eine multinationale (die Hälfte der Frankfurter hat einen Migrationshintergrund) beschreibt, die hoch mobil, global orientiert und digitalisiert sei. Um dieses diverse Publikum der Migrationsgesellschaft für sich zu interessieren, hat sich das Frankfurter Museum als „Forum", als „partizipatives" und als „inklusives Museum" in Stellung gebracht (ebd.). Alle drei Begriffe greifen Museumsdiskussionen der letzten Jahre (und Jahrzehnte) auf.

Die Idee des Forums hat 1971 prominent der kanadische Museumsdirektor Duncan Cameron in einem programmatischen Aufsatz mit dem Titel „The Museum, a Temple or the Forum" formuliert. Aus der Aufbruchsstimmung der frühen 1970er Jahre, die von der neuen Idee der Bürgerbeteiligung (‚kulturelle Teilhabe', siehe Kap. 1.1, Vermitteln, und Kap. 2.4, Museen in der Bundesrepublik) fasziniert war, hatte Cameron dem klassischen Modell des Museums als „Tempel", als Haus der Elitekultur, das Museum als „Forum" gegenübergestellt. Als Forum ist es ein Ort, an dem Geschichte ausgehandelt wird, an dem die Besucher diskutieren und unterschiedliche Perspektiven einbringen können. So ein Museum ist nicht (allein) der Ort, an dem kanonisierte bürgerliche Kultur zur Schau gestellt und bewundert wird, sondern es macht Angebote zur aktiven kulturellen Teilhabe und ermöglicht es Besuchern unterschiedlicher Milieus und mit unterschiedlichem Vorwissen, die ausgestellten Themen und Dinge verstehen und kritisch infrage stellen zu können: „[...] the forum is where the battles are fought, the temple is where the victors rest. The former is process, the latter is product." (Cameron 1971, 21)

Das Forum als Leitidee kennzeichnet zum einen die Dauerausstellung des HMF, die unter dem Titel „Frankfurt Einst?" mit dem Fragezeichen schon andeutet, dass die Geschichten, die hier zu sehen sind, keine Wahrheiten, sondern Deutungsangebote zur Stadtgeschichte sind. Räumlich übersetzt das Museum seine fragende Haltung in Ordnungen, die sich einer leicht eingängigen Lesart versperren, weil die Räume sehr dicht mit Exponaten bestückt sind, sie unterschiedlichen Logiken folgen und immer wieder mit Besuchererwartungen brechen. Statt einer Chronologie zu folgen, erzählt das Museum in fünf Galerien simultan verschiedene Geschichten der Stadt: Es thematisiert unter dem Titel „Stadtbilder" die Architektur und die Debatten um die Frankfurter Stadtplanung, zeigt in einer zweiten Sektion 100 Dinge aus den Sammlungen, die ihre individuellen Geschichten erzählen, nicht aber unter einem Masternarrativ zusammengebracht werden, und es widmet sich der „Bürger-", der „Geld-" und der „Weltstadt" Frankfurt. Derlei Eklektizismus ist anspruchsvoll und in Frankfurt umstritten, weil er nicht mehr *die* Stadtgeschichte zeigt, sondern diese in Teilerzählungen oder Fragmente zersplittert. Er soll die Frankfurter anregen, sich zur Erzählung des Museums zu verhalten, weil er ihnen eine eindeutige Lesart ihrer Stadt verweigert.

Zum anderen manifestiert sich die Idee des Forums im HMF in den Begriffen ‚Inklusion' und ‚Partizipation'. Inklusion bedeutet, dass ein Museum möglichst barrierefrei ist. Es ist in jeder Hinsicht leicht zugänglich: für junge und alte Menschen, für Besucher mit oder ohne Schulabschluss, für Deutsche und Migranten, für Rollstuhlfahrer und Blinde. Konkret bedeutet das, dass sich Rollstuhlfahrer in den Ausstellungen gut bewegen und die Texte lesen können, dass es – wie im HMF – ein Leitsystem für Blinde gibt oder dass Texte zweisprachig und ggf. in leichter Sprache verfasst werden, die möglichst jeder verstehen kann.

Bei Partizipation – einem der am meisten strapazierten Begriffe der Museumsdebatte der letzten Jahre – geht es um „kulturelle Teilhabe", also darum, dass „(potenzielle) BesucherInnen, gerade wenn sie (noch) nicht zum klassischen

Museumspublikum gehören, aus ihrer passiven Rolle als RezipientInnen herausgelöst und zu aktiv Mitgestaltenden und Mitarbeitenden in musealen Vermittlungs- und Gestaltungsprozessen, den Vorgängen von Auswahl, Denotation und Repräsentation werden [sollen]" (Piontek 2017, 17). Besucher sollen Ausstellungen mitkonzipieren, Objekte für die Sammlungen einbringen, ihre Geschichten für das Museum dokumentieren oder sich am Veranstaltungsprogramm des Museums beteiligen. „Die quasi hoheitliche Haltung des Museums", schreibt Jan Gerchow, Direktor des HMF, „das Kulturgut der Stadt zu verwalten und exklusiv mit akademisch-kuratorischer Legitimation zu interpretieren, soll einer größtmöglichen Öffnung aller Ressourcen des Museums für viele (‚alle') Besucher/innen weichen: Diese sollen in diesem Sinne zu Nutzer/innen des Museums werden, das ihnen auf Augenhöhe begegnet." (Gerchow 2017, 12; ausführlich zum Thema ‚Partizipation' aus dem Umfeld des HMF siehe Gesser u. a. 2012)

Diese neue Demut der Museen, die sich „auf Augenhöhe" mit dem Besucher verorten, statt eindeutig über ihm, wird gleichermaßen euphorisch begrüßt wie kritisiert. Was die einen als ‚Demokratisierung' des Museums feiern, als Angebot, wirklich alle Gruppen möglichst gleichberechtigt an Bildung, Darstellung und Auswahl zu beteiligen (was in der Praxis selten gelingt), um so zu neuen, lebensnahen und wirklich repräsentativen Narrativen zu kommen, gilt anderen als Banalisierung, weil der vermeintlich kleinste gemeinsame (intellektuelle) Nenner den Maßstab bilde. Wo die Verfechter die Notwendigkeit sehen, neue Zielgruppen zu erschließen, um auch in der Zeit nach dem Bildungsbürger ein Publikum zu haben, fürchten die Kritiker, dass das Museum genau jene institutionelle Autorität preisgibt, die ihm seine hohe Glaubwürdigkeit und seinen gesellschaftlichen Einfluss sichert. Geht beides verloren, wenn hier nicht mehr vorrangig Experten ihr über Jahre gewachsenes Wissen zu den Sammlungen ausbreiten, sondern der Bankdirektor, der Bäcker oder der eingewanderte Gastronom ihre individuellen Geschichten vortragen? In jedem Fall verändern partizipative Angebote die Museumsarbeit grundlegend, weil nicht mehr der Kurator/Kustos aus seinen Beständen definiert, was er zu welchem Zweck zeigt, sondern weil er sich im Verbund mit der Museumspädagogik auf die Straße begeben muss, um im Gespräch mit Laien zu ergründen, was zu sammeln und darzustellen lohnt.

In Frankfurt haben die Museumsmacher ihren partizipativen Ansatz mit mehreren Strategien verfolgt: 2010 haben sie das „Stadtlabor" eingerichtet. In diesem Format haben sie gemeinsam mit Frankfurter Bürgern Ausstellungen zu unterschiedlichen Themen und Stadtteilen konzipiert und umgesetzt, die sie während des Museumsneubaus in leerstehenden Büros, in einem Vereinshaus oder im ältesten Freibad Frankfurts zeigten. Unter dem Titel „Stadtlabor – Frankfurt Jetzt!" ergänzen sie im neuen Museum die Dauerausstellung aus den Sammlungsbeständen („Frankfurt Einst?"). Zweitens hat das HMF bei dem Rotterdamer Künstler Hermann Helle eine Art partizipatives Stadtmodell in Auftrag gegeben. Es

Abb. 10: Stadtmodell im Historischen Museum Frankfurt

ist aus Alltagsgegenständen und Fundstücken gebaut und stellt Frankfurt nicht maßstabsgetreu und baulich korrekt dar, sondern will die Stadt als „Erfahrungsraum“ zeigen. Grundlage dafür waren Interviews mit Frankfurtern, die ihre Stadt in subjektiven Kategorien beschreiben sollten („Wenn ich Freunden den Stadtteil zeige, ist das Highlight immer ...“; „Gefühlsmäßig würde ich meinem Stadtteil die Farbe ___ zuordnen.“). Helle hat diese Aussagen dann in sein Stadtmodell übersetzt. Drittens hat das Museum neue Sammlungen wie „Die Bibliothek der Generationen“ mit biografischen Berichten, wissenschaftlichen oder künstlerischen Beiträgen über Frankfurt aufgebaut, und es hat Besucher gebeten, Objekte zur Migrationsgeschichte zur Verfügung zu stellen und ihre Geschichte mit diesen Dingen zu erzählen. Migration ist nämlich eine Leitperspektive des HMF.

Museen in der Migrationsgesellschaft

„Das einzige Thema, das die kulturell hochgradig diverse Bevölkerung Frankfurts zusammenhält“, schreibt Gerchow, „ist die Stadt selbst. Alle Frankfurterinnen und Frankfurter teilen also nur noch ein Thema: die Stadt, in der sie leben. Kulturelles Erbe, Nationalität, Sprache oder Religion: all das wird nicht mehr von der Mehrheit der Bevölkerung geteilt.“ (Gerchow 2017, 12) Stadtmuseen wie das HMF sehen sich deshalb als Institutionen einer neuen, kleinräumlichen Form der Identitätsstiftung, die – darin den Heimatmuseen ähnlich – über den geteilten Lebensraum funktioniert. Dass ausgerechnet diese Museen das Thema aufgreifen, liegt daran, dass in den Städten die meisten Migranten leben. In den Metropolen bestimmt das Zusammenleben unterschiedlicher Kulturen und Religionen das tägliche Mit- bzw. Gegeneinander.

Das neue Interesse der (Stadt-)Museen an Migration ist in Deutschland nicht zuletzt politischen Initiativen geschuldet. Als die Bundesregierung 2007 den Nationalen Integrationsplan veröffentlichte, lancierte sie verschiedene Fördermöglichkeiten für Museen. Seit 2010 gibt es beim Deutschen Museumsbund einen eigenen Arbeitskreis Migration, und die Museumsbund-Initiative „Kulturelle Vielfalt in Museen" (2012–2015) führte zu Ausstellungen und Vermittlungsprojekten zum Thema. Dabei stellte sich heraus, dass die Fragen, die eine solche Perspektive aufwirft – z. B. welchen Weg Objekte gegangen sind, bis sie ins Museum kamen, oder welches Schicksal ihre einstigen Besitzer hatten –, kaum systematisch erfasst sind. Die Erfahrungen etwa der Zuwanderer sind in vielen Sammlungen nicht abgebildet, weshalb mehrere Stadt- und Regionalmuseen aus Deutschland und Österreich mit der Website www.migrationsgeschichte.de derzeit versuchen, ein virtuelles Museumsdepot zur Migrationsgeschichte der Städte aufzubauen.

Migranten bzw. Migration interessieren die Museen auf drei Ebenen: als Thema, als Zielgruppe und als Perspektive. Als Thema werden Migranten und ihre Erfahrungen Teil des musealen Narrativs. Die Geschichte Frankfurts besteht dann nicht mehr nur aus Bembel, Römer und Goethe, sondern im HMF auch aus der Geschichte von Tamara Labas, die als Kind eines Gastarbeiters zwischen Zagreb und Frankfurt aufwuchs.

Als Zielgruppe interessieren sich Museen für den steigenden Anteil von Menschen mit Migrationshintergrund, weil sie davon ausgehen, dass diese sich weniger für Museen interessieren als Deutsche ohne Migrationshintergrund – ein Verdacht, der empirisch bislang kaum nachgewiesen ist. In den letzten zwei Jahrzehnten jedenfalls versuchen sich deutsche Kultureinrichtungen zunehmend an ‚(interkulturellem) Audience Development'. Der Begriff bezeichnet Konzepte zum „strategischen Gewinnen und Binden (neuen) Publikums" (Allmanritter 2017, 23). Als Organisationsphilosophie verstanden, verändert Audience Development Selbstbild und Ansätze einer Institution im Ganzen. Für ein Museum heißt das unter anderem, dass es mehr denn je auf die Wünsche der potenziellen Nutzer hören soll, statt diese mit fertigen Angeboten zu konfrontieren. Der intensive Dialog mit Gesellschaft und Kulturpolitik fundiert diese Strategien ebenso wie partizipative Angebote, die ein gemeinsames Erarbeiten von gesellschaftlichen Themen im Museum möglich machen sollen. Ein solches Museum sieht sich weder primär als Musentempel noch als ‚Lernort', sondern als *öffentlicher Raum*, in dem eine Gesellschaft ihr kulturelles Leben gestalten kann. Hier sollen Menschen unterschiedlicher Herkünfte und Milieus am gesellschaftlichen Leben teilhaben und es beeinflussen können, auf dass sie sich ernst genommen und anerkannt fühlen (‚Cultural Citizenship'). „Building Communities, not Audiences", lautet der entsprechende Slogan dieser sozialpolitisch grundierten Philosophie in Großbritannien und den USA (zit. nach ebd. 47). Das gilt nicht nur für marginalisierte Gruppen, die bislang am Rande der Mehrheitsgesellschaft lebten: Die prestigeträchtigen Kunstmuseen entdecken die finanzstarken und einflussreichen Wanderarbeiter (‚Expatriates') der Wirtschafts-, Wissenschafts- und Kultureliten als Förderer. „Gerade für diese Szene der Ex-Pats, die Leute, die wissen, dass sie vielleicht nur fünf Jahre bleiben, sind Museen attraktiv", sagt Max Hollein, ehemaliger Direktor der Frankfurter Schirn Kunsthalle und heute Chef des Metropolitan Museum of Art in New York. „Sie können aktive Bürger der Stadt sein, sich einbinden lassen und engagieren. Und das muss nicht unbedingt der Milliardär sein, auch der High-Professional dockt gerne an das Museum an." (zit. nach Lorch 2018)

Als Perspektive schließlich ist Migration ein „Querschnittsthema" (Bayer/Maischein 2016), mit dessen Hilfe Sammlungen neu betrachtet und Stadt- oder Nationalgeschichten anders erzählt werden können. Dann können andere Narrative entstehen: Geschichten von Ablehnung der Neuankömmlinge durch die Mehrheitsgesellschaft, von Diskriminierung oder von der als sehr sauber empfundenen Luft in deutschen Städten. Zum anderen bedeutet Migration als Perspektive, dass Ausstellungen von der Prämisse ausgehen, dass Deutschland eine Einwanderungsgesellschaft ist. So gesehen müssen die Museen ihre Vermittlungsarbeit und ihre Erzählungen verändern, weil sie nicht mehr voraussetzen können, dass sie eine homogene Gruppe mit ähnlicher Bildungssozialisation bedienen.

Vor diesem Hintergrund werden Ideen wie das eingangs skizzierte „agonale Museum" von Fliedl (siehe Kap. 1.2, Identität) plausibel, das den unterschiedlichen Geschichten Platz bietet, die in einer heterogenen Gesellschaft kursieren (‚Multiperspektivität'). Es hat nicht länger den Anspruch, am (Happy) Ende alle Widersprüche aufzulösen und eine kohärente Erzählung anbieten zu müssen. Es hält Widersprüche nicht nur aus, sondern geht grundsätzlich davon aus, dass widerstreitende Interessen, die sich nicht in einem Konsens auflösen lassen, der Normalfall in Gesellschaften sind. Im Effekt kann ein agonistischer Ansatz – wie ihn beispielhaft die Politikwissenschaftlerin Chantal Mouffe (2016) entwickelt hat – ‚hegemoniale Diskurse' kenntlich machen, also zeigen, welche Gruppen und Institutionen einer Gesellschaft ihre Sicht der Dinge durchsetzen. Die Kehrseite ist, dass agonistische Museen vom Publikum viel verlangen, weil sie feste Orientierungen eliminieren und Eindeutigkeiten verweigern. Sie sind schwer zu verstehen und grundlegend selbstreflexiv. Statt zu sagen, wie etwas war, legen sie lieber offen, wie sie Geschichte erzeug(t)en, wer damit welche Interessen verfolgt(e) und wem das dient(e). Inzwischen gehen einige Museen dazu über, die Namen der Autoren unter die Ausstellungstexte zu schreiben. Derlei „post-repräsentative kuratorische Praxis", wie das Nora Sternfeld (2013), Professorin für Curating and Mediating Art, nennt, werden seit Längerem in Ethnologie und Kunstwissenschaft diskutiert. Früh hat sie im deutschen Sprachraum die österreichische Museumsforschung unter dem Schlagwort „Postkoloniale Museologien" analysiert (Kazeem/Martinez-Turek/Sternfeld 2009; siehe auch Muttenthaler/Wonisch 2007). Solche Museologien lenken den Blick auf die Autorität des Museums, auf seine Macht, Tatsachen zu schaffen, weil seine Erzählungen ,hegemonial' sind – politisch unterstützt und weithin akzeptiert.

Deutungshoheit ist freilich nur die eine Seite dieses Prozesses. Fragen des Eigentums an Kulturerbe sind die andere. Besonders heftig diskutiert Deutschland beides gerade am Berliner Humboldt Forum, das Ende 2019 eröffnen soll.

Kulturerbe und Provenienzforschung

Das Humboldt Forum am Boulevard Unter den Linden in Berlin ist nicht nur das wichtigste europäische Kulturprojekt der letzten Jahre, sondern auch das umstrittenste (siehe zu allem Folgenden ausführlich Thiemeyer 2016 und 2018b). Es soll hinter der neu aufgebauten Fassade des Berliner Stadtschlosses – einst Residenz der letzten deutschen Kaiser und 1950 in der DDR vollends gesprengt – Ausstellungen aus Beständen des Berliner Völkerkundemuseums und anderer Sammlungen zeigen. Seit klar ist, dass darunter etliche Objekte sind, die während der Kolonialzeit geraubt wurden, hat das Humboldt Forum die Kritik postkolonialer Aktivisten (und der Wissenschaft) auf sich gezogen. Sie werfen den Verantwortlichen vor, ungebrochen alte Preußenherrlichkeit fortzusetzen und die Gewalttaten geflissentlich zu ignorieren, die einst nötig waren, um die Objekte aus den ehemaligen Kolonien ins Kaiserreich zu holen (in welchem Umfang dieser Vorwurf Bestand hat, wird man nach der Eröffnung sehen).

Abb. 11: Rendering der Nord-West-Fassade des Humboldt Forums

Kräftig Stimmung gegen das Projekt macht die Initiative „No Humboldt 21", die von postkolonialen Initiativen getragen wird und einen Stopp der Planungen fordert: „Wir fordern die Aussetzung der Arbeit am Humboldt Forum im Berliner

Schloss und eine breite öffentliche Debatte: Das vorliegende Konzept verletzt die Würde und die Eigentumsrechte von Menschen in allen Teilen der Welt, ist eurozentrisch und restaurativ. Das Humboldt Forum steht dem Anspruch eines gleichberechtigten Zusammenlebens in der Migrationsgesellschaft entgegen." (www.no-humboldt21.de/resolution/) Schon den Bezug auf Alexander von Humboldt als Namensgeber des Forums empfinden die Gegner als Zumutung, weil er selbst Teil des kolonialen Machtsystems gewesen sei. Gleiches gelte für die Hohenzollern, deren einstiges Schloss ungebrochen zur Machtdarstellung eingesetzt werde. „Für die Nachfahren der Kolonisierten im In- und Ausland ist es eine besondere Zumutung, dass dies in der wiedererrichteten Residenz der brandenburgisch-preußischen Herrscher geschehen soll. Denn die Hohenzollern waren hauptverantwortlich für die Versklavung Tausender Menschen aus Afrika sowie für Völkermorde und Konzentrationslager in Deutschlands ehemaligen Kolonien." (ebd.)

Das eigentliche Problem sind in den Augen von „No Humboldt 21" die Sammlungen aus der Kolonialzeit. Hier erheben die Gegner des Projekts zwei Vorwürfe, die über den spezifischen Berliner Fall hinausweisen: Erstens behaupten sie, dass Ausstellungen mit diesen Beständen koloniale Präsentationsmuster reproduzieren und die westliche Sicht auf die ‚Anderen' fortschreiben. „Mit Hilfe der oft Jahrhunderte alten Objekte aus aller Welt wird das vermeintlich ‚Fremde' und ‚Andere' inszeniert und den umfangreichen Sammlungen europäischer Kunst auf der Berliner Museumsinsel zur Seite gestellt. Europa wird dabei als überlegene Norm konstruiert." (ebd.) Zweitens stellen sie die Frage nach den Eigentumsrechten an den völkerkundlichen Beständen: Wer darf legitimerweise (was etwas anderes ist als legalerweise) für sich beanspruchen, diese Objekte sein Eigen zu nennen und über sie zu verfügen? Und zu welchem Zweck darf er das tun? „Das Schmücken mit ‚fremden Federn' bringt für den Standort Berlin bis heute neben ideellen Vorteilen auch materielle Gewinne ein. Wir fordern die Offenlegung der Erwerbsgeschichte aller Exponate und die Befolgung der unmissverständlichen UN-Beschlüsse zur ‚Rückführung von Kunstwerken in Länder, die Opfer von Enteignung wurden'. Über den zukünftigen Verbleib von Beutekunst und kolonialem Raubgut muss der Dialog mit den Nachfahren der Schöpfer/-innen und rechtmäßigen Eigentümer/-innen der Exponate gesucht werden. Dies gilt insbesondere für die entführten Überreste von Menschen, die sich im Besitz der Stiftung Preußischer Kulturbesitz befinden." (ebd.)

Diese Kritik ist Teil einer grundsätzlichen europäischen Debatte über die Zukunft des Konzepts ‚Kulturerbe', die man auf die Frage zuspitzen kann: Kann sich Europa im 21. Jahrhundert noch ein Verständnis von Kulturerbe leisten, wie es vor rund 200 Jahren im Zeitalter der Nationalstaatsgründungen entstanden ist? Diese Idee ist – wie wir bei der Französischen Revolution gesehen haben (Kap. 2.3) – grundlegend nationalstaatlich fundiert. Sie reserviert Kunst und

Kulturgüter exklusiv für bestimmte ethnisch definierte Gruppen und erkennt Gemeinsamkeiten vor allem entlang nationaler Trennlinien. Die Nationalstaaten haben mithilfe von Kulturerbe kontingente Ereignisse zu einem kohärenten Nationalnarrativ zusammengezurrt. Damit sind diese Dinge festgelegt auf eine genealogisch-nationalstaatliche Erzählung. Das ist aus zwei Gründen problematisch: zum einen, weil die Struktur der heutigen Migrationsgesellschaften nur noch bedingt zu diesen Erzählungen passt. Zum anderen, weil Dinge umstandslos als Kulturerbe europäischer Länder definiert werden, die einst anderen Völkern zum Teil gewaltsam geraubt wurden.

Die Kulturpolitik diskutiert inzwischen unter dem Begriff ‚Shared Heritage' Ansätze, ob und wie man solche Bestände gemeinsam mit den Herkunftsgesellschaften verwalten und kuratieren kann und wann man sie besser zurückgeben sollte. Shared Heritage bezeichnet ein geteiltes Erbe, das sich nicht nur proklamatorisch – wie bislang – als kollektives Eigentum der Staatengemeinschaft versteht. Was zu teilen ansteht, sind Deutungshoheit (wer darf die Dinge für welche Geschichten nutzen?) und Eigentumsrechte. Shared Heritage – so fürchten Skeptiker – gibt Erstere preis, um Letztere zu retten. Wer teilt, so der Argwohn, nimmt all jenen den Wind aus ihren Segeln, die sich als rechtmäßige Eigentümer neu ins Spiel bringen wollen. Dieser Status ist wichtig, weil der Eigentümer die Regeln des Spiels festlegt. Er bestimmt, wer was zu welchem Zweck für wie lange bekommen darf. Die europäischen Museen verstehen unter Shared Heritage denn auch vor allem das Angebot, offenzulegen, wie die Sammlungen zu ihnen kamen. Sie wollen Akteure aus den Herkunftsländern bei der Interpretation der Dinge einbeziehen und ihre Objekte häufiger als Leihgaben auf Reisen auf andere Kontinente schicken. Von Rückgaben in großem Stil reden sie nicht. Nachgedacht wird inzwischen allerdings über transnationale Treuhänderorganisationen wie die UNESCO, die als nicht staatliche Akteure Kulturerbe verwalten könnten.

Diese Suche nach Gerechtigkeit vor der Geschichte – die in Deutschland durch die Diskussion um die Rückgabe (Restitution) von NS-Raubkunst befeuert wurde – benötigt belastbares Wissen über die damalige Zeit und ihre Akteure. Dieses fehlt oft, weshalb sich bei vielen Dingen nicht klar sagen lässt, ob sie aus einem Unrechtskontext stammen oder nicht. Um das zu ergründen, braucht es systematische Grundlagenforschung, die im Kontext der Sammlungen ‚Provenienzforschung' heißt. Wer Provenienzen erforscht, will wissen, wo die Dinge herkamen, bevor sie ins Museum gelangten. Ihn interessiert, welchen Platz sie im Leben einer Gesellschaft hatten, wer sie warum an ein Museum abgab und – bei Objekten aus mutmaßlichen Unrechtskontexten besonders wichtig – ob das freiwillig oder mit Zwang oder arglistiger Täuschung geschah. Eine wissensgeschichtlich interessierte Provenienzforschung bleibt dabei nicht stehen, sondern nimmt auch die Sammler und Museen in den Blick: Auf welchen Netzwerken basieren

Sammlungen: auf militärischen, wissenschaftlichen, privaten? Was versprachen sich die Museen von den Dingen? Welche Welt- und Menschenbilder verbreiteten sie mit ihnen? Und was waren ihre Mitarbeiter bereit zu tun, um bestimmte Objekte zu bekommen? Gaben sie wie Felix von Luschan, Direktor der Ozeanien- und Afrikaabteilung des Berliner Völkerkundemuseums von 1904 bis 1910, bei sogenannten Strafexpeditionen gezielt Objekte in Auftrag? Solche Fragen atmen den Geist der Selbst- und Institutionenkritik.

Provenienzforschung führt nicht automatisch zu Restitution. Die Rückgabe von Objekten an die Herkunftsländer ist nur eine mögliche Konsequenz, auch wenn die öffentliche Debatte sie gerne auf diese verengt. Für die Wissenschaft ist weniger die politisch und ökonomisch heiße Restitution interessant, sondern neue Erkenntnisse, die alte Gewissheiten infrage stellen. Kenntnis der Provenienzen führt zu einer selbstkritischen Wissenschaftsgeschichte, die nicht mehr unbesehen den Weisheiten der Experten glaubt, sondern wissen will, wie diese zustande kamen und auf welchen Vorannahmen sie beruhten. Sie interessiert sich für das Sammeln und den Umgang mit den Dingen im Museum als Wissensstiftern, für die gesellschaftlichen und sozialen Kontexte und Praktiken, aus denen Sammlungen erwachsen waren und für die symbolischen Werte der Dinge, die das Museum einst zum Sammeln motiviert hatten. Diese Dinge verbürgen nicht mehr die Wahrheit, sondern erzählen vor allem etwas über Denksysteme, Erkenntnisinteressen und Inwertsetzungsmechanismen.

Die aktuelle Debatte um Shared Heritage steht im Kontext eines wachsenden Interesses an Kulturerbe nach dem Zweiten Weltkrieg. Seit 1972 gibt es die Welterbekonvention der UNESCO, die den Status ‚Weltkulturerbe' für herausragende Bauwerke, Objekte und – seit 2003 unter dem Titel ‚immaterielles Kulturerbe' – Bräuche oder traditionelles Wissen vergibt. Alles, was diesen Titel trägt, muss besonders geschützt werden. Kulturerbe darf auf reges Interesse des internationalen Kulturtourismus hoffen und eignet sich, um Gruppenidentität zu stärken. Dieses Label entstand zunächst aus einem Schutzgedanken: Es sollte weltberühmte Kulturgüter retten, denen Abriss oder Verfall drohten wie die Tempel von Abu Simbel oder Philae in Ägypten, die durch den Assuan-Staudamm bedroht waren. Zwischen 1963 und 1968 wurden sie mit dem Geld der internationalen Gemeinschaft an andere Orte verbracht. Seit den 1990er Jahren häuft sich die Kritik an der Idee des Kulturerbes, die eng mit dem Konzept des ‚kulturellen Eigentums' verbunden ist. Dem Schutzgedanken, auf dem sie basiert, liegt (oft implizit) die Idee des exklusiven Besitzens und Vermarktens von Kulturerbe zugrunde, das zunehmend kommerziell motiviert ist. Die Kultur unserer Gegenwart, schreibt der Kulturwissenschaftler Markus Tauschek (2013, 157), werde „zunehmend als ökonomische und identitätspolitische Ressource verstanden, die der (inter)nationalen Regulierung unterliegt. Sie wird in bürokratischen Ordnungen gemanagt und durch Transformationsprozesse verdinglicht und damit zu einer veräußerbaren Ware." ,Heritage-Industrie' und ,Kommodifizierung von Kultur' lauten die entsprechenden Schlagworte.

Die Kommodifizierung von Kultur

Wir hatten zu Beginn dieses Buches gesehen, dass die Kritik an kommodifizierter Kultur, also an ,Kultur als Ware', die Profitinteressen folgt, schon 1944 von den Philosophen Max Horkheimer und Theodor Adorno in ihrer „Dialektik der Aufklärung" vorgebracht wurde (populär machten sie erst die neuen sozialen Bewegungen um 1968; Horkheimer/Adorno 1969). Als „Kulturindustrie" fassten Horkheimer und Adorno eine kapitalistische Kultur, die auf Klassengegensätzen beruhe. Ihr Ziel sei es, die Menschen durch leicht zugängliche Kultur zu sedieren, statt sie zu freien, emanzipierten Wesen zu erziehen. Von solchen Kulturkonsumenten gehe keine Gefahr für die bestehende politische Ordnung aus, weil sie die Menschen zufrieden mache, statt sie aufzuwiegeln. Sie fungiere als sozialer Kitt, der die Probleme kapitalistischer Gesellschaften übertünchen und sich gut verkaufen soll. Diese Kultur folge nicht mehr den ästhetischen Wertvorstellungen der Kunst, sondern politischen und ökonomischen Interessen. Im Museum sind Besucherzahlen und Medienberichte die Einheiten, mit denen die Kulturpolitik den Erfolg einer solchen Kultur misst.

Inspiriert von der Kritischen Theorie à la Horkheimer und Adorno hat sich in den 1990er Jahren eine neue Kritik am Konzept Kulturerbe entwickelt, die heute unter dem Sammelbegriff ,Critical Heritage Studies' firmiert. Prominent hat sie der Geograf David Lowenthal 1998 in seinem Buch über den „Kulturerbe-Kreuzzug" („The Heritage Crusade") vorgetragen. Darin prangert er den allgegenwärtigen Drang, historische Relikte unter Schutz zu stellen und zu sammeln, als Kompensationsstrategie an, die mit Nostalgie- und Identifikationsangeboten die realen Probleme der Gegenwart auszugleichen versuche: Armut, soziale Ungleichheit oder Massenmigration. Diese Ideologie habe quasi-religiöse Züge: „The world rejoices in a newly popular faith: the cult of heritage", lautet der erste Satz bei Lowenthal (1998, 1). Der „Kulturerbe-Kult" basiert für ihn auf dem Glauben, dass das Bewahren von kulturellem Erbe außer Frage steht (das deutsche Worte ,Erbe' legt diese Lesart nahe). Wer an diesem Dogma zweifelt, gelte als Ketzer. Diese kulturpessimistische Analyse von Kulturerbe wurde durch Interpretationen modifiziert, die Kulturerbe mit dem Massentourismus zusammendachten. Bereits 1990 hatte der britische Soziologe John Urry seine Analyse des „touristischen Blicks" lanciert, der aktiv an der Inwertsetzung dessen, was später Kulturerbe heißt, beteiligt ist und neue Wahrnehmungsmuster und Verhaltensweisen erzeugt. Urry interessierte weniger die Frage, ob der Boom des Kulturerbes richtig oder falsch sei, sondern die (visuellen) Praktiken, mit denen Kultur zu Kulturerbe wird. Wie wird Kultur in Wert gesetzt und welche Akteure und Institutionen wirken daran mit? Aus dieser Perspektive folgte der Umgang mit Kulturerbe nicht allein einem ökonomischen oder politischen Willen zu vermeintlich kommerziellen, manipulativen oder identitätspolitischen Zwecken, sondern sie berücksichtigte die Mitarbeit und Bedürfnisse der Touristen in diesem Prozess.

Die Critical Heritage Studies interessieren sich heute besonders für die Verwertungsprozesse von als Kulturerbe in Wert gesetzten Dingen, Bauwerken und Bräuchen. Früh hat die amerikanische Kulturwissenschaftlerin Barbara Kirshenblatt-Gimblett das Museum und die Ausstellung als Mittel solcher Inwertsetzungen analysiert: „Display is an interface that mediates and thereby transforms what is shown into heritage." (Kirshenblatt-Gimblett 1998, 7) Museen gelten ihr als Medien, die lokale Kultur für den (Massen-)Tourismus aufbereiten und so globalisieren: „Heritage produces the local for export." (ebd. 149) Eine solche Perspektive betrachtet das Museum unter identitätspolitischen und ökonomischen Vorzeichen und mit Blick auf ein touristisches Publikum. Sie kann kenntlich machen, wie Museen regionale oder nationale Kultur stiften und verändern, um sie für internationale Gäste (und die eigene Gruppe) attraktiv zu machen, wie sie andere Geschichten erzählen und welche Vermarktungsstrategien sie wählen, um breite Resonanz zu erzielen.

Andreas Reckwitz hat diese Tendenz einer globalen Kultur unter dem Diktat der Märkte als „Hyperkultur" (siehe Kap. 1.2, Kultur) und unsere Gegenwart als „ästhetischen Kapitalismus" gefasst. Dem ästhetischen Kapitalismus gilt permanente Innovation als Wert an sich und Kreativität – verstanden als „Fähigkeit und Realität, dynamisch Neues hervorzubringen" (Reckwitz 2012, 10) – als wichtigste Kompetenz, um Aufmerksamkeit zu erheischen. Das Erlebnis, also die momentane Sensation, ist bevorzugte Strategie einer ästhetischen Ökonomie, die um jeden Preis auffallen will, um sich gut zu vermarkten.

Die Erlebnisorientierung als Beispiel einer Kommodifizierung von Kultur zu interpretieren ist nicht erst Reckwitz eingefallen. Seit jeher werden die Volks- und Folklorefeste im Umfeld von Freilicht- und Heimatmuseen oder die ‚Langen Nächte' der Museen, bei denen Besucher bis tief in die Nacht ein Museum besuchen und auf allerlei Aktionen gespannt sein dürfen, beargwöhnt, vor allem der Gier nach Aufmerksamkeit geschuldet zu sein. Auch die spektakulären Museumsbauten in den Metropolen, die als Wahrzeichen für eine Stadt taugen sollen, nähren den Verdacht, hier solle die Architektur das leisten, was die Bauherren den Sammlungen und Ausstellungen nicht zutrauen: Besucher in großer Zahl anzulocken und in der öffentlichen Debatte relevant zu sein. Mit der Idee, Kultur um ihrer selbst willen zu pflegen, hat das nicht viel zu tun. Ganz von der Hand zu weisen sind solche Kritiken nicht: Der Louvre ist im allgemeinen Bewusstsein noch für die Mona Lisa oder die Nike von Samothrake bekannt. Aber was zeigt noch mal das Guggenheim-Museum in Bilbao? Und was ist von einem Museum wie dem Jüdischen Museum in Berlin zu halten, bei dem die spektakuläre Architektur nur partiell auf die Bedürfnisse der Ausstellungsmacher reagiert?

Die Kommodifizierung von Kultur betrifft also nicht nur das Kulturgut, das Museen verwalten und zeigen. Sie führt auch dazu, dass die Institution sich neue Alleinstellungsmerkmale jenseits der Sammlungen wählt und dass sie sich zunehmend an wirtschaftlichen Faktoren und Quoten messen lassen muss. Die Kulturpolitik erwartet, dass Museen Projektgelder (‚Drittmittel') einwerben, Förderer und Sponsoren an sich binden und durch ihre Shops und Serviceangebote einen Teil ihrer Budgets decken. In Großbritannien, wo Kulturinstitutionen weit weniger Geld von Staat und Kommunen bekommen als hierzulande bzw. öffentliche Mittel anteilig an die Höhe eingeworbener Gelder gekoppelt sind, hat die Ökonomisierung der Museen inzwischen die räumliche Binnenstruktur erfasst. Wo in Deutschland die Ausstellungen (noch) räumlich klar von Shop und Museumscafé getrennt sind, vermischen sich im Natural History Museum in London Ausstellungs- und Shopflächen innerhalb des Hauses. Direkt neben der naturkundlichen Sektion mit Dinosaurierskeletten befindet sich ein kleiner Raum, in dem man Stoffdinos kaufen kann. Der heimliche Fluchtpunkt des gesamten Museums ist das Restaurant.

Grenzen des Wachstums

In Deutschland, wo die öffentliche Hand die meisten Museen fast vollständig finanziert, ist der Finanzierungsdruck noch nicht so hoch. Aber auch hierzulande beginnt die Diskussion darüber, wie sich die ständig wachsende Zahl an Kultureinrichtungen mit Haushalten finanzieren lässt, die nicht in gleichem Maße wachsen. 2012 sorgte (kurzfristig) eine Polemik für Aufsehen, deren Titel Programm war: „Der Kulturinfarkt. Von allem zu viel und überall das Gleiche" (Haselbach u.a. 2012). Die Autoren Dieter Haselbach, Pius Knüsel, Armin Klein und Stephan Opitz – allesamt wichtige Figuren des gehobenen Kulturbetriebs – plädierten dafür, das Kulturangebot im deutschsprachigen Raum zu reduzieren. Nur so könne man die vermeintlichen Irrwege der Neuen Kulturpolitik der späten 1970er Jahre (siehe Kap. 2.4, Museen in der Bundesrepublik) korrigieren, die den Bau von immer neuen Theatern, Bibliotheken und Museen vorangetrieben habe. Heute zeige sich die Kehrseite der damaligen Euphorie: Allerorten mangele es an Geld für Grundaufgaben. Museumsdepots seien konservatorisch unzureichend, Kustoden fehlten, die sich um die Dinge kümmern könnten, und die Ankaufsetats der Museen schrumpften so stark, dass viele Museen keine neuen Objekte erwerben könnten. Die Sammlungen verlieren dann den Anschluss an Themen der Gegenwart. Die Lösung sahen die Autoren in mehr Wettbewerb: weniger staatliche Kulturausgaben (die sie suggestiv „Subventionen" nannten) für weniger Kultureinrichtungen und mehr Eigenfinanzierung der Häuser. Kultur müsse sich stärker den Gesetzen von Angebot und Nachfrage unterwerfen und abwickeln, was nicht gefragt sei.

In der deutschen Kulturlandschaft kam das nicht gut an. Zeigte sich hier nicht die neoliberale Fratze der kapitalistisch korrumpierten Kulturindustrie? Wollten hier nicht die großen, stark sichtbaren Institutionen mehr Geld zulasten der kleinen, randständigen (Amateur-)Museen oder Bühnen? Dass die Debatte hochkochen konnte, hatte zum einen mit dem kompromisslosen Ton zu tun, in dem die Argumente niedergingen. Zum anderen aber berührte die Streitschrift ein Tabu: Der Gedanke, dass Kultureinrichtungen schließen könnten, gilt als Verrat an der guten Sache. Dabei ist längst klar, dass ein Immer-weiter-so-wie-bisher – also neue Museen zu bauen, ohne alte zu schließen, immer mehr zu sammeln, ohne Dinge abzugeben – sich dauerhaft nicht finanzieren lassen wird. Die opulente Lagerhaltung von gigantischen Sammlungen, die sich ausdehnten und vervielfältigten, je stärker sich die Idee von museumswürdiger Kultur ausgeweitet hatte, wird zum Problem, weil sie Platz und Personal braucht und die Klimatechnik in den Depots dauerhaft teuer und ökologisch fragwürdig ist. Zudem haben schon jetzt viele kleine Museen zu wenig Personal und Geld, um vernünftig arbeiten zu können. „Die Museumsmaschinerie", warnte Gottfried Korff schon 2007, „ist in solch einer Weise hochgezogen und hochgetrimmt worden, dass sie die Leistungen, die von ihr erwartet werden, in der Breite nicht erbringen kann. Das Museum ist eine durch ihren eigenen Erfolg überforderte Institution." (Korff 2007b, 15) Von ‚dem Museum' wollte Korff freilich nicht sprechen: Die deutsche Museumslandschaft sei so vielfältig, dass sich ihre Museen kaum auf einen Nenner bringen ließen und sie sich auch nicht als Gruppe mit gemeinsamen Zielen und Interessen verstünden. Statt Solidarität herrsche Wettbewerb zwischen großen ‚Leuchttürmen' und kleinen Museen. Es ist wahrscheinlich, dass sich dieser Wettbewerb spätestens dann verschärft, wenn die öffentlichen Haushalte weniger Steuern einnehmen.

Das wissen auch die Museen und entwickeln Strategien, um dem Dauerwachstum zu begegnen. Besonders in den Blick geraten die Sammlungen: Wie kann man sie ausdünnen, ohne den Auftrag, Kulturgut zu bewahren, zu vernachlässigen? Was hat Priorität: historisch gewachsene Sammlungen zusammenzuhalten oder das Sammlungsprofil zu schärfen, indem ein Museum sich auf Kernbestände konzentriert, denen es seine ganze Kraft widmet und alles andere abgibt? Unter welchen Umständen dürfen Museen Objekte verkaufen, um andere Aufgaben – Neubauten, Kustodenstellen, Ankäufe – zu finanzieren? Und werden Sammler solchen Museen noch Dinge geben, wenn sie nicht sicher sein können, dass diese ihre Nachlässe auf ewig bewahren? Das sind große Fragen, die Europas Museen aktuell unter dem Begriff ‚De-Akzessionierung' bzw. ‚Entsammeln' thematisieren (siehe unter anderem die Empfehlungen des Deutschen Museumsbundes von 2011 zum „Nachhaltigen Sammeln").

Wer über das Abgeben von Museumsdingen nachdenkt, muss auch darüber reden, wie er weitersammeln will. Kooperatives Sammeln, bei dem verschiedene Institutionen gemeinsam Bestände zusammentragen und sich die Dinge wie die Kosten ihrer Aufbewahrung teilen, ist ein oft diskutiertes und zuweilen schon praktiziertes Vorgehen. Besonders problematisch sind Objekte der Gegenwart, die noch kein klassisches Kulturgut sind. Bei ihnen weiß der Kustos in der Regel nicht, ob sie für zukünftige Generationen wichtig sein werden. Zwischen 1977 und 2011 haben schwedische Museen unter dem Akronym ‚SAMDOK' deshalb versucht, einen Themen- und Kriterienkatalog zum Sammeln von aktueller Alltagskultur zu entwickeln – für Dinge mithin, die das Normale der Lebenswelt dokumentieren sollen und die aus dem gelebten Leben heraus musealisiert werden.

Einen alternativen Ansatz hat kürzlich das kunstgewerbliche Victoria and Albert-Museum in London ausprobiert: Statt sich allein auf die Kriterien der Experten zu verlassen, hat es eine Methode angewendet, die es „Rapid Response Collecting" nannte. Es zeigte aktuelle Objekte wie einen Burkini in seinen Schauräumen und ließ das Publikum abstimmen, ob das Objekt Teil der Sammlungen werden solle. Zusätzlich konnten Besucher eigene Vorschläge auf der Homepage des Museums einreichen. Diese Idee, Dinge auf Probe ins Museum aufzunehmen, hat die Restauratorin Andrea Funck zu einem Ansatz inspiriert, den sie „Sammeln auf Zeit" nennt: „Eine – zunächst – zeitlich beschränkte Aufnahme [ins Depot, tt] ist für große Konvolute aus Alltagsgegenständen oder Gegenwartsobjekten, von denen man heute noch nicht weiß, ob sie in einigen Jahren (in Gänze) für die Sammlung von Belang sein werden, vorstellbar." (Funck 2017, 100) Das Museum entscheidet sich erst nach 10 oder 15 Jahren, was es von den in Gänze übernommenen Kinderzimmern oder Firmennachlässen behält, entsorgt, verschenkt oder ausdünnt.

All diese Ansätze sind nicht allein ökonomische Antworten in Zeiten knapper Kassen. Sie sind (oder sollten es zumindest sein) Teil einer größeren Diskussion über nachhaltige Kulturarbeit – nachhaltig im doppelten Sinne: Zum einen als ressourcenbewusster Umgang mit Geld, Material und Energie bei der Museumsarbeit. Zum anderen bezeichnet nachhaltige Kulturarbeit ökologische Bewusstseinsbildung in der Bevölkerung durch die Institution Museum, wie sie beispielhaft die Wanderausstellung „zur nachahmung empfohlen. expeditionen in ästhetik und nachhaltigkeit" der Kuratorin und Publizistin Adrienne Goehler betreibt (siehe dazu umfassender und praxisorientiert Prodi/Banse/Schaffer 2010).

Museen als Wissens- und Forschungsorte

Mit ‚Nachhaltigkeit' ließe sich auch das Bemühen etlicher Museen überschreiben, trotz allen Quotendrucks und der Konzentration auf die Ausstellung sich wieder auf ihre Forschungsaufgaben zu besinnen und diese offensiver herauszustellen. Das zeigt sich aktuell auf drei Feldern besonders gut: bei der Provenienzforschung, der Entdeckung der Universitätssammlungen und neuen Schauformaten wie den Depotausstellungen.

Seit der Wiedervereinigung 1990 und verstärkt seit der Jahrtausendwende hat sich die deutsche Erinnerungskultur gewandelt. Deutschland musste seinen Platz in der Welt neu bestimmen, und es musste sich von der Generation der letzten Zeitzeugen des Holocaust verabschieden. Diese Phase der Neubestimmung (als wiedervereinigtes Einwanderungsland) und des Abschiednehmens ging einher mit Restitutionsdebatten, also Fragen nach der Rückgabe von Dingen, die das NS-Regime seinen (vor allem jüdischen) Opfern weggenommen hatte. Etliche damals enteignete Kunstwerke und Kulturgüter finden sich heute in staatlich finanzierten Museen. Darüber hinaus enthalten medizinhistorische Sammlungen und Museen Humanpräparate, die Mediziner während der NS-Zeit angefertigt hatten (oder die in der Kolonialzeit gesammelt worden waren). Die problematische Geschichte dieser Dinge hatten die Museen lange Zeit verschwiegen oder vergessen. Erst im Kontext neuer Selbstbilder, einer neuen Moral und unter dem Druck der letzten Gelegenheit, etwas wiedergutmachen zu können, setzten öffentliche Debatten über die kontaminierten Sammlungen ein, die von Steuergeldern lebten. An der Universität Tübingen lösten die osteologischen (knochenkundlichen) Sammlungen aus der NS-Zeit 1989/90 einen Eklat aus, der bundesweit nachhallte.

Eine neue Dynamik bekam das Thema Restitution, als es mit der bildenden Kunst einen Kernbereich der Hochkultur mit hohem Marktwert erreichte. Allen voran die Washingtoner Prinzipien (1998) zur Restitution von Kunst, die während der NS-Zeit enteignet worden war, waren hier wegweisend. Jüngstes Beispiel sind die Medienberichte um den Privatsammler Hildebrand Gurlitt, dessen Sohn Cornelius bis ins Jahr 2012 unbemerkt 1280 seit 1945 als vermisst geltende oder unbekannte Bilder verwahrt hatte, von denen rund 500 vermeintlich aus NS-Enteignungen stammen sollten (de facto konnte das bislang nur für wenige Gemälde nachgewiesen werden).

All diese Debatten über menschliche Überreste und geraubte Kunst führten dazu, dass Provenienzforschung, also die systematische Untersuchung der Herkunft von Sammlungsobjekten, politisch hohe Priorität bekam. Bundesregierung, Bundesländer und die drei kommunalen Spitzenverbände gründeten 2015 das Deutsche Zentrum Kulturgutverluste, das sich „als zentraler Ansprechpartner zu Fragen unrechtmäßiger Entziehungen von Kulturgut in Deutschland im

20. Jahrhundert" versteht. Mit dem politisch motivierten Interesse an Provenienzforschung jedenfalls wurde die gesellschaftliche Relevanz eines zentralen Forschungsfeldes der Museen weithin sichtbar.

Zweitens entdeckten die deutschen Universitäten in den 2000er Jahren ihre Universitätssammlungen wieder. Das sind in der Regel vereinzelte (und oft prekäre) Sammlungen unterschiedlicher Institute, die so heterogen wie die Fächer sind, denen sie entstammen. In Tübingen umfassen sie die Moulagen der Medizin genauso wie die historischen Geigen und Cellos der Musikwissenschaft oder die selbstgedruckten Journale der linksalternativen Szene im Archiv der Alltagskultur des Ludwig-Uhland-Instituts für Empirische Kulturwissenschaft (siehe Seidl 2016). Diese Bestände waren in der Regel keinem Museum zugeordnet, sondern als freie Sammlungen Teil ihrer Forschungsinstitute. Für die Forschung überflüssig geworden, hatten diese sie meist vergessen und ausrangiert. Erst in den 2000er Jahren begannen viele Universitäten, sie als historische Zeugnisse ihrer Geschichte und der Wissenschaftsgeschichte insgesamt ernst zu nehmen, sie zentral zu organisieren und in einigen Fällen, wie in Göttingen, Freiburg oder Tübingen, Universitätsmuseen zu gründen. Diese Sammlungen wurden nach und nach in Ausstellungen vorgeführt, die ganz mit dem Sammlungs- und Forschungsgedanken argumentierten, weil dies dem Status der Bestände und dem Charakter der Universität am ehesten entsprach und den Blick auf die historischen Kategorien und Erkenntnisziele der Wissenschaften freigab. Ihre Konzepte waren nicht Fragen der Identitätsstiftung verhaftet. Sie standen im Dienste einer kritischen Wissensgeschichte, die den Voraussetzungen dessen nachspürt, was wir über die Welt wussten und wissen. Die Universitätssammlungen leisteten zweierlei: Sie erinnerten daran, wie eng der Zusammenhang zwischen Museum / Sammlung und Forschung lange Zeit war und dass Sammlungen wissenschaftliche Ressourcen sind; und sie wirken in die Universitäten hinein, lehren die dortigen Forscher, dass sie nach wie vor mit materieller Kultur arbeiten können – nicht zuletzt, um die eigene Fachgeschichte zu untersuchen. Sie unterliefen so die falsche Trennung zwischen akademischer Wissenschaft auf der einen und Sammlung / Museum (= ‚Praxis') auf der anderen Seite.

Drittens besannen sich zur selben Zeit viele Museen unter dem wachsenden ökonomischen Druck auf ihre Sammlungen zurück. Das führte zu neuen Formaten wie den „Depotausstellungen" (Thiemeyer 2018a). Depotausstellungen sind Museumspräsentationen, die das Depot zum Thema machen (das Schaudepot ist die bekannteste Variante): Sie zeigen besonders viele Dinge, die sie (zunächst) nicht erklären, sondern als großes Schaubild in Räumen präsentieren, die optisch und / oder erkenntnistheoretisch dem Depot ähneln (sollen). Diese Schauen zeigen ihre Dinge so, dass das Museum als Ort der Forschung und Expertise erkennbar wird. Sie wollen das „Museum als Methode" (Thomas 2010; siehe Kap. 1.2, Wissen) kenntlich machen: als Institution, die durch die Art und

Weise, wie sie Wissensbausteine zusammenträgt und organisiert, maßgeblich definiert, in welchen Bezügen Menschen denken und neue Erkenntnisse über die Welt erzeugen können.

Museen und Digitalisierung

Das Badische Landesmuseum in Karlsruhe erfindet sich aktuell neu. Unter dem Slogan „Museumsbesucher zu Nutzern machen!" plant es, in den nächsten Jahren jedes Objekt seiner Sammlungen wie in einem Archiv für alle öffentlich zugänglich zu machen. „Jedes Objekt ist erreichbar. An die Stelle der Eintrittskarte tritt ein Nutzerausweis." (Badisches Landesmuseum 2018) In einer Depotausstellung will das Landesmuseum einen großen Teil seiner Sammlungen so ausstellen, als würde es seine Lagerräume öffnen. Alle weiteren Objekte der Sammlungen will es digital erschließen, so dass jeder Nutzer sie online recherchieren und sie sich in sogenannten „Expotheken" vorlegen lassen kann. Analog einem Lesesaal kann er hier individuell mit den Dingen arbeiten. Dieser Ansatz, die Sammlungen komplett für das Publikum zu öffnen und jedes Objekt herauszugeben (wenngleich die besonders empfindlichen Stücke nur als Anschauungsobjekte hinter Glas zu bekommen sind), bedarf einer umfassenden Digitalisierung der Museumsbestände und digitaler Ausleihhilfen, um zu funktionieren. Entsprechend flankiert das Badische Landesmuseum seine Neukonzeption mit einer ganzheitlichen digitalen Strategie. Sie soll grundsätzlich eruieren, was ein Museum in digitalen Lebenswelten leisten kann und welche Rolle seine Sammlungen darin spielen.

Die komplette Öffnung der Sammlungen ist eines der drei großen Versprechen, die Museen mit dem Stichwort ‚Digitalisierung' – das heißt die Verwandlung von Worten und Dingen in Daten und wieder zurück (‚Internet der Dinge') – verbinden. Sie soll totale Transparenz erzeugen. Was einst in den Kellern verborgen war, wird jetzt als frei verfügbares Gut im Internet zugänglich. Solche Initiativen liegen ganz auf der Linie einer europäischen Kulturpolitik, die der Leitidee des Open Access folgt, des freien Zugangs zu möglichst allen Informationen, Bildern und Dingen. Sie werfen grundsätzliche Fragen nach Urheberrechten, Kulturgutschutz und der Verfügungsgewalt über Sammlungen auf. Objekte, die als Digitalisate im Netz kursieren, führen ein Eigenleben. Das Museum kann kaum mehr die Kontexte kontrollieren, in denen sie vorkommen, geschweige denn die Geschichten, für die sie genutzt werden. Fraglich ist, ob die Digitalisierung der Bestände tatsächlich dazu führt, dass mehr Besucher die Dinge nutzen wollen bzw. können. Dem britischen Sammlungshistoriker Simon Knell (2010, 443) gelten Museumssammlungen (ob analog oder digital) als für Laien prinzipiell unzugänglich, weil sie nur mit fachlicher Expertise verständlich werden: „The digital museum collection will be as impenetrable as the physical collection, as it is the result of the same complex disciplinary practices; the museum collection is not like a library, its collections are not so easily read.“

Das zweite Versprechen der Digitalisierung lautet, dass sie neue Formen der Partizipation an der Sammlungs- und Ausstellungsarbeit, ja an der Museumskommunikation generell gestatte. Museen twittern und präsentieren sich auf Instagram. Sie versuchen, mit ihren Besuchern schnell und unkompliziert ins Gespräch zu kommen. So bekommen sie schnelle Reaktionen auf ihre Programme, können selbst permanent Themen setzen und sich im Gespräch halten. Dieser Austausch in Echtzeit ändert das Kommunikationsverhalten von Grund auf. Er verlangt sofortige Reaktionen und bindet Arbeitszeit. Langwierige Grundlagenarbeit als Voraussetzung, um gesichertes Wissen zu bekommen und nur solches preiszugeben, ist seine Sache nicht. Von der anderen Seite reißen die Besucher bislang stabile Grenzen zwischen Ausstellungsraum und Alltagswelt ein. Die sozialen Medien und Apps machen keinen Halt vor Museumsmauern. Man mag das bedauern und als Konzentrationsverlust und permanente Zerstreuung brandmarken. Auf der anderen Seite bekommen Museumsobjekte eine neue Alltagsrelevanz, wenn sie auf Facebook geteilt und kommentiert werden.

Die Vision eines „Museum 2.0, 3.0, 4.0 ...“ verspricht ein ganz neues Verhältnis zum Besucher, verheißt echte Teilhabe – eine Utopie, die seit den 1970er Jahren die Kulturpolitik fasziniert. Diese Vision einer ‚Bürgerwissenschaft‘ (‚Citizen Science‘) zielt auf ein Museum der Zukunft, das seine Besucher an der Interpretation der ausgestellten Dinge und Themen so stark wie noch nie beteiligt, in den Ausstellungen den Dialog sucht, statt zu belehren und seine Sammlungen gemeinsam mit den potenziellen Nutzern erschließt. ‚Crowd Sourcing‘, ‚Social Tagging‘ und ‚Folksonomy‘ (ein Hybrid aus ‚Folk‘ und ‚Taxonomy‘) lauten die neuesten Schlagworte, die den Versuch bezeichnen, Archivalien online zu stellen und sie von Internetnutzern frei verschlagworten zu lassen. Die klassischen Wege der Wissensproduktion und -verbreitung stehen ebenso zur Disposition wie die Expertise der Fachwissenschaftler in den Sammlungen, die nun Räume öffnen (müssen), in denen bislang niemand Fremdes etwas zu suchen hatte.

Die Kunsthistorikerin Susan Cairns (2013, 108) hat das als Verschiebung „from dissemination [...] towards mutualization“, von der Verbreitung vorhandenen Wissens hin zur gemeinsamen Produktion neuen Wissens beschrieben. Folksonomies erlaubten den Museen, neues Wissen abzuschöpfen, sich an die Sprache ihrer Nutzer anzupassen und deren Kenntnisse in den Archivierungsprozess einzuspeisen, aber sie veränderten die Wissensordnungen, weil sie persönlichen assoziativen Zuordnungen Raum geben und darauf verzichten müssten, eine für alle verbindliche Hierarchie aufzubauen. Die Physiognomie dieses Wissenscorpus lässt sich nicht länger als Baumstruktur beschreiben, sondern als Netz einer Fülle zunächst gleichwertiger Informationen, die nebeneinander angeordnet sind statt übereinander. Je nach Zugriff sind sie unterschiedlich strukturiert und können anders sortiert werden. Dieses Wissen ist nicht hierarchisch und linear organisiert, hat kein Zentrum, sondern zahllose Informationspartikel auf derselben Ebene als Verfügungsmasse. An die Stelle einer gemeinsamen Sicht auf die Dinge rücken – je nach fachlichem oder biografischem Hintergrund – vielfältige Wahrnehmungen, multiperspektivische Narrative und individuell nutzbare Wissensbestände. Schon macht das Wort vom ‚Knowledgebroker' die Runde, einem antiautoritären Kurator, der mit Informationen makelt und Besucher, Dinge und Kontexte vernetzt, aber keine verbindlichen Lesarten oder Hierarchien mehr empfiehlt (Cameron 2010).

Drittens verspricht die Digitalisierung, grundlegend neue Infrastrukturen für Museen zur Verfügung zu stellen, die diese Institution im Kern verändern werden: Die webbasierte Wissensproduktion in Folksonomies ist nur ein Beispiel dafür. Apps, die Besucher durch Ausstellungen führen und sich entsprechend der eigenen Vorlieben konfigurieren lassen, sind hier aktuell die am weitesten ausgereifte Technologie – beispielhaft zu besichtigen im Rijksmuseum in Amsterdam. Solche Anwendungen liefern en passant etliche Daten zum Nutzungsverhalten, die eine auf Big-Data-Analysen basierende Besucherforschung auszuwerten verspricht. Über die vergleichsweise klassischen Führungsgeräte hinaus gehen immersive Technologien, die Besucher in neue Welten eintauchen lassen wollen. Das Victoria and Albert-Museum in London ortete (‚tracking') seine Besucher bei ihrem Gang durch die Ausstellung „David Bowie Is" (2013) so exakt, dass es sie an der richtigen Stelle im Rundgang automatisch mit Bowie-Songs oder Geschichten über Kopfhörer versorgen konnte. Wie in einem Spielfilm wurden die sichtbaren Dinge und Videos mit einer Klangkulisse hinterlegt, was das Ausstellungserlebnis fundamental veränderte. Ähnliches versucht die Augmented-Reality-App, mit der die NS-Gedenkstätte Bergen-Belsen arbeitet. Das Display eines Tablet-Computers blendet in die Kulisse einer Wiese mit Bäumen, die heute hier stehen, die Lagerbaracken der 1940er Jahre als weiße computergenerierte Baukörper ein. Die sichtbare Welt der Gegenwart vermischt sich vor dem Auge des Betrachters mit virtuell hinzugefügten Elementen. Die Virtual-Reality-Brillen, mit denen unter anderem das Römisch-Germanische Zentralmuseum in Mainz experimentiert, um seine Besucher wie Unterwasserarchäologen einen im Meer versunkenen römischen Frachter untersuchen zu lassen, sind eine weiteres Beispiel für ein Museum, das längst über seine Sammlungen und Schauräume hinausdenkt.

Die reinen Onlinekollektionen von Europeana oder Google Arts & Culture, die sich aus digitalen Klonen von Museumsobjekten in aller Welt speisen und diese beliebig kombinierbar machen, lösen die Sammlungen nicht nur von einem realen Ort. Sie sind zugleich die Vorhut eines ‚Customized Museum', dessen Inhalte und Exponate sich der Betrachter wie eine Küche bei IKEA nach eigenem Gusto zusammenstellen kann. Zudem erfordern sie ein neues Nachdenken über den Wert von Originalen. Liegen in den Onlinesammlungen Exponate nicht in so hoher Auflösung vor, dass man an ihnen zuweilen besser Spuren ablesen kann als am Original? Wozu also noch mit viel Geld die echten Dinge bewahren, zumal wenn man sie sich bald in 3-D ausdrucken kann? Derlei Überlegungen unterschlagen den auratischen Wert der Originale, um den es in Kapitel 3 noch gehen wird, und sie vergessen, dass Digitalisierung immer einen Medienwechsel bedeutet. Bei diesem gehen etliche Informationen etwa zum Material und seiner Haptik verloren, die uns heute vielleicht unwichtig erscheinen, in Zukunft aber bedeutsam werden könnten. Die Taxonomie, die Verwandtschaften zwischen Tierarten heute aufgrund der Genetik bestimmt, könnte auf Digitalisaten von Tierpräparaten jedenfalls nicht aufbauen. Sie braucht die Originale aus dem Depot.

Die hier nur sehr lückenhaft angedeuteten Möglichkeiten der Digitalisierung für Museen (siehe dazu ausführlicher die Themenhefte der Museumskunde Nr. 2/2017 „digital. ökonomisch. relevant. Museen verändern sich", Nr. 1/2012 „Medien für Museen – Mittel der Kommunikation und Vermittlung" oder Nr. 2/2008 „Museen in der Informationsgesellschaft" sowie diverse Leitfäden im Netz) sind freilich nur die reaktive Seite einer Revolution, die, wenn stimmt, was die Technikauguren prophezeien, anthropologische Ausmaße annehmen wird (siehe etwa Stalder 2016). Sie verändert die Wahrnehmung der Menschen, ihr Verhalten und ihre Ansprüche. Und sie wird mutmaßlich das gesamte soziale Miteinander verändern, wenn künstliche Intelligenz, maschinelles Lernen und das Internet der Dinge unseren Alltag mehr und mehr durchdringen. Die Institution Museum wird sich mit ihren Machern und Nutzern mutmaßlich derart stark wandeln, dass sie sich komplett neu definieren muss. Und sie wird sich an neue Akteure wie die Gamedesigner gewöhnen müssen, die sich anschicken, im Vermittlungsgeschäft mitzumischen. Mit Konzepten der Computerspielindustrie verheißen sie neue Zugänge zum (jungen) Publikum, das es von anderen Medien gewohnt ist, Konsum- und Kulturangebote beeinflussen zu können, statt sie nur passiv zu rezipieren.

Das Museum wird auf neue Zielgruppen und neue gesellschaftliche Herausforderungen in digitalen Lebenswelten reagieren müssen, sich beispielsweise als Hort gesicherter Informationen in Zeiten der Falschnachrichten und Social Bots positionieren; als Ort der Übersetzung fungieren, wenn der immer schnellere Wechsel der Kommunikationsmedien dazu führen sollte – wie der Soziologe Hartmut Rosa (2005) befürchtet –, dass sich die Generationen irgendwann nicht mehr verständigen können, weil ihre Kommunikationsformen und -foren nicht mehr kompatibel sind; und es wird in Zeiten digitaler Parallelgesellschaften mit ihren eigenen Wahrheiten (‚Echokammern') eine öffentliche Sphäre verteidigen müssen, in der die Echos der eigenen Bezugsgruppe gebrochen und mit anderen Informationen konfrontiert werden. In dieser Hinsicht hat sich zwischen den Museen des 19. und den Museen des 21. Jahrhunderts nicht viel verändert:

Museen waren und sind *politische* Institutionen, die einen gesellschaftlichen Auftrag erfüllen und dabei helfen sollen (und wollen), Gesellschaft zu formieren und ihre Werte und Normen zu reflektieren. Vielleicht braucht es dazu in Zeiten allgegenwärtiger Freiheiten und wegbrechender sozialer Standards wieder Institutionen, die stärker Orientierung und eine eigene Haltung zu erkennen geben.

Weiterführende Literatur

Allmanritter 2017: Vera Allmanritter, Audience Development in der Migrationsgesellschaft. Neue Strategien für Kulturinstitutionen (Bielefeld 2017).

Bonnefoit 2017: Régine Bonnefoit / Melissa Rérat (Hg.), The museum in the digital age. New media and novel methods of mediation (Cambridge 2017).

Deutscher Museumsbund 2017: Deutscher Museumsbund (Hg.), digital. ökonomisch. relevant. Museen verändern sich, Themenheft Museumskunde 2 (2017).

Deutscher Museumsbund 2012: Deutscher Museumsbund (Hg.), Medien für Museen – Mittel der Kommunikation und Vermittlung, Themenheft Museumskunde 1 (2012).

Deutscher Museumsbund 2008: Deutscher Museumsbund (Hg.), Museen in der Informationsgesellschaft, Themenheft Museumskunde 2 (2008).

Kirshenblatt-Gimblett 1998: Barbara Kirshenblatt-Gimblett, Destination culture. Tourism, museums, and heritage (Berkeley, Los Angeles, London 1998).

Korff 2007b: Gottfried Korff, Ort der Herausforderung? Eine museologische Rückerinnerung. In: Landesstelle für die nichtstaatlichen Museen in Bayern (Hg.), Forum für alle. Museen in Stadt und Gemeinde (München 2007) 14–19.

Parry 2010: Ross Parry (Hg.), Museums in a digital age (London, New York 2010).

Piontek 2017: Anja Piontek, Museum und Partizipation. Theorie und Praxis kooperativer Ausstellungsprojekte und Beteiligungsangebote (Bielefeld 2017).

Reckwitz 2017: Andreas Reckwitz, Hyperkultur versus Kulturessenzialismus. Der Kampf um die Kultur in der spätmodernen Gesellschaft. In: Museumkunde 82, H. 2, 2017, 14–21.

Stalder 2016: Felix Stalder, Kultur der Digitalität (Berlin 2016).

Tauschek 2013: Markus Tauschek, Kulturerbe. Eine Einführung (Berlin 2013).

Thiemeyer 2018b: Thomas Thiemeyer, Kulturerbe als Shared Heritage? Kolonialzeitliche Sammlungen und die Zukunft einer europäischen Idee. In: Merkur 829, 2018, 30–44 und Merkur 830, 2018, 85–92.

Geschichte im Museum

3

Räume: Depot und Ausstellung

3.1

Deponieren und exponieren sind zwei Grundaufgaben des Museums. Es sammelt und bewahrt Zeugnisse vergangener Zeiten im Depot, die es zu einem kleinen Teil für die Öffentlichkeit ausstellt und dabei interpretiert, also in einen aktuellen Kontext einbettet. Das Museumsdepot gleicht dem, was die Literatur- und Kulturwissenschaftlerin Aleida Assmann „Speichergedächtnis" nennt. Es stellt mit seinem Fundus den Rohstoff zur Verfügung, aus dem sich das „Funktionsgedächtnis" (hier die Ausstellung) bedient. Das Speichergedächtnis (Depot) dient als Ressource, Korrektiv und Stabilisator des Funktionsgedächtnisses (Ausstellung), dessen Aufgabe die Legitimation oder Subversion bestehender Verhältnisse und die Symbolbildung ist (Assmann 2003, 134–140).

Das Depot ist zugleich Schutzraum der Dinge und Arbeitsraum. Das heißt es muss die Dinge sicher bewahren und sie zugleich so (offen) lagern, dass Nutzer sie leicht entnehmen können und man mit ihnen arbeiten kann. Deshalb haben nur autorisierte Personen Zutritt, von denen man annimmt, dass sie – da Experte oder Liebhaber – mit den Dingen pfleglich umgehen. Das Depot ist also ein Ort, der Objekte vor der Öffentlichkeit wegsperrt und den (konservatorischen) Bedürfnissen der Dinge und Kustoden folgt. Die Ausstellung hingegen will öffentlich gefallen. Sie steht jedermann offen und muss die Dinge deshalb vor Zugriff sichern. Hier dürfen die Exponate nicht berührt und aus ihren Vitrinen genommen werden (was die museumspädagogischen Begleitprogramme zum Teil kompensieren). Die Ausstellung als Ort des Zur-Schau-Stellens *zeigt* Dinge. Damit ändern sich das Bezugssystem der Objekte und die Logik ihrer Verortung im Raum.

Das Depot lässt seine Objekte am liebsten im Dunkeln, abgeschirmt hinter Schrankwänden und umhüllt von säurefreien Pappkartons. Es will bewahren und erschließen, die Dinge so sortieren, dass der Nutzer sie schnell finden und einfach entnehmen kann. Es generiert eine Ordnung, die allumfassend ist und alle Archivalien in ein System integriert. Der Ausstellung hingegen geht es um Auswahl und Anschaulichkeit. Sie folgt nicht dem kontrollierten Vokabular des Thesaurus, sondern einer visuellen Epistemik, die durch den Blick und die Bewegung im Raum funktioniert. Die Dinge bleiben auf Distanz. Hinter Vitrinenglas oder auf Sockeln sind sie nur visuell verfügbar, nicht aber haptisch. Kurzum: Die Erkenntnisstiftung ist bei Depotobjekt (das ich, angelehnt an Foucaults Archivbegriff, im Folgenden ‚Archivalie' nenne) und Exponat schlicht eine andere.

Die Ordnung des Depots folgt logistischen Vorgaben. Sie ist weder ästhetisch noch narrativ grundiert. Das Depot verortet Dinge so, dass man sie gut wiederfinden kann, sie wenig Platz brauchen und sicher sind. Die Materialität der Dinge ist Ausgangspunkt all seiner Ordnungen, denn sie entscheidet darüber, welche Umgebung die Objekte benötigen, um nicht zu verblassen, nicht zu schimmeln oder sich nicht zu zersetzen. Seine Archivalien, die es verbirgt, statt sie zur Schau zu stellen, legt es nicht auf eine zeitbedingte Lesart fest, sondern hält sie semantisch offen für zukünftige Fragen. Die Ausstellung hingegen reagiert auf den Zeitgeist und zielt mit ihren Ordnungen auf eine übergeordnete (aber zeitbedingte) Idee, fundiert mit Thesen, was sie zeigt. Sie setzt die Dinge ins rechte Licht und ist grundlegend narrativ verfasst.

Eine Ausstellung, so hatte ich zu Beginn definiert, ist eine zeitlich begrenzte Präsentation von Objekten im Raum zu Demonstrationszwecken. Sie beruht auf dem Prinzip der Inszenierung verstanden als einer ästhetischen Praxis, die Gegenstände arrangiert, um Deutungen nahezulegen und Wahrnehmung zu lenken (siehe ferner Kap. 3.3). Basisoperation jeder Ausstellung ist das Erzählen, die ‚Narration'. Das Erzählen in Museumsausstellungen folgt eigenen Regeln, die sich aus der Eigenart des Mediums ergeben und sich von Erzählungen in Büchern oder Filmen unterscheiden. Da die Definition von ‚Narration' genrespezifischen Konventionen unterworfen ist, will ich im Folgenden klären, was museale Narration auszeichnet. Was unterscheidet das Museum und seine Ausstellungsnarrative von anderen Medien?

In einem weiten Verständnis sind alle Museumsausstellungen narrative Medien, weil sie eine Geschichte erzählen. Sie tun das in der Regel mit Objekten und im Raum. Das heißt ihre Erzählung ist – erstens – *objektbasiert*. Dinge sind die Basis musealer Darstellung. Sie sprechen nicht von selbst, sondern erzählen die Geschichten, die sie textlich zugewiesen bekommen oder die der Betrachter in ihnen erkennt. Über diese Sinnstiftungspotenz hinaus besitzen sie eine physisch-materielle Ausstrahlung, die gerne als Aura beschrieben wird, wirken also qua Präsenz auf ihre Umwelt, ohne zwingend eine Bedeutung vermitteln zu müssen (siehe Kap. 3.2, Der Status der Dinge).

Zweitens sind museale Erzählungen *fragmentarisch*. Sofern Ausstellungen auf Sammlungen beruhen, sind sie abhängig von dem, was der Historiker Arnold Esch (1985) „Überlieferungs-Chance und Überlieferungs-Zufall" genannt hat. Damit bezeichnete er den Zufall, ob etwas einen materiellen Abdruck hinterlassen und so die Zeit jenseits der mündlichen Überlieferung überdauert hat, und die Chance, dass die Zeitgenossen bestimmte Ereignisse für überliefernswert hielten, so dass sie Objekte von ihnen bewahrten und Dokumente anfertigten, die heute als Quellen dienen können.

Drittens sind Ausstellungen *dreidimensionale* Narrative. Sie erzählen ihre Geschichten im Raum, wo sie ihre Objekte inszenieren. Diesen Raum erschließt sich der Besucher typischerweise im Gehen. Eine solche Erzählung ist als Tableau oder Collage angelegt und besitzt eine *topologische* Struktur, die durch räumliches Arrangement und Zusammenstellungen von Dingen Geschichte ganz anders wahrnehmbar macht, als dies etwa bei einem geschriebenen Text der Fall ist. Diesen erschließt sich der Leser linear und sequenziell. Ein (Raum-)Bild hingegen wirkt simultan. Es offenbart seine Geschichten auf einen Blick, auch wenn es bisweilen dauert, bis man diese wirklich durchdrungen hat. Sprachliche Zeichen hingegen sind prinzipiell linear angeordnet, das heißt, ihre Elemente treten nacheinander und nicht gleichzeitig auf. Um einen Text zu verstehen, muss der Leser die Buchstaben in einer festgelegten Reihenfolge wahrnehmen. Ausstellungen sind in erster Linie simultane Phänomene, da sie ihre Themen als Bild im Raum, als Raumbild vermitteln und verschiedene Objekte und Inszenierungen zeitgleich anbieten. Sie können den Rezipienten schlechter in seiner Wahrnehmung lenken, weil sie die zeitliche Abfolge seiner Seheindrücke kaum voraussagen können. In zweiter Linie freilich sind auch Ausstellungen linear angeordnet, weil der Besucher meistens einem Parcours folgt und damit Objekte und Inszenierungen in einer bestimmten Reihenfolge wahrnimmt, die maßgeblich deren Deutung beeinflusst. Die Theorie des Hermeneutischen Zirkels, der zufolge das Vorwissen entscheidend für die Interpretation alles Folgenden ist, hat diesen Befund für die Erkenntnistheorie auf den Begriff gebracht.

Dinge: Der Wert der Dinge für das Museum | 3.2

Ein geflügeltes Wort im Museum handelt von der „Sprache der Dinge". Wer von ihr redet, meint nicht ein verbales Äußerungsvermögen, sondern die Fähigkeit der Dinge, Signale aussenden zu können. Denn recht besehen sprechen Dinge nicht, sie *zeigen* sich. Wie dieses Zeigen funktioniert, wie geplant es abläuft oder wie unbeabsichtigt es passiert, diese Frage ist für das Museum fundamental und Anlass zahlreicher Theorien.

Welche Sprache können die Dinge im Museum sprechen und wer bringt sie zum Sprechen? Welche Ideen von den Dingen bestimmen die museale Praxis der Gegenwart? Welche Relevanz besitzen die Dinge noch in Zeiten, in denen man allenthalben den Bedeutungsverlust der Sammlungen beklagt und es überhaupt ganz unklar ist, inwiefern das Museum bei all den Bildschirmen, Kulissenbauten, multimedialen Installationen und Beamerprojektionen, den Museums-Apps und digitalisierten Sammlungsbeständen seine echten Dinge überhaupt braucht? Als was versteht sich diese Institution heute, die sich lange Zeit als Forschungsort durch ihre Sammlungen profilieren konnte, inzwischen aber immer häufiger als Teil der Unterhaltungsindustrie gesehen wird, für die vor allem die öffentlichkeitswirksamen Sonderausstellungen relevant sind? Und wozu benötigt sie noch

Dinge? Das sind wichtige Fragen der institutionellen Identität. Meine Argumentation läuft auf die These hinaus, dass die vielfältigen Veränderungen, die Museen durch den Einsatz multimedialer Mittel und die wachsende Erlebnisorientierung erfahren, das originale Objekt als Mittelpunkt des kulturhistorischen Museums infrage stellen und es heute nicht mehr selbstverständlich ist, die Ausstellung vom Objekt her zu denken. Doch bevor wir in die Details gehen, will ich auf die simple Frage zurückkommen, warum Museen Objekte brauchen.

Dinge im Museum

Der Urgrund des Museums ist der Wunsch nach Selbstdarstellung (Repraesentatio) und nach Erkenntnis (Curiositas) aus dem Umgang mit Dingen. So entstanden in der Renaissance die protomusealen Vorläufer, die Kunst- und Wunderkammern, und bis heute ist das Museum untrennbar mit der Idee verknüpft, ein Haus zu sein, das Wissen über die Welt vermittelt, indem es Dinge sammelt und sie im Raum ordnet und zeigt. Es bildet die Welt mit ihren Fragmenten ab und schafft durch die materiellen Zeugnisse, die in seinen Depots lagern, eine ganz eigene, sinnliche Epistemik – eine Art der Darstellung, die durch Sehen, Hören und zuweilen auch Riechen und Fühlen emotional wie intellektuell stimuliert und zu neuen Einsichten führt.

Museumsdinge sind aus ihrem ursprünglichen lebensweltlichen Zusammenhang gelöst. Sie kommen als Fragmente über uns und müssen rekontextualisiert, das heißt in neue Kontexte eingebunden und erklärt werden. Das macht ihren Reiz aus: Fragmente lassen der Fantasie Raum zur Entfaltung, weil sie wenig detailliert sind und Interpretationen und neue Aneignungen ermöglichen. „Das Fragment ist der Lehrmeister der Fiktion“, so der Schriftsteller André Malraux (zit. nach Korff 2007a, 39). Darin liegt sein besonderes emotionales und Erkenntnispotenzial: Erfahrungen mit Dingen sind kategorial anders als Erfahrungen mit Texten, Filmen oder mit anderen Menschen. Deshalb sind Dinge auch nicht einfach durch mediale Substitute wie Digitalisate zu ersetzen. Der Medienwechsel würde die Art der Erfahrung mit den Gegenständen verändern, weil wir uns schlicht anderen Objekten gegenüber sähen, die uns auf andere Art und Weise herausfordern.

Dinge verändern im Museum ihren Status, je nachdem, in welchen Räumen sie untergebracht sind: Im Lagerregal des Depots sind sie *Archivalien* (wobei dieser Begriff in der Museumsszene nicht einheitlich genutzt wird), in der Ausstellungsvitrine *Exponate*. In Archivalien ist Vergangenheit präsent, aber stumm. Erst wenn sie durch Befragung zu Quellen werden, beginnen Archivalien zu sprechen. Ihre materielle Substanz bleibt davon unberührt: „Obwohl also Archiv und Quelle in ihrem materiellen Substrat dasselbe sind, ändert sich wissenschaftstheoretisch ihr Status, je nachdem ob es mit allen Künsten der Erhaltung im Regal oder im

Kasten oder im Panzerschrank gelagert wird – oder ob es herausgeholt, auf den Tisch gelegt, in die Hand genommen, untersucht und befragt wird." (Koselleck 2010, 74) Exponate sind zur Schau gestellte Archivalien, die Kuratoren zuvor als Quellen befragt haben.

Die Sprache der Dinge

Die Annahme, dass Dinge nicht von selbst sprechen, ist eine moderne Sicht. Es gab eine Zeit, in der die Dinge sprachen. Lange, bis ins 17. Jahrhundert, waren die Menschen überzeugt, dass Gott die Zeichen, also die Bedeutungen, in die Dinge eingeschrieben habe, damit die Menschen durch sie die Welt erkennen. Den Dingen attestierte man die Fähigkeit, von selbst zu sprechen. Die Frage war nur, ob der Mensch sie verstand. Im 17. Jahrhundert kamen dann Zweifel auf, ob die Dinge wirklich von sich aus sprechen oder vielmehr dem Betrachter nur antworten können. Als einer der Ersten hat der Philosoph René Descartes (1596–1650) erkannt, dass es die menschliche Wahrnehmung ist, die die Zeichen der Dinge erst erzeugt. „Das Zeichen wartet nicht schweigsam das Kommen desjenigen ab, der es erkennen kann: es bildet sich stets nur durch den Akt der Erkenntnis." (Foucault 1974, 93) Die Bedeutung der Dinge *offenbarte* sich nicht länger. Jetzt ging man davon aus, dass der Rezipient sie *erzeugt*. Der Glaube an eine göttliche Sprache in allen Dingen wurde zugunsten einer rationalen Erkenntnistheorie verabschiedet, die in der radikalen Ausprägung des mathematischen Naturbegriffs, den Descartes erfand, alles Sinnliche am Ding für trügerisch hielt und statt der Sinne allein den Geist als für die Erkenntnis zuständig erklärte. Die Res Cogitans (also die Ideen) benutzten die Res Extensa (die Dinge) nur noch. Erst einige Jahrhunderte nach Descartes erkannten die Philosophen – allen voran die Phänomenologen –, dass die Sprache der Dinge eben nicht restlos ein intellektuelles Konstrukt ist, sondern dass die Dinge durchaus einen sinnlichen Überschuss besitzen, der sich nur *wahrnehmen*, nicht aber *intellektuell herleiten* lässt.

Dieser kurze Rückblick markiert zwei Wendepunkte, die unser Verständnis von den Dingen bis heute prägen und die für das Museum relevant sind: die Erkenntnis, dass die Botschaft der Dinge wesentlich vom Rezipienten erzeugt wird und dass die Dinge dennoch eine ganz eigene Ausstrahlung besitzen, die unnachahmlich und deshalb für die menschliche Erkenntnis fundamental ist. Beide Annahmen sind grundlegend für unsere Idee des (kultur-)historischen Museums als einem Ort, an dem Wissen durch die Ordnung der Dinge in einem räumlichen Arrangement entsteht und verstehbar wird. Dieser Erkenntnisort zeichnet sich dadurch aus, dass er den Status der Dinge verändert, weil er sie in neue Kontexte einbettet. Aus *Archivalien* werden *Quellen* und *Anschauungsobjekte*. Die Ausstellung macht Objekte einzigartig, die einst nur eine Sache unter vielen waren, enthebt die Dinge ihrer Gebrauchsfunktion, um sie als Gegenstände der

Reflexion zu nutzen, und überführt die Objekte vom privaten, kommunikativen ins öffentliche, kulturelle Gedächtnis.

Im Zusammenhang mit dem Museum hat es eine Reihe von Theorien zur Wirkung der Dinge gegeben. Eine in Deutschland lange Zeit einflussreiche Theorie hat der Philosoph Hermann Lübbe Anfang der 1980er Jahre formuliert. Seine Kompensationstheorie sieht im Museum „eine Rettungsanstalt kultureller Reste aus Zerstörungsprozessen" (Lübbe 1982, 14). Der Museumsboom der späten 1970er Jahre ist für Lübbe eine Folge der erhöhten kulturellen Zerstörungsrate dieser Zeit. Je mehr Vertrautes aus dem direkten Lebensumfeld verschwinde, desto stärker erodiere das eigene Selbstbild. Diesen Erosionsprozess, den er „Vertrautheitsschwund" nennt, könne historisches Bewusstsein in Teilen kompensieren, indem es Vertrautes aufbewahrt und damit stabile Orientierung bietet (ebd. 18). Das Museum führt einen nach Lübbe in die gute alte Zeit zurück, in der man sich noch auskannte. Es ist so gesehen vor allem ein Ort, der eine in Aufruhr geratene Gesellschaft psychologisch beruhigen soll. Die Kritik an dieser Theorie ließ nicht lange auf sich warten. Das Anliegen vieler Museen, so lautet der wichtigste Einwand, sei seit jeher zukunftsgerichtet und nicht rückwärtsgewandt gewesen, mehr politisch denn psychologisch. So versuchte beispielsweise das Germanische Nationalmuseum in Nürnberg nach der gescheiterten Revolution von 1848 die Bildung eines deutschen Nationalstaats vorzubereiten, indem es eine Sammlung zusammentrug, die das Gemeinsame der deutschen Kulturnation betonte.

Einflussreicher als Lübbes Kompensationstheorie ist in der aktuellen Diskussion um das Museumsding Krzysztof Pomians Semiophorentheorie. ‚Semiophor' bedeutet Zeichenträger. Das sind Objekte ohne Gebrauchswert, die allein symbolisch von Bedeutung sind. Semiophoren verbinden die sichtbare Welt der Gegenwart mit der unsichtbaren Welt der Vergangenheit und ermöglichen die Kommunikation zwischen beiden Welten. Sie sind räumlich nah und zeitlich fern und haben eine semiotische und materielle Kommunikationsebene, also Bedeutung und Anmutungsqualität. Diese Dualität des Dings zwischen Sinnstifter und „Reizobjekt" (Korff 2007a, 356) ist nicht unproblematisch und führt zu drei Konfliktlinien, entlang derer wir den Status der Museumsdinge verhandeln.

Der Status der Dinge

Museumsdinge haben eine rationale und eine emotionale Seite: Sie speichern Wissen und berühren die Sinne. Die Dinge sind also nicht allein Dokumente, Informationsträger, sondern besitzen eine spezifische Anmutungsqualität. Der Literaturwissenschaftler Stephen Greenblatt (2004) hat diese doppelte Potenz der Museumdinge „Resonance and Wonder" genannt. „Resonance" kennzeichnet das Objekt als Repräsentanten einer fernen Kultur oder Zeit, als Spur in die Fremde oder Vergangenheit, in die es den Besucher hineinzieht und ihm so neue

Erkenntnisse ermöglicht. „Wonder" bezeichnet das Staunen des Rezipienten und bezieht sich auf die emotionale Wirkung eines Objekts.

Der Museumsdiskurs beschreibt diese emotionale Wirkung mit dem Begriff ‚Aura', den der Kulturkritiker Walter Benjamin in seinem berühmten Aufsatz „Das Kunstwerk im Zeitalter seiner technischen Reproduzierbarkeit" 1937 neu gefasst hat. Benjamin fragte sich, warum Originalität von Kunstwerken im Zeitalter der Fotografie, die Motive detailgetreu abbilden kann, noch relevant sein sollte. In diesem Zusammenhang – also mit Blick auf die bildende Kunst – definierte er Aura „als einmalige Erscheinung einer Ferne, so nah sie sein mag" (Benjamin 1980, 479). Fern sind die Dinge zum einen, da sie aus einer anderen Zeit oder Region kommen, einmalig, da sie als Originale Relikte einer spezifischen historischen Situation sind. Für Benjamin ist das Original nicht ersetzbar, weil jeder Kopie „alles von Ursprung her an ihr Tradierbare [...], von ihrer materiellen Dauer bis zu ihrer geschichtlichen Zeugenschaft" fehle (ebd. 477). Fern sind auratische Dinge zweitens, weil sie uns immer ein Stück fremd bleiben, auch wenn sie räumlich ganz nah sind. Es bleibt etwas an dem Objekt, das, auch wenn es direkt vor unseren Augen steht, sich nicht enträtseln lässt – eine Distanz, die nicht überwunden werden kann und in der die Ursache für die emotionale Wirkung des Objekts liegt. Aura ist so verstanden eine nicht nachweisbare, aber fühlbare Ausstrahlung, die einen Gegenstand umgibt.

Museumsdinge sind also mehr als bloß materielle Belege eines vergangenen Zustands. In einer Ausstellung *repräsentieren* sie nicht nur Vergangenheit, sondern *produzieren* ein körperlich-sinnliches Verhältnis der Besucher zur Vergangenheit. Sie wirken performativ, *machen* etwas durch ihre bloße Anwesenheit. Der Philosoph Gernot Böhme spricht in diesem Zusammenhang von „Ekstasen der Dinge" und bezeichnet damit ihre raumgreifende Wirkung. Dinge, so Böhme, erzeugten durch ihre wahrnehmbaren materiellen Eigenschaften Atmosphären, wirkten in den Raum und seien nicht auf sich selbst beschränkt. Atmosphären definiert er als „räumliche Träger von Stimmungen" (Böhme 1995, 29). Folgerichtig erzeugen Dinge für Böhme Erlebnisse, statt nur Informationen zu transportieren. Dieser Ansatz wendet sich gegen ein semiotisches Verständnis von Kultur, das die Wirkung der Dinge auf die Kategorien ‚Sinn' und ‚Bedeutung' beschränkt. Hier scheint nicht nur die alte Dichotomie zwischen Res Cogitans und Res Extensa – zwischen Ideen und Objekten – durch, die seit Descartes besteht. Die Spannung zwischen dem Ding als Dokument und Reizobjekt hält sich vielmehr bis heute.

Um den Kern dieser Auseinandersetzung zu verstehen, scheint mir eine Anleihe bei dem Kunsthistoriker Dagobert Frey nützlich, der einen Konflikt zwischen wissenschaftlicher Formalisierung und Autonomie der Kunst konstatiert hat. Verwissenschaftlichung, so Frey, bedeute die Übersetzung von Formen (also sinnlich wahrnehmbaren Attributen) in Gesetze (ins Begrifflich-Logische). Bei dieser Transformation nehmen die Wissenschaften den Verlust an Sinnlichkeit zugunsten der Exaktheit ihrer Aussagen in Kauf. Für die Kunst hingegen gelte, dass sie das Sinnliche immer mitdenken muss und sich nicht in ein System pressen lässt, weil jedes Kunstwerk „sein eigenes Ordnungssystem in sich" trage, autonom sei (Frey 1976, 238).

Das kulturhistorische Museum als Ort wissenschaftlicher Erkenntnis mit ästhetischen Mitteln kombiniert beide Seiten – die sinnliche und die wissenschaftliche – zu einer einzigartigen Erfahrungswelt, kann aber umgekehrt keiner Seite vollständig gerecht werden. Auf der einen Seite verändert das Museum den Prozess der Verwissenschaftlichung, weil es als sinnliches Medium wissenschaftliche Aussagen nicht (primär) in der diskursiven Logik der *Begründung* weitergibt, sondern im visuellen Modus der *Evidenz*, der sichtbaren Einsicht. Es lässt immer einen mehr oder weniger großen Interpretationsspielraum, weil es auf ästhetischer Wirkung seiner Objekte aufbaut und so die Kontrolle über seinen Gegenstand mit dem Betrachter teilt. Das mehrdeutige Bild ersetzt den vermeintlich eindeutigen Text. Auf der anderen Seite lässt kaum eine kulturhistorische Ausstellung die Dinge autonom wirken, weil sie sie mit anderen Dingen in Beziehung setzt oder als Beleg für eine Geschichte nutzt.

Damit sind wir bei einer zweiten Konfliktlinie, die sich in der Kurzformel ‚Kunst oder Kontext?' ausdrückt. Diese Alternative, die vor allem ethnologische Museen umtreibt, markiert unterschiedliche Erkenntnisinteressen und einen je anders gelagerten Status der Objekte. Wer historische, wissenschaftliche oder gesellschaftliche *Kontexte* darstellen will, benötigt Dinge als Verweise (z.B. als Exemplare, siehe Kap. 3.3), das heißt als Stellvertreter für etwas Abwesendes. Diese kann er zu neuen Raumbildern kombinieren, um einen Zusammenhang sichtbar bzw. sinnlich wahrnehmbar zu machen.

Wer Objekte hingegen als Kunstwerke begreift, hat mit der freizügigen Rekontextualisierung der Dinge ein Problem – zumindest dann, wenn diese nur als Versatzstücke für neue Bilder (für Raumbilder) und zur Illustration von Informationen genutzt werden: „Disziplinierung der Objekte durch ihre Musealisierung", nennt das der Kunsthistoriker Michael Fehr (2000, 151) und fürchtet die „Reduktion ihres jeweiligen Charakters auf einen bestimmten Reizwert". Diese Kritik ist aus der Annahme formuliert, dass Kunstwerke einen sinnlichen Überschuss besitzen. Dieser sinnliche Überschuss ist nicht kontrollierbar – genau darin besteht sein Sinn als Fantasie- und Gefühlsanreger. „Läßt man sich auf Kunstwerke ein", schreibt der Philosoph Günter Figal (2010, 10), „wird man nicht informiert, sondern auf ursprüngliche Weise angerührt und in den Zustand einer elementaren Offenheit versetzt: Die Kunst läßt erstaunen [...]. Mit jedem Werk erfährt man etwas, das man so vorher nicht kannte und das so, wie es mit diesem Werk erfahrbar wird, nicht antizipierbar war; ein Kunstwerk ist unerwartbar, und zwar nicht nur bei der ersten Erfahrung, sondern immer wieder aufs neue."

Durch Inszenierungen aber, die das einzelne Werk mit anderen zu einem vorab definierten Erkenntniszweck zusammenspannen, würden diese unkontrollierten Ekstasen gezähmt und damit ihrer wichtigsten Funktion beraubt. Dann ist nicht mehr das einzelne Exponat das Werk, das ein in sich geschlossenes Rezeptionsangebot enthält und seine einzigartige Wirkung entfaltet, sondern die Ausstellung als neues Gesamtbild. Man könnte noch weiter gehen und sagen, dass Kunstwerke einen didaktischen Schutzraum benötigen, damit nichts von ihrer Erscheinung ablenkt und sie nicht von vornherein auf inhaltliche Informationen festgelegt werden.

Der wesentliche Unterschied liegt hier im Status der Objekte: Werke der bildenden Kunst, die für die Betrachtung gemacht wurden, und andere Objekte. Ob sich die Kunstwerk-Theorie deshalb auf lebensweltliche Dinge übertragen lässt, wie es im Rekurs auf Walter Benjamin und seinen Begriff der Aura geschehen ist, darüber wird bis heute gestritten. Es geht, schlicht gesagt, um die Frage, ob Dinge, die nicht wie Gemälde oder Skulpturen für die visuelle Rezeption gemacht wurden, als Reizobjekte im Museum aus sich heraus funktionieren, oder ob ihr einziger Daseinszweck in ihrer Verweisfunktion, also in ihrer Funktion als Zeuge oder Exemplar besteht. Das heißt, ob diese Dinge für sich alleine etwas ausstrahlen können, oder ob sie überhaupt erst durch museale Inszenierung und Kontextualisierung bedeutsam und attraktiv werden. Dies zumal, da die Wahrnehmung der Dinge entscheidend von der Kenntnis kulturell determinierter Wertmaßstäbe abhängt, so dass man ein Exponat als wertvoll, unkonventionell oder neu einstufen kann.

Die Frage nach der Wirkung des Objekts im Raum und danach, *wo* diese Wirkung entsteht, markiert eine dritte Konfliktlinie. Die deutsche Sachkulturforschung und die angloamerikanische Forschung zur materiellen Kultur, die Material Culture Studies, haben darauf lange Zeit unterschiedliche Antworten gegeben. Folgt man der Kulturwissenschaftlerin Andrea Hauser, ging die Sachkulturforschung traditionell von den Objekten, „ihrer Materialität, Funktion und Temporalität, d.h. ihrer physikalischen Präsenz in Raum und Zeit" aus und vernachlässigte die Beziehung zu Mensch und Umwelt (Hauser 2005, 148). Die Material Culture Studies hingegen, die der britischen und amerikanischen Sozial- und Kulturanthropologie verhaftet sind, analysierten Artefakte seit jeher als Teil einer Kultur, schauen primär auf die Wechselwirkung zwischen Objekt und Kontext. Die Aura des Exponats resultiert in dieser Wahrnehmung nicht aus einer Qualität des Objekts, die im Ding selbst zu finden ist (selbstreferenziell), sondern sie ist ein performativer Akt, für den primär die Inszenierung des Objekts, also die kuratorischen und gestalterischen Kunstgriffe verantwortlich sind. „Auratisch ist nicht mehr das Objekt [...], sondern die Rezeptionssituation." (Korff 2007a, XVII) Der museale Raum und seine Atmosphäre machen die Dinge erst besonders, und nicht umgekehrt die Dinge den musealen Raum.

Die Relevanz der Dinge

Es stellt sich die Frage, ob das Museum so gesehen seine Dinge noch braucht. Einerseits ja, denn der Raum und die Dinge sind die Alleinstellungsmerkmale des Museums. Ohne Dinge verliert es seinen Status als Ort der materiellen Begegnung mit dem Fremden und zeitlich Fernen und beraubt sich seiner ureigenen Attraktion. Für das Museum als Institution, die sich über das Sammeln, Bewahren, Erforschen und Ausstellen seiner Objekte definiert, bleiben die Originale die Raison d'Etre. Der zentrale Begriff in diesem Zusammenhang heißt ‚Authentizität'.

Der Museumsdiskurs geht traditionell von einer Verbindung zwischen Originalität und Authentizität aus. Diese Gleichsetzung stellten in den 1980er Jahren Museologen wie Zbynek Stransky infrage. Stransky (1985) galt Originalität als eine Qualität des Objekts, die uns hilft, die Ursprünge des Objekts zu erkennen und nachzuvollziehen, woher es kommt und ob es echt ist. Sie allein reicht aber nicht aus, um Dinge für das Museum bedeutsam zu machen. Für das Museum ist vielmehr die Beziehung des Objekts zu einem sozialen oder historischen Phänomen entscheidend. Diese Beziehung macht für Stransky den Kern von Authentizität im Museum aus. Bei diesem Verständnis von Authentizität geht es um eine ontologische, materielle Verbindung zu einem vergangenen Ereignis (das entspricht dem Original als Begriff der Quellenkritik), die *darüber hinaus* relational ist. Sie ergibt sich erst aus dem Kontext, in dem wir es bewerten und in dem das Ding seine Bedeutung bekommt. So erzeugen Dinge im Kunstkontext eine andere Bedeutung als in einer historischen Dokumentation (siehe Kapitel 3.3). Kurz: Das Ding wird nicht bedeutsam, nur weil es echt ist, sondern weil es in einem *als bedeutsam erkannten* Zusammenhang steht. Anders beim Kunstwerk: Hier ist Originalität für Stransky per se zentral. Es bezieht seinen Wert aus dem Wissen, dass das Werk von des Künstlers eigener Hand geschaffen wurde.

In dem Maße freilich, wie das *Erlebnis* in Ausstellungen die Evokation von Wissen und von Präsenzeffekten mithilfe materieller Relikte zurückdrängt, wird das Objekt entbehrlich. Versteht sich das Museum zunehmend als Institution, die durch suggestive Arrangements historische Ereignisse als Erlebnis vermitteln will, dann *kann* es auf die „Erinnerungsveranlassungsleistung" (Korff 2007a, 143) der Dinge vertrauen, ihre Fähigkeit also, Erinnerungen an längst vergangene Ereignisse und damit verbundene Gefühle auszulösen. Allerdings, und das ist das Entscheidende, ist das Objekt für ein Museum, das dem Besucher vor allem ein Erlebnis bieten will, entbehrlich. Heutige Museen, heißt es bei der Philosophin Hilde Hein (2000, 71), „feature objects as means to experience rather than as ends in themselves". Die Perspektive ändert sich vom Objekt zum Subjekt, von den echten Dingen zu den authentischen subjektiven Erlebnissen. Nicht die Originalität, also die Einzigartigkeit und ursprüngliche materielle Substanz des Objekts ist dann entscheidend, sondern seine Fähigkeit, außergewöhnliche Erlebnisse zu erzeugen. Entsprechend ist es nicht mehr erste Aufgabe einer Ausstellung, möglichst viele materielle Überreste der Geschichte vor dem Betrachter auszubreiten, wenn diese keinen Wert an sich darstellen. War es einst einziger *Zweck* des Museums, Objekte zu sammeln und auszustellen, so ist das Exponat heute bestenfalls eines von mehreren *Mitteln*, mit denen ein Museum sein Publikum erreichen kann. Mehr noch: Ausstellungen, die sich weitgehend von den Depotbeständen der Museen freispielen, vereinzeln ihre Objekte, statt diese in der historisch begründeten Systematik der Sammlungen auszustellen. Mit dieser Verschiebung weg vom Sammlungszusammenhang hin zum Einzelstück (zum *Highlight*) wird das einzelne Exemplar illustrativ und erklärungsbedürftig, weil es sich nicht mehr aus dem Sammlungskontext erklärt, sondern inszenatorisch eingebettet werden muss, um verständlich zu bleiben.

In dem Maße, in dem das Primat der Dinge infrage steht, ist die neue Hinwendung zahlreicher Museen zu den Objekten und Sammlungen bemerkbar, wie sie Depotausstellungen oder jene Schauen kennzeichnet, die ganz bewusst das Entdecken am Objekt einfordern (siehe Thiemeyer 2018a). Diese Haltung ist heute allerdings nicht mehr selbstverständlich und benötigt mehr denn je gute Argumente, die die Wirkung der Originale plausibel machen. Die Krux liegt nur darin, dass wir diese Wirkung, das Ungezähmte und Unkontrollierbare, die Aura des Originals, wenn man so will, nicht auf den Begriff bringen können, weil wir uns „am Rande des Sagbaren auf[halten], in einem Gebiet, das nurmehr Andeutungen, Metaphern und Katachresen zulässt" (Mersch 2002, 9). Argumentativ lässt sich über die Ausstrahlung der Objekte, der Originale zumal, kaum streiten. Aber darin liegt zugleich die große Chance des Museums: Von der Wirkung seiner Dinge kann man schlecht berichten, man muss sie selbst erleben – und sich deshalb an jenen Ort begeben, an dem die Dinge zum Sprechen gebracht werden.

Kuratorische Praktiken: Werk, Exemplar, Zeuge | 3.3

Museumsdinge sind nicht nur räumlichen Logiken, sondern auch kuratorischen Praktiken unterworfen, die sie disziplinieren und ihnen viel von ihrer materiellen Substanz rauben. Ganz gleich, was die Dinge zu sein behaupten, wie laut sie zu ‚sprechen' scheinen: Was wir in ihnen sehen, ist oft kein Effekt des Materials, sondern des kuratorischen Zugriffs. Um diese Zugriffe sichtbar zu machen und die Konsequenzen zu erkennen, die sie zeitigen, schlage ich drei heuristische Kategorien vor: *Werk*, *Exemplar* und *Zeuge*. Jede Kategorie folgt einer anderen Logik und entwickelte sich in unterschiedlichen Fachdisziplinen bzw. Museumstypen. Sie misst ihre Dinge an anderen Werten. Allen voran die Originalität der Exponate verliert aus dieser Perspektive ihren Status als erster und wichtigster

Wert, der für alle Museumsdinge zu gelten habe. Vielmehr zeigt sich, dass Werturteile soziale Kategorien sind, die sich permanent wandeln und Interessen folgen. Wert bezeichnet hier ganz allgemein jene Merkmale, die das Objekt in den Augen von Kunst- oder Kulturwissenschaftlern, Historikern, Bio- oder Ethnologen (um nur einige zu nennen) museumswürdig erscheinen lassen. Je nach Museumstyp entwickelten sich unterschiedliche Vorstellungen davon, welche Dinge aus welchen Gründen museumswürdig seien und wie man sie auszustellen habe. Mit der Zeit etablierten sich verschiedene *Konventionen des Zeigens*, die uns heute gleichsam natürlich erscheinen und bestimmte Dinge in unserer Wahrnehmung auf bestimmte Reizwerte festlegen.

Werk

Abb. 12: Besuchermassen vor der Mona Lisa im Louvre

In Saal 6 der Sektion „Denon" des Louvre hängt Leonardo da Vincis Mona Lisa. Sie hängt einsam an einer großen monochromen Wand hinter Panzerglas und hat Museumswärter zur Seite gestellt. Eine Holzbrüstung und schwarze Absperrbänder halten die Besuchermassen auf Distanz, die sich täglich um das berühmteste Werk des Museums scharen und es fleißig fotografieren. Das Textlabel zum Gemälde können sie nicht lesen, es enthält ohnehin nur einige Basisdaten: „Léonard de Vinci / Vinci, 1452 – Amboise, 1519 / Portrait de Lisa Gherardini, épouse de Francesco del Giocondo, dite *Monna Lisa*, la *Gioconda* ou la *Joconde* / Bois (peuplier) [Pappel-Holz] / Peint à Florence vers 1503–1506 / acquis par François Ier en 1518 / Inv. 779." Mehr erfährt der Betrachter nicht. Aber darum geht es den meisten auch nicht: Sie alle wollen das Original jenes Gemäldes sehen, das ihnen von Fotos, Postern und Souvenirs längst bekannt ist. Dass sie trotzdem vor diesem Bild stehen und es sehen oder zumindest ihre Anwesenheit vor dem Gemälde dokumentieren wollen, hat einen einfachen Grund: Nur diese Mona Lisa ist von da Vincis eigener Hand. Darin liegt ihr Wert und ihre Authentizität begründet. Das Museum steigert den Wert des Objekts noch durch die Inszenierung: Panzerglas, Absperrung und Wächter signalisieren Wichtigkeit.

Die Kunstwissenschaft hat Originalität in Verbindung mit Authentizität zum wichtigsten Wertkriterium für Kunst erhoben. Authentizität bedeutet im Kontext der Kunst *beglaubigte Abstammung* – eine Abstammung, die die Signatur des Künstlers verbürgt (autorisiert) oder die dem Werk zumindest zweifelsfrei zugeschrieben werden kann. Diese Authentizität ist das entscheidende Kriterium für den Erlebnisgehalt, den ästhetischen und emotionalen Effekt und damit den (Tausch-)Wert des Werks, und dieses Original kann man nur hier im Louvre sehen. Die Kunst-Authentizität ist eng an die Idee von Originalgenie und Autorschaft gebunden. Sie ist verknüpft mit Fragen des Urheberschutzes und folgt nicht zuletzt den ökonomisch motivierten Regeln des Kunstmarkts, auf dem knappe Güter, die Originale stets sind, höhere Preise erzielen als Kopien, selbst wenn den Unterschied kaum jemand erkennt. Deshalb ist der Kenner ein wichtiger Akteur in diesem Zusammenhang, der die „feinen Unterschiede" (Bourdieu 1982) im Werk wahrnimmt, für den also das Original qualitativ etwas anderes ist als die Nachahmung – zumindest behauptet er das und stützt damit ein System, das Originalität zum Wertmaßstab erhebt.

Das Werk jedenfalls soll einzigartige ästhetische Erfahrungen auslösen, die an das Ursprungsmedium gebunden und in keiner anderen Form zu reproduzieren seien. Werke der bildenden Kunst gelten als „Erscheinungsdinge" (Figal 2010), die exklusive Erfahrungen versprechen. Diese Sicht führte zu Konventionen des Zeigens, die bis heute fortgeführt werden, selbst wenn man die Grundannahmen nicht mehr zwingend teilt: Die Betonung der Singularität durch den Nachweis der Autorschaft auf dem Objektschild oder durch Vereinzelung der Dinge auf einer großen Wand, der Verzicht auf (visuelle) Kontextinformationen, um von der einzigartigen Ausstrahlung des Werks nicht abzulenken, die exklusive Aura der einfarbigen Hintergrundfläche, die adelt, was sich auf ihr befindet. Diese Art der Inszenierung suggeriert exklusive ästhetische Erfahrung, die an die physische Anwesenheit eines bestimmten Exponats gebunden ist. Sie unterscheidet das Werk vom Exemplar.

Exemplar

Abb. 13: Der Doppelhornvogel „Buceros Bicornis" (links oben) im Schaumagazin des Überseemuseums Bremen

Der Buceros Bicornis ist in der Nomenklatur Carl von Linnés (1707–1778) ein Doppelhornvogel aus Südostasien und steht im naturkundlichen Schaudepot des Übersee-Museums in Bremen in einer Reihe mit anderen Hornvögeln. Neben den Hornvögeln (Bucerotidae) finden sich Hopfe (Upupiformes) und Wiedehopfe (Upupidae), die allesamt zur Klasse der Vögel (Aves) zählen. Jeder hier ausgestellte Vogel steht stellvertretend für eine Art, verschiedene Arten stellvertretend für eine Gattung, verschiedene Gattungen repräsentieren eine Familie usw. Der Doppelhornvogel hat seinen genau definierten Platz in einer räumlich dargestellten biologischen Taxonomie, die moderne Arten als Nachfahren von primitiven, stammesgeschichtlich älteren Arten zeigen will. Jedes Objekt ist nur mit der nötigsten Information versehen: seinem lateinischen Namen (Buceros Bicornis), dem Jahr, in dem die Spezies erstmals wissenschaftlich verzeichnet wurde (1758) und der Region, in der sie vorkommt (South-West India, Himalaja, Malaysia). Die serielle Präsentation der Vögel im Bremer Schaumagazin soll das Klassifikationssystem von Linné nachbilden und ordnet die Präparate hierarchisch entlang genetischer und morphologischer Merkmale. Wichtig für die Stellung im System sind bei den Vögeln unter anderem die Form des Schnabels und die Gestalt des Gefieders.

Es ist leicht zu erkennen, dass der Buceros Bicornis als Exponat einer anderen Logik folgt als die Mona Lisa im Louvre: Einzigartigkeit ist nicht sein hervorstechendes Merkmal, sondern Repräsentativität. Anders als das Werk, das die Individualität seines Schöpfers ausdrückt und das deshalb in jeder Einzelheit als unnachahmlich gilt, ist das Exemplar auf wenige Merkmale reduziert, die es einer bestimmten Art, Familie oder Klasse zuordnen. Es ist *Merkmalsträger* und kein Individuum. Exemplare sind Platzhalter in einem wissenschaftlichen System, die beispielhaft, typisch für eine bestimmte Spezies, eine Technik, einen Stil, eine Epoche oder ein Material sind. Ihr Wert besteht gerade in dieser Repräsentativität.

Authentizität ist bei Exemplaren zweitrangig, sofern eine Kopie alle relevanten Merkmale in gleicher Qualität aufweisen kann. Das Exemplar fungiert – anders als das Werk oder der Zeuge – nicht als Emotions-, sondern als Zeichenträger, als Vehikel für Informationen. Hat man diese gewonnen, ist das Vehikel (das heißt das originale Objekt) verzichtbar, weil der Wissenschaftler die Erkenntnisse notieren oder erzählen kann, die er am Exemplar gewonnen hat. Dieser Begriff von Originalität ist kein wirkungsästhetischer wie beim Werk (einzigartige Erfahrung), sondern ein erkenntnistheoretischer, der vorbildliche oder bemerkenswerte Dinge verfügbar machen will, die sich durch überindividuelle Merkmale auszeichnen. Er leitet sich aus (wissenschaftlichem) Erkenntnisinteresse ab, nicht aus psychologischen Effekten, wie sie die Begriffe Aura und Authentizität umreißen, die in der Regel an individuelle Dinge gebunden sind. Dieses funktionale Verhältnis zur Materialität der Dinge unterscheidet das Exemplar nicht nur vom Werk, sondern auch vom Zeugen.

Zeuge

Im Haus der Geschichte in Bonn steht ein schwarzer Mercedes-Benz 300. Diese Limousine war in den 1950er Jahren eines der ersten Statussymbole der jungen Bundesrepublik. Das Haus der Geschichte präsentiert ihn vor einem großen Foto, das den Wagen als Staatslimousine im Einsatz zeigt. Neben dem Wagen liegt ein roter Teppich, dahinter steht ein Waggon der Bundesbahn, mit dem Staatsgäste gefahren sind. Die Geschichte des Fahrzeugs erzählt das Museum auf einem Textschild und mithilfe von Filmausschnitten. Der Mercedes 300 ist ein elegantes Fahrzeug, das mit seinem hohen Kühlergrill, den ausladenden Kotflügeln und den hervorspringenden Scheinwerferaugen schon damals ein bisschen aus der Zeit gefallen war. Die ästhetische Anmutungsqualität der Karosserie ist freilich nicht der Grund, dass heute etliche Besucher im Haus der Geschichte lange an dem Fahrzeug stehen bleiben, aufmerksam die Texte lesen und die Bilder betrachten, die das Fahrzeug umgeben. Der Grund, warum dieser Mercedes 300 die Besucher des Hauses der Geschichte interessiert, ist sein prominenter Besitzer: Konrad Adenauer. Adenauer ließ sich 1951 diesen Mercedes ins Bundeskanzleramt liefern und nutzte ihn als Staatskarosse. Die Standarte mit der Bundes-

Abb. 14: Konrad Adenauers Mercedes 300 „Adenauer" im HdG Bonn

fahne am rechten Kotflügel zeugt davon. Der Mercedes 300, den der Volksmund nur „der Adenauer" nannte (das HdG betitelt ihn als „Adenauer 300"), steht in Bonn nicht als Exemplar für die Automobile der frühen 1950er Jahre oder als Werk der Automobilkunst jener Zeit (weil er schön ist), sondern als *Zeuge*. Er ist ein Erinnerungsstück, dessen Präsenzeffekt in der Aura seines vormaligen Besitzers liegt, in seiner *Referenz*.

An Erinnerungsstücken, darauf wies der Frankfurter Museumsdirektor Otto Lauffer schon 1907 hin, interessiere nicht der exemplarische Gebrauchswert, „sondern ein ganz bestimmter Zweck, dem sie nur ein einziges Mal in einem historisch wichtigen Moment gedient haben. Die Erinnerung an ein bedeutendes geschichtliches Ereignis oder an hervorragende geschichtliche Persönlichkeiten, die ihnen – äußerlich nicht sichtbar, aber durch mündliche Tradition oder schriftliche Nachricht bezeugt – anhaftet, verleiht ihnen ihren Wert." (Lauffer 1907, 13) Dieser „Affektationswert" (ebd.) haftet dem Ding an, weil es ein letzter Fetzen des Mantels der Geschichte ist. Auch beim Zeugen ist Authentizität eng an Originalität gebunden, allerdings aus anderen Gründen. Hier geht es nicht um Kunstwert und Meisterschaft, sondern um historische Einmaligkeit und Beglaubigung von Vergangenheit.

Das Museumobjekt als Zeuge gilt als authentisch, wenn es als *Spur*, als *Beweis* oder als *Gefühlsobjekt* fungiert (oft ist es mehreres zugleich). Als Spur gibt es Aufschluss über historische Situationen und Milieus, die man unter anderem aus Hinweisen im Material rekonstruieren kann. Diese Spuren müssen authentisch im Sinne von echt sein, um Grundlage neuen Wissens sein zu können. Sie sind nicht zu antizipieren, nicht vorauszusehen, sondern stehen am Beginn einer Interpretation. Das trifft insbesondere dann zu, wenn Dinge als Beweise fungieren, also physisch die Existenz von etwas beglaubigen. In NS-Gedenkstätten waren und sind die Relikte der ehemaligen Konzentrationslager die stärksten Argumente gegen Holocaustleugner. Sie haben quasi-juridische Funktion als Indizien. Dass in diesem Zusammenhang die Originalität der Relikte grundlegend ist, versteht sich von selbst: Nur die Originale können Tatsachen authentisch verbürgen, können Zweifel an der Version einer Geschichte ausräumen. Sie garantieren ontologisch die Wirklichkeit eines vergangenen Ereignisses, seine Existenz, weil ein materielles Relikt von diesem zurückgeblieben ist.

Wissen zu erzeugen oder zu bestätigen ist nur ein Effekt des Zeugen, der darüber hinaus den Betrachter emotional berühren kann. Ihn umgibt eine Aura, die aus dem Bewusstsein für die Involviertheit in ein historisch wichtiges Ereignis, für eine historische Situation oder durch den Bezug zu einer bedeutenden Person entsteht. Diese Effekte stellen sich vor allem dann ein, wenn gesichert (oder zumindest nicht widerlegt) ist, dass das Ding Teil des Ereignisses war oder mit der Person in direktem Kontakt stand. Die Attraktion des Mercedes 300 in Bonn würde schlagartig sinken, wenn es nicht *der* Mercedes wäre, in dem Adenauer tatsächlich saß, sondern nur ein baugleiches Modell jenes Mercedes, wie ihn auch Adenauer fuhr.

Werk, Exemplar und Zeuge als Produkte kuratorischer Praxis

Die drei Kategorien Werk, Exemplar und Zeuge fungieren nicht als Typologie, sondern als *heuristische Kategorien*, um Präsentationslogiken erkennbar zu machen und den Dingen ihre Natürlichkeit zu rauben. Sie sind den Dingen nicht von selbst zugewachsen, sondern das *Resultat kuratorischer Praxis*. Die Mona Lisa könnte ebenso gut Exemplar sein, wenn sie zusammen mit anderen Gemälden als Stellvertreterin für die italienische Kunst des 16. Jahrhunderts ausgestellt würde; der Doppelhornvogel könnte als Zeuge fungieren, wenn der Kurator an ihm die Geschichte der Entdeckung dieses speziellen Vogelpräparats erzählte; Adenauers Mercedes könnte Kunstwerk sein, wenn seine ästhetische Schönheit in einem weißen Galerieraum auf einem Podest oder unter einem Glassturz zur Geltung gebracht würde. Zwar sind wir es gewohnt, bestimmte Objekte auf eine spezifische Art zu exponieren: das Gemälde als Kunstwerk isoliert und überhöht, naturkundliche Objekte als Exemplare in Serien oder historische Zeugen im Verbund mit erläuternden Kontextobjekten und Texten. Doch diese Praktiken des Zeigens sind Konventionen, die den Erkenntnisinteressen bestimmter Disziplinen folgen und zeitgebunden sind. Als was uns die Dinge erscheinen, folgt vor allem Erwartungen der Rezipienten und museumsspezifischen Präsentationsweisen, denen sie unterworfen werden. Die Dinge *sind* nicht Werk, Exemplar oder Zeuge, wir *machen* sie zu solchen und weisen so alten Dingen neuen Wert zu.

Weiterführende Literatur

Figal 2010: Günter Figal, Erscheinungsdinge. Ästhetik als Phänomenologie (Tübingen 2010).

Hein 2000: Hilde Hein, The museum in transition. A philosophical perspective (Washington, London 2000).

Korff 2007a: Gottfried Korff, Museumsdinge. Deponieren – exponieren. In: Martina Eberspächer / Gudrun Marlene König / Bernhard Tschofen (Hg.), Museumsdinge. Deponieren – exponieren (Köln, Weimar, Wien 2007[2]).

Samida / Eggert / Hahn 2014: Stefanie Samida / Manfred Eggert / Hans Peter Hahn (Hg.), Handbuch Materielle Kultur. Bedeutungen, Konzepte, Disziplinen (Stuttgart 2014).

Thiemeyer 2018a: Thomas Thiemeyer, Das Depot als Versprechen. Warum unsere Museen die Lagerräume ihrer Dinge wiederentdecken (Köln, Weimar, Wien 2018).

Studium und Berufsfelder 4

Das Studium 4.1

Das Feld der museumsnahen Studiengänge an deutschen Universitäten und Hochschulen differenziert sich zunehmend. Jedes Semester kommen neue Studienangebote auf den Markt und andere verschwinden, und nicht immer ist erkennbar, wie solide die jeweiligen Studiengänge sind. Viele Fächer haben das Museum als Arbeitsmarkt entdeckt und bemühen sich, Absolventen für dieses Berufsfeld zu qualifizieren. Die richtige Wahl zu treffen, ist entsprechend schwierig.

Einen ersten Überblick zu einigen aktuellen Studienangeboten in Deutschland gibt der Deutsche Museumsbund (https://www.museumsbund.de/karriere/aus-und-weiterbildung/). Er listete im Sommer 2018 zwölf Museumsstudiengänge an sieben deutschen Hochschulen und Universitäten auf, auf die ich mich im Folgenden beziehe: an der Hochschule für Wirtschaft, Technik und Kultur (HWTK) in Berlin und der Hochschule für Technik, Wirtschaft und Kultur (HTWK) in Leipzig sowie an den Universitäten Frankfurt, Heidelberg, Oldenburg, Tübingen und Würzburg.

Grundsätzlich unterscheiden sich die Studiengänge darin, ob sie sich als eigenständiges Fach „Museologie" verstehen oder ob die Museumsausbildung Teil eines Fachstudiums (der Archäologie, Geschichts-, Kunst- oder Kulturwissenschaft etc.) ist. Anerkannte Institutionen der ersten Ausrichtung sind die HWTK Berlin und die HTWK Leipzig (Letztere steht in der Tradition der ostdeutschen Museologie). Sie bieten BA-Studiengänge für „Museumskunde" bzw. „Museologie" an und Masterstudiengänge für „Museumsmanagement und -kommunikation" (Berlin) bzw. „Museumspädagogik – Bildung und Vermittlung" (Leipzig). Auch die Universität Würzburg bietet einen BA-Studiengang „Museologie und materielle Kultur" an. Die diversen Würzburger Museums-Masterstudiengänge hingegen bestehen zu gleichen Teilen aus Lehrinhalten der Museologie, die man mit einem Fachstudium kombinieren muss.

Im Unterschied zu den meisten Museologie-Studiengängen verstehen die Museums-Masterstudiengänge der Universitäten Oldenburg (Master „Museum und Ausstellungen") und Tübingen (Master-Profillinie „Museum & Sammlungen") Museen und Sammlungen als Teile eines konsekutiven Fachstudiums: In Oldenburg ist die Museumslehre am Institut für Materielle Kultur angesiedelt; in Tübingen ist die Profillinie kombinierbar mit verschiedenen Fächern wie Archäologie, Empirischer Kulturwissenschaft, Kunstgeschichte etc. Die Nähe zu einer

Disziplin zeichnet auch das Centre for Anthropological Research on Museums and Heritage aus, das unter anderem bei der Europäischen Ethnologie der HU Berlin angesiedelt ist. Die Universität Heidelberg bietet einen Masterstudiengang „Kunstgeschichte und Museologie“ an. In Österreich und der Schweiz existieren weitere explizite Museumsstudiengänge wie der Master „Collection Studies and Management“ an der Universität Krems oder der Master „Kunstgeschichte mit Ausstellungs- und Museumswesen“ an der Universität Bern.

Neben Studiengängen, die das Museum im Titel führen, gibt es eine Reihe weiterer Studiengänge, die sich mit Museum, materieller Kultur, Museumspädagogik und Ausstellung beschäftigen, wie der Lehrstuhl für Wissenschaftsgeschichte der HU Berlin, der Lehrstuhl für Materielles und Immaterielles Kulturerbe an der Universität Paderborn, das Seminar für Kulturanthropologie des Textilen an der TU Dortmund, diverse Public-History-Studienangebote unter anderem an der FU Berlin, an den Universitäten Bochum, Heidelberg und Köln sowie Curatorial-Studies-Studiengänge, wie sie vor allem im Kunstkontext angesiedelt sind (u. a. Hochschule für Bildende Künste und Universität Frankfurt; Hochschule für Grafik und Buchkunst Leipzig; Hochschule der Bildenden Künste Saar). Darüber hinaus gibt es ein wachsendes Angebot an berufsbegleitenden Studiengängen oder Fortbildungsangeboten. Einschlägig ist die Grazer Museumsakademie Joanneum mit ihren themenspezifischen Fortbildungen.

4.2 | Das Volontariat

Der Weg ins Museum führt inzwischen in aller Regel über das wissenschaftliche Volontariat. Lange Zeit war nicht hinreichend definiert, was ein Volontariat umfassen muss und wie es zu vergüten ist. Erst 2009 publizierte der Deutsche Museumsbund einen „Leitfaden für das wissenschaftliche Volontariat im Museum“, dessen überarbeitete Neuauflage von 2018 die maßgebliche Empfehlung darstellt (Deutscher Museumsbund 2018b). In ihm definiert der Museumsbund ein abgeschlossenes Masterstudium (respektive Magister oder Diplom) als Voraussetzung, um sich für ein Volontariat bewerben zu können: „Der Bachelor ist kein wissenschaftlicher Hochschulabschluss im Sinne des öffentlichen Tarifrechts.“ (ebd. 7) Für Volontariate, die auf das Kuratieren von Ausstellungen vorbereiten, empfiehlt er sogar die Promotion. Um für eine der vergleichsweise wenigen Volontariatsstellen infrage zu kommen, achten immer mehr Museen auf nachgewiesenes Interesse an der Institution während des Studiums. Insbesondere längere Praktika in Museen, Besuche in Ausstellungen sowie Studieninhalte, die eine Nähe zum Arbeiten mit Objekten erkennen lassen, sind gern gesehen oder verlangt.

Das Volontariat ersetzt das Studium nicht (und Gleiches gilt umgekehrt), sondern baut als praxisorientierte Ausbildung auf ihm auf. „Ziel des Volontariats ist es, die an der Hochschule erworbenen Kenntnisse in der Praxis anzuwenden und zugleich Kenntnisse für die Tätigkeit an einem Museum zu erwerben." (ebd.) Volontäre sollen innerhalb von zwei Jahren mit den wichtigsten Museumsaufgaben in Kontakt kommen. Diese umfassen für den Museumsbund die fünf Kernaufgaben des Museums – Sammeln, Bewahren, Forschen, Ausstellen und Vermitteln – sowie Bildung, Kommunikation, Management und Verwaltung. Konkret genannt sind unter anderem Einblicke in Sammlungsverwaltung und -management, Kenntnisse der Provenienzforschung, Erfahrung im Umgang mit Objekten (bestimmen, inventarisieren, ausleihen, verleihen, verpacken, ausstellen), die Mitarbeit an Ausstellungen, Kenntnisse rechtlicher und administrativer Vorschriften und Verfahren, Konzeption und Durchführung von Vermittlungsangeboten sowie eigenständige Kosten- und Terminplanung. In jedem Fall sollen möglichst viele Aspekte der Museumsarbeit Teil der zweijährigen Ausbildung sein, die nicht auf Spezialisten, sondern auf Museumsgeneralisten zielt (wenngleich die Möglichkeit besteht, einzelne Aufgaben stärker zu vertiefen als andere).

Berufsfeld Museum | 4.3

Das Museum ist ein weit verzweigtes Berufsfeld. Der Deutsche Museumsbund zählt in seinem Leitfaden „Berufe im Museum" knapp 50 Museumsberufe auf (Deutscher Museumsbund 2018a, demnächst als Download unter museumsbund.de), in denen im Jahr 2015 rund 15 000 Menschen arbeiteten (Statistisches Bundesamt 2017, 7). Für Absolventen der Geistes- und Sozialwissenschaften sind einige Berufsfelder besonders relevant, die im Folgenden kurz skizziert und um Auskünfte von Museumskuratoren, -kustoden, -pädagogen etc. ergänzt werden. Sie geben eine grobe Orientierung zu jenen Tätigkeiten, die museumsspezifisch sind (weshalb z. B. PR oder Fundraising fehlen). Ausführliche Informationen zum gesamten Spektrum der Museumsberufe bietet der Leitfaden des Museumsbundes.

Die im Folgenden und im Leitfaden vorausgesetzte prototypische Aufteilung der Museumsaufgaben auf Spezialisten können sich vor allem große Museen leisten. Für die Mehrzahl der Museen – insbesondere die kleinen Heimat-, Privat- und Lokalmuseen –, die bestenfalls über wenige wissenschaftliche Mitarbeiter verfügen, kommt eine Arbeitsteilung nicht infrage. Sie brauchen Allrounder, die sich auf jedem der genannten Felder bewegen können.

Kurator

Kurator und Kustos sind die ältesten Funktionsstellen in Museen und nur in wenigen Häusern kategorisch getrennte Aufgabenfelder. Beide agieren an der Schnittstelle von Wissenschaft, Forschung und Sammlung. Während der Kustos sich primär über die Arbeit in den Sammlungen und die permanente Schausammlung definiert(e), ist Kernaufgabe des Kurators die Ausstellungsarbeit, insbesondere die ständig wechselnden Sonderausstellungen. Der Kurator konzipiert und organisiert eine Ausstellung von der Ideenfindung bis zur Eröffnung. Gute Kenntnis der Sammlungen des eigenen Museums ist dafür ebenso Voraussetzung wie Recherche in anderen Sammlungen, die Exponate zum jeweiligen Thema enthalten könnten. Der Kurator „übernimmt das abteilungsübergreifende Projektmanagement für die jeweilige Ausstellung und ist in diesem Zusammenhang für die Verwaltung des Budgets verantwortlich. Er kümmert sich um die weltweite Leihgaben-Akquise, das projekt- und themenbezogene Fundraising, das Einwerben von Mitteln und die Betreuung und Steuerung von externen Partnern." (Deutscher Museumsbund 2018a) Als Qualifikation empfiehlt der Museumsbund ein abgeschlossenes Hochschulstudium „in einer auf die Sammlungen bezogenen Disziplin, möglichst mit Promotion" (ebd.).

4 Fragen an Dr. Nina Gorgus

Kuratorin am Historischen Museum Frankfurt (HMF), Ausstellungskoordination und Leitung der Sammlungen Spielzeug, Alltagskultur und Haushalt II (ab 1880), Kindheits- und Jugendkultur. Studium der Volkskunde/Empirischen Kulturwissenschaft, Französisch und Soziologie in Freiburg und Tübingen (1985–1992, Magister); 1997 Promotion über die Museologie Georges-Henri Rivières (Tübingen).

Was macht eine Kuratorin am Historischen Museum Frankfurt?
Koordination und Organisation des operativen Geschäfts im Museum bestimmen meine Tätigkeiten. So bin ich zurzeit damit beschäftigt, Nachbesserungen in der Dauerausstellung im 2017 eröffneten Ausstellungshaus in die Wege zu leiten und zu koordinieren – intern mit den Kollegen im Haus, extern mit den Szenografen, Grafikern und Lichtplanern. Darüber hinaus koordiniere ich unsere Ausstellungsplanung. Zudem betreue ich die Sammlung, kümmere mich um neue Objekte und ums Entsammeln, beantworte Anfragen, mache Führungen, betreue einige unserer Social Media-Angebote und vieles mehr. Für die inhaltliche Arbeit bleibt immer viel zu wenig Zeit, auch wenn das am meisten Spaß macht. Derzeit bereite ich zwei Ausstellungen zu Parks und öffentlichen Gärten und zu der Frankfurter Puppenspielerin Liesel Simon vor – vom Konzept bis zur Umsetzung.

Welche Fähigkeiten benötigen Sie, um Ihre Arbeit zu machen?
Teamgeist, gutes Zeitmanagement, Flexibilität und Belastbarkeit sowie die Bereitschaft, mich immer wieder in neue Themenfelder einzuarbeiten. Was auch ganz wichtig ist: gesunder Menschenverstand und die Fähigkeit, Ruhe zu bewahren, wenn es turbulent wird.

Welches Wissen aus dem Studium hilft Ihnen bei der Ausstellungsarbeit besonders?
Mir hilft, dass ich im Studium gelernt habe, wie ich am besten ein Thema angehe, selbst wenn sich mittlerweile durch das Internet das wissenschaftliche Arbeiten sehr verändert hat. Ich habe viele Seminare zu museumsbezogenen Themen und zur materiellen Kultur besucht – auf dieses Wissen kann ich aufbauen. Und ich profitiere von praxisbezogenen Seminaren wie einem dreisemestrigen Ausstellungsprojekt zu „Wilden Masken". Es ist auch hilfreich, dass ich schon während meines Studiums ein breites fachliches Netzwerk aufgebaut habe, so dass ich bei konkreten Fragen immer Ansprechpartner habe.

Worauf achten Sie, wenn Sie jemanden einstellen?
Fundierte und breite Fachausbildung, Interesse an historischen und gegenwärtigen Themen, Praktika an größeren Museen

Neben Kuratoren, die in Museen angestellt sind, gibt es eine wachsende Zahl freier Kuratoren und Agenturen, die von Museen für einzelne Ausstellungen engagiert werden. Sie arbeiten auf Vertragsbasis für eine bestimmte Projektlaufzeit mit den Museen zusammen und greifen nicht selten auf deren Bestände zurück.

4 Fragen an Dr. Joachim Baur

Inhaber der Agentur „Die Exponauten. Ausstellungen et cetera", Berlin.
Studium der Geschichte, Politik- und Sportwissenschaft sowie der Museum Studies in Tübingen, Stuttgart und New York City (1994–2001, Magister und Staatsexamen); 2009 Promotion über Migrationsmuseen in den USA, Kanada und Australien (Tübingen).

Was macht ein freier Kurator?
Ein freier Kurator initiiert, konzipiert und realisiert Ausstellungen. Er entwickelt Ideen und Projekte, schlägt sie Museen oder anderen Institutionen vor oder wird von diesen beauftragt. Oft berät er seine Aufraggeber über das engere Aufgabenfeld hinaus bei der Steuerung und Finanzierung von Projekten oder der Auswahl von Gestaltern. Er tritt auf den Plan, wenn Museen sich spezielle Ansätze oder frischen Wind erhoffen oder projektgebundene Budgets zur Verfügung haben, die das Outsourcing kuratorischer Leistungen nahelegen. Er realisiert auch Ausstellungen, die nicht von Museen durchgeführt werden oder die einer Museumsgründung vorangehen.

Welche Fähigkeiten benötigen Sie, um Ihre Arbeit zu machen?
Als freier Kurator benötige ich sämtliche Fähigkeiten, die auch angestellte Kuratoren auszeichnen: Kreativität, Ideen, ein Interesse an Dingen und Menschen, eine gute fachliche Basis, Spaß an der Übersetzung komplexer Themen im Raum zusammen mit zahlreichen anderen Akteuren. Hinzu kommen Übersicht, Organisationstalent, Entscheidungsfreude, Stressresistenz und die Überzeugung, etwas zu sagen zu haben.
Entscheidend ist, dass in der freiberuflichen Variante spezifische Anforderungen hinzukommen, die viele Freiberufler kennen: ein Händchen für Akquise, überzeugendes Auftreten und eine gewisse Portion Selbstinszenierung, zudem Verhandlungsgeschick, Personal- und Budgetmanagement, Selbstdisziplin, Risikobereitschaft und keine Angst vor der Zukunft.

Welches Wissen aus dem Studium hilft Ihnen bei der Ausstellungsarbeit besonders?
Aus dem Fachstudium unter anderem der Geschichte nehme ich eine solide wissenschaftliche Basis und grundlegende Herangehensweisen an das Ordnen von Informationen und Aufbereiten komplexer Themen mit. Hinzu kommen akademische Sekundärtugenden wie sauberes Recherchieren, Schreiben und Zitieren. Mehr und spezifischer profitiere ich allerdings vom Studium der Museum Studies, das mir einen breiten Überblick über Ansätze, Aufgaben und Fragen des Museums, eine interdisziplinäre und internationale Perspektive sowie die Relevanz von Theorie, Kritik und Reflexivität nahegebracht hat. Für die Freiberuflichkeit scheint mir indes das Wichtigste aus anderen Quellen wie selbstorganisierten Projekten und der wachsenden Berufserfahrung zu kommen.

Worauf achten Sie, wenn Sie jemanden einstellen?
Fundierte wissenschaftliche Ausbildung, interessante Referenzprojekte, Aufgewecktheit und Flexibilität, persönliche Sympathie.

Kustos

Der Kustos oder Sammlungsleiter betreut eine oder mehrere Sammlungen eines Museums. In der Regel verfügt er aus dem Studium über vertiefte Kenntnisse zu einem oder mehreren Themenfeldern seiner Bestände. Der Kustos betreut seine Sammlungen wissenschaftlich von Grund auf, das heißt er inventarisiert, bearbeitet Bestände nach Maßgabe von Forschungsfragen und beteiligt sich daran, sie öffentlich zu präsentieren. Dafür hat er gleichermaßen expositorische und konservatorische Anforderungen zu berücksichtigen. Zudem entwickelt er „Konzepte und Empfehlungen zur strategischen Sammlungsentwicklung“ (Deutscher Museumsbund 2018a), überlegt also, was das Museum in Zukunft sammeln soll, in welche Ordnungen es seine Objekte einfügt, wie es diese am besten verwaltet und konserviert und wie angesichts wachsender Bestände Strategien zum Entsammeln, also dem Abgeben von Objekten, aussehen könnten. Auch für den Kustos empfiehlt der Museumsbund als Einstellungsbedingung ein abgeschlossenes Hochschulstudium „in der Regel mit Promotion“ (ebd.).

4 Fragen an Dr. Claudia Selheim

Leiterin der Sammlungen Volkskunde, Spielzeug und Judaica; Koordinatorin für wissenschaftliche Praktikanten am Germanischen Nationalmuseum (GNM), Nürnberg.
Studium der Volkskunde, Neueren und Neuesten Geschichte, Mittelalterlichen Geschichte in Würzburg und Wien (1982–1988, Magister); 1993 Promotion über das textile Angebot eines ländlichen Warenlagers 1778–1824 (Würzburg). Währenddessen zwei Jahre Mitarbeit am GNM.

Was macht eine Kustodin im Germanischen Nationalmuseum?
Sie betreut und überblickt eine mehrere tausend Objekte umfassende Sammlung sehr heterogener Dinge aus dem deutschsprachigen Raum. Kenntnisse der Bestände sowie der Geschichte sind notwendig, um die Sammlungen für neue Dauer- oder Sonderausstellungen nutzbar zu machen und die entsprechenden (Leih-)Anfragen beantworten zu können. Zu den ständigen Arbeiten gehört das (wissenschaftliche) Inventarisieren. Gerade Sammlungen, die sich der Alltagskultur öffnen, erhalten oft Schenkungen, bei denen überlegt werden muss, ob sie den Bestand sinnvoll ergänzen. Jeder Sammlungsleiter plant und organisiert im GNM auch Sonderausstellungen und schult Volontäre. Die Trennung zwischen Kurator und Kustos gibt es hier nicht. Entsprechend gehört das Verfassen von Aufsätzen oder Katalognummern zu den ständigen Aufgaben. Das Akquirieren von (Drittmittel-)Projekten ist ebenfalls erwünscht.

Welche Fähigkeiten benötigen Sie, um Ihre Arbeit zu machen?
Ein (visuelles) Gedächtnis für die Objekte, um sie sich in verschiedenen (Ausstellungs-)Kontexten vorstellen zu können und um Vergleichbares in anderen Museen oder Publikationen zu erkennen. Vor allem aber Neugierde, um sich mit den Dingen, ihren Entstehungskontexten und ihrer Geschichte zu beschäftigen, um sie für neue Fragen zu nutzen. Dafür muss ich neuere Forschungen kennen, also viel lesen. Schließlich braucht es viel Ausdauer, um der Masse an Objekten gerecht zu werden und um ihr Potenzial zu erkennen.

Welches Wissen aus dem Studium hilft Ihnen bei der Sammlungsarbeit besonders?
Im Studium der Volkskunde in Würzburg lernte ich, mit Realien zu arbeiten und Thesen von Dingen aus zu entwickeln. In Ausstellungsprojekten und Kompaktseminaren an Museen mussten Exponate genau beschrieben, in ihren historischen Kontext gestellt und für Ausstellungen aufbereitet werden. Außerdem wurde im Studium ein Grundstock an Fachwissen über Realien gelegt, von dem ich in seiner Breite bis heute zehre.

Worauf achten Sie, wenn Sie jemanden einstellen?
Wie geht die Person mit Objekten um, und welche Fragen stellt sie an sie? Ist sie teamfähig und kommunikativ oder verschlossen? Ist sie belastbar, begeisterungsfähig und neugierig – auch auf eine alte, gewachsene Sammlung?

Museumspädagoge – Bildung und Vermittlung

In westdeutschen Museen hat sich die Museumspädagogik in der 1970er Jahren professionalisiert (in den Museen der DDR etwas früher) und ist seit den 1990er Jahren, als der Besucher immer mehr ins Zentrum der Museumsarbeit rückte, stark ausgebaut worden. Der Bundesverband Museumspädagogik und der Deutsche Museumsbund verbinden Vermittlungsarbeit heute stets mit dem Bildungsauftrag der Museen (siehe Kap. 1.1, Vermitteln). Sie nennen drei Haupttätigkeitsfelder: Erstens die Konzeption museumsspezifischer Führungen und Vermittlungsformen, die zwischen Ausstellung, Zielgruppe und den Spezifika des jeweiligen Museums einen Zusammenhang herstellen. Zweitens die Vermittlungsarbeit mit den Museumsbesuchern (Führungen, Workshops, Veranstaltungen, partizipative Formate). Drittens die Organisation des Besucherservices für Einzel- und Gruppenbesucher, was auch beinhaltet, „alle Informationen zum Haus und im Haus so darzubieten, dass sich die Besucher willkommen fühlen, sich einfach orientieren und ein Feedback geben können“ (Deutscher Museumsbund 2018a).

4 Fragen an Brigitte Vogel-Janotta

Fachbereichsleiterin Bildung und Vermittlung, Abteilung Ausstellungen im Deutschen Historischen Museum (DHM) Berlin.
Studium der Germanistik, Geschichte und Sozialkunde sowie Kunstgeschichte in Innsbruck, Wien und Berlin mit Abschluss Lehramt (1979–1985); danach Tätigkeiten in der Erwachsenenbildung, in Migrantenorganisationen und in der sozialpädagogischen Einzelfallhilfe für Kinder und Jugendliche. Seit 1990 Referentin und wissenschaftliche Mitarbeiterin in Berliner kulturhistorischen Ausstellungen.

Was ist Ihre Aufgabe?
Die Aufgabe des Fachbereichs Bildung und Vermittlung ist die Konzeption und Ausarbeitung unterschiedlicher Vermittlungsformate: Führungen, Familienprogramme, Audioführungen, Begleitmaterialien und Veranstaltungen für alle Ausstellungen. Ziel ist es, Besuchern aus allen Altersgruppen und Gesellschaftsschichten politische, historische und kulturelle Bildung zielgruppengerecht zu vermitteln und ihnen lebenslanges Lernen und gesellschaftliche Teilhabe zu ermöglichen. Dazu gehört einerseits, historisches Lernen in Ausstellungen zu unterstützen, und andererseits, Inklusion im Museum umzusetzen. Besucher sollen nicht nach ihren unterschiedlichen Voraussetzungen klassifiziert werden, sondern es soll sich die Vielfalt der Gesellschaft auch in der Themenwahl von Ausstellungen und ihrer Vermittlung widerspiegeln. Ein Spezifikum unseres Hauses ist das breite Angebot für Schulklassen am außerschulischen Lernort Museum. Besonders die sechsstündigen Filmwerkstätten zu zeitgenössischen Filmen oder die mehrstündigen am Lehrplan orientierten Geschichtswerkstätten sollen die Methodenkompetenz fördern sowie zu Fragen an die Geschichte und Gegenwart anregen.

Welche Fähigkeiten benötigen Sie, um Ihre Arbeit zu machen?
Die Fähigkeit, Ausstellungsinhalte schnell zu erfassen; Ausstellungsobjekte aus unterschiedlichen Perspektiven zu betrachten; Texte wissenschaftlich und verständlich zu verfassen; unterschiedliche Arbeitsschritte zu koordinieren und anzuleiten; offen und tolerant zu sein. Hinzu kommen Kommunikations- und Teamfähigkeit sowie gesellschaftspolitisches Interesse an Gegenwartsthemen und aktuellen Diskussionen.

Welches Wissen aus dem Studium hilft Ihnen bei der Museumsarbeit besonders?
Aus meinem Studium helfen mir die Themen und Methoden aus verschiedenen Fächern: aus der Geschichtswissenschaft das Wissen über historische Ereignisse und Zusammenhänge im europäischen Kontext, die Kenntnis der kritischen Quellenanalyse, die Kontextualisierung von Ausstellungsinhalten; aus der Geschichtsdidaktik das Wissen zu Lerntheorien, zur Erstellung von Lernmaterialien und zum Verfassen von zielgruppenorientierten Texten; aus dem Germanistikstudium rhetorische und orthografische Sicherheit; aus dem Kunstgeschichtestudium Verfahren der Bildanalyse.

Worauf achten Sie, wenn Sie jemanden einstellen?
Wissenschaftlichkeit, Diskussionsfähigkeit, Freundlichkeit, Vorkenntnisse zu unserem Museum, Offenheit.

Wissenschaftlicher Dokumentar

Der wissenschaftliche Dokumentar ordnet und organisiert die museumsfachlichen Informationssysteme. Er recherchiert Informationen aus unterschiedlichen Quellen und bereitet sie auf. Zudem verwaltet und strukturiert er die in der Regel computerbasierten Museumsdatenbanken (aber auch Kataloge und Karteien), in denen das Museum seine dreidimensionalen Objekte, Dokumente, Fotografien, audiovisuellen Medien, Bücher oder Ergänzungsdokumentationen (intern) verfügbar macht. Zu seinen Aufgaben gehört es, kontrollierte Vokabulare (Thesauri) für die Datenbanken zu entwickeln, also jene Kategorien festzulegen, mit deren Hilfe Museen ihre Bestände verschlagworten. Er steuert das Erschließen neuer Bestände und – aktuell eines *der* großen Themen vieler Museum – die Digitalisierung der Bestände. Gute Kenntnisse der IT sind dafür ebenso wichtig wie wissenschaftliche Kenntnisse im Fachgebiet des Museums. „Hinzu kommen besondere Kenntnisse im Archiv- und Bibliotheks-, Informations- und Dokumentationswesen sowie der Museologie bezogen auf das Fachgebiet." (Deutscher Museumsbund 2018a)

4 Fragen an Alexander Wosseng

Wissenschaftlicher Dokumentar am Landesmuseum Koblenz, Generaldirektion Kulturelles Erbe Rheinland-Pfalz (GDKE).
Studium der Museologie an der Hochschule für Technik, Wirtschaft und Kultur Leipzig (2007–2011, B.A.).

Was macht ein wissenschaftlicher Dokumentar am Landesmuseum Koblenz?
Meine Kernaufgabe ist die Erschließung und Inventarisierung der Bestände sowie die Abwicklung des Leihverkehrs. Das beinhaltet die Versicherung der Objekte sowie die Ausschreibung und Logistik der Transporte. Da das Landesmuseum Koblenz aktuell ein neues Museumsmanagementsystem einführt, bin ich in die Gespräche über die Ausgestaltung und Funktionalität der neuen Datenbank eingebunden. Außerdem bin ich – als Museologe und nicht primär als Dokumentar – an der Betreuung und Koordinierung von Ausstellungen beteiligt und arbeite beim Auf- und Abbau der Wechselausstellungen mit.

Welche Fähigkeiten benötigen Sie, um Ihre Arbeit zu machen?
Kenntnisse zum Sammlungsmanagement und dem Aufbau sowie der Funktion von Datenbanken. Zur Inventarisierung ist ein breit gefächertes Allgemeinwissen sowie das Wissen zu Materialien und Herstellungstechniken unabdingbar. Für den Leihverkehr ist ein Grundwissen zur Ausgestaltung von Verträgen erforderlich.

Welches Wissen aus dem Studium hilft Ihnen bei der Arbeit besonders?
Das Studium der Museologie an der HTWK hat mich durch seinen engen Praxisbezug mit obligatorischem Einführungspraktikum, einem Praxissemester und kleineren Praxisprojekten gut auf meine jetzige Tätigkeit vorbereitet. Einen Schwerpunkt des Studiengangs bildet das Modul Sammlungsverwaltung, also Aufbau, Konservierung, Dokumentation und Management einer Sammlung. Auch alle Fragen des Leihverkehrs und des Objekthandlings hängen eng mit den hier vermittelten Kompetenzen zusammen.
Ferner helfen mir heute meine im Umgang mit den Sammlungen erworbenen Kenntnisse der Kunstgeschichte und die Methoden der Historischen Hilfswissenschaften wie Quellenkunde und Paläografie (d.h. die Wissenschaft von den Formen und Mitteln sowie der Entwicklung der im Altertum und Mittelalter gebräuchlichen Schriften), um die Sammlungen des Museums zu erschließen und mit Fachwissenschaftlern auf Augenhöhe zu kommunizieren.

Worauf achtet das Landesmuseum, wenn es jemanden einstellt?
Bei uns im Haus wird praktische Museumserfahrung, souveränes Auftreten und die Eignung zum selbständigen Arbeiten besonders geschätzt.

Geisteswissenschaftler in Gestalterbüros

Seit den 1970er Jahren engagieren kulturhistorische Museen verstärkt Ausstellungsgestalter. Wo früher die Museumswerkstatt die Ausstellung aufbaute und das Mobiliar herstellte, helfen inzwischen vielerorts spezialisierte Gestalterbüros den wissenschaftlichen Kuratoren, Ausstellungen zu konzipieren und die Themen in den Museumsraum zu übersetzen. Galten diese Agenturen in der Anfangszeit vielen als bloße Dienstleister, die vom Museum definierte Konzepte umzusetzen haben, so begleiten Ausstellungsgestalter heute oft den gesamten Prozess von der Ideenentwicklung einer Ausstellung bis zu deren Fertigstellung. Neben (Innen-)Architekten, Grafikern und Mediengestaltern arbeiten in vielen Gestalterbüros auch Geistes- oder Sozialwissenschaftler. Sie haben die Aufgabe, die Schnittstelle zwischen Museum und Agentur zu bilden, sich gleichermaßen inhaltlich in das Thema der Ausstellung einzudenken wie ein Grundverständnis für bauliche und multimediale Umsetzungen zu entwickeln.

4 Fragen an Dr. Steffen Bender

Head of Department Content Development & Research der Agentur jangled nerves, Stuttgart. Studium der Geschichte, Text- und Mediengermanistik und Fachjournalismus (Gießen 1998–2001); War Studies, German Linguistics (King's College London 2001–2002); Geschichte, Linguistik des Deutschen (Tübingen 2002–2005, Magister). 2009 Promotion über den Burenkrieg in der deutschsprachigen Presse (Tübingen).

Was macht ein Historiker in einem Gestalterbüro?
Ich leite das Inhalts- und Redaktionsteam, das derzeit aus fünf Mitarbeitern besteht: einer Kunstwissenschaftlerin, einer Anglistin, einer Romanistin und einem weiteren Historiker. Die Agentur jangled nerves beschäftigt sich mit Kommunikation im Raum und der Verknüpfung von digitalen Medien mit realen Objekten und Texten im Raum. Das Content-Team bildet die Schnittstelle zwischen Inhalt und Gestaltung. Unsere Aufgaben reichen von der ganzheitlichen Konzeption einer Ausstellung über die weiterführende Recherche bis hin zur Umsetzung der Inhalte in die gesamte Bandbreite von Vermittlungs- und Gestaltungsformaten – Exponatpräsentation, Texte, Grafik, Animation und Film, interaktive Medien, aber auch Führungen und Publikationen. Bei Bedarf übernehmen wir auch klassisch kuratorische Aufgaben und unterstützen die Exponatsuche oder erarbeiten Ausstellungsinhalte.

Welche Fähigkeiten benötigen Sie, um Ihre Arbeit zu machen?
Bevor man über das Wie sprechen kann, muss man das Was kennen. Zu Beginn eines Projektes ist es daher wichtig, sich in die Inhalte einzuarbeiten und sich in ihnen zurechtzufinden – auch und gerade bei Themen, mit denen man noch nie zuvor in Kontakt gekommen ist. Bei der Konzeption sollte ein Verständnis entwickelt werden, was ein Ausstellungsmacher vermitteln möchte und wel-

ches Interesse ein Besucher an einer Ausstellung hat. Dafür sind Einfühlungs- und Antizipationsvermögen notwendig. Bei der Zusammenarbeit in einem interdisziplinären Projektteam ist es hilfreich zu verstehen, wie die Kollegen aus den gestalterischen Bereichen eine Aufgabe angehen und wie sie denken. Und natürlich muss man als Redakteur sein Handwerk beherrschen: Schreiben für unterschiedliche Formate und Zielgruppen.

Welches Wissen aus dem Studium hilft Ihnen bei der Ausstellungsarbeit besonders?
Ganz eindeutig: Methodisches Arbeiten. Ich hatte das Glück an Lehrstühlen studieren zu können, an denen die Diskussion und das Anwenden verschiedener geisteswissenschaftlicher Zugänge und unterschiedlicher ‚Sehepunkte' einen hohen Stellenwert hat: Recherchetechniken, Quellenkritik, Hermeneutik, Didaktik und kulturwissenschaftliche Ansätze. Von dem methodischen Werkzeugkasten, den mir das Studium mitgegeben hat, profitiere ich noch heute, wenn es darum geht, mich einer Aufgabe anzunähern, neue Perspektiven einzunehmen und über Vermittlungsformate nachzudenken.

Auf was achten Sie, wenn Sie jemanden einstellen?
Auf Neugierde, Innovationsfreude und Sprachgefühl.

Links, Institutionen, Zeitschriften

Institutionen

Museumsverbände der deutschsprachigen Länder:
Die nationalen Museumsverbände vertreten die Interessen von Museen aller Sparten. Sie bieten ein Forum zum Austausch von Museumsmitarbeitern, stellen Informationsmaterial (Leitfäden, Handreichungen, Fachzeitschriften) zur Verfügung, beraten die Politik, setzen Themen auf die Agenda (insbesondere bei den Jahreskonferenzen) oder initiieren Kampagnen. Im deutschsprachigen Raum sind das der Deutsche Museumsbund, der Österreichische Museumsbund, der Verband der Museen der Schweiz sowie die jeweiligen Ländersektionen des International Council of Museums (ICOM). Als internationaler Verbund hat sich 1992 das Network of European Museum Organisations (NEMO) gegründet. Neben den nationalen Museumsverbänden verfügen die meisten Bundesländer in Deutschland über eigene Museumsverbände.

Arbeitskreise und Fachgruppen:
Jenseits und innerhalb der nationalen und regionalen Museumsverbände gibt es eine Fülle von Arbeitskreisen oder Fachgruppen, die sich mit speziellen Themen beschäftigen. Beispielhaft genannt seien der Arbeitskreis der Berliner Regionalmuseen oder die Fachgruppen und Arbeitskreise des Deutschen Museumsbundes zu Themen wie Ausstellungsplanung, Dokumentation, Migration, Volontariat oder zu einzelnen Museumssparten (Geschichtsmuseen, Archäologische Museen, Freilichtmuseen etc.).

Landesstellen, Fachberatungen, Forschungseinrichtungen:
Die öffentliche Museumsberatung in Deutschland ist Ländersache. Deshalb gibt es in einigen Bundesländern Beratungsstellen für v. a. kleine Museen wie die Landesstelle für Museumsbetreuung Baden-Württemberg, die Landesstelle für die nichtstaatlichen Museen in Bayern, die Sächsische Landesstelle für Museumswesen oder das Museumsamt für Westfalen des Landschaftsverbandes Westfalen-Lippe. Bundesweit sind sie organisiert in der Konferenz der Museumsberater in den Ländern. Hinzu kommen regionale oder nationale Institutionen wie das Museumspädagogische Zentrum München, das Institut für Museumsforschung Berlin oder die Museumsakademie Joanneum Graz, deren Aufgabe die Forschung, Informationsvermittlung und/oder Weiterbildung für Museumsmitarbeiter ist.

Links

Online-Sammlungen und Ausstellungen:
Etliche Museen machen inzwischen Teile ihrer Sammlungen online verfügbar oder zeigen Online-Ausstellungen. Onlinekollektionen wie „Europeana“ (https://www.europeana.eu/portal/de) oder „Google Arts & Culture“ (https://artsandculture.google.com/) führen Bestände verschiedener Einrichtungen zusammen. Bei den Online-Ausstellungen hat „LeMo – Lebendiges Museum Online“ (https://www.dhm.de/lemo) des DHM eine Vorreiterfunktion.

Websites, Blogs und Mailing-Listen:
Einen guten Überblick zu den Museen im deutschsprachigen Raum bieten die Websites der nationalen und regionalen Museumsverbände (z. B. des Deutschen Museumsbundes [https://www.museumsbund.de/] oder in der Schweiz museums.ch). Über internationale Entwicklungen informiert die Website des europäischen Museumsnetzwerks NEMO (https://www.ne-mo.org/). Auch Websites wie www.museum.de oder „Clio Online“ (https://guides.clio-online.de/guides/sammlungen/museen-und-gedenkstaetten/2018), das Fachportal für Geschichte und Geschichtswissenschaft, informieren speziell zu Museen. Ein Kompendium von wissenschaftlichen Ressourcen zu relevanten Arbeitsbereichen und Themen des Museums bietet die Virtual Library Museen von ICOM (http://www.historisches-centrum.de/index.php?id=272).

Wer regelmäßig Informationen zu Publikationen, Fachdebatten und aktuellen Entwicklungen bekommen möchte, kann Mailing-Listen wie „H-Museum“ (http://www2.h-net.msu.edu/~museum/) oder „museums-themen“ (https://lists.htw-berlin.de/mailman/listinfo/museums-themen) abonnieren.

Immer mehr Museen nutzen Blogs, um mit ihren Besuchern ins Gespräch zu kommen. Beispielhaft ist hier der Blog des Historischen Museums Frankfurt (https://blog.historisches-museum-frankfurt.de/). Gute Quellen zu historischen und aktuellen Entwicklungen sind die Blogs des Kulturwissenschaftlers Gottfried Fliedl (http://museologien.blogspot.com/) und der Frankfurter Kuratorin Nina Gorgus (http://www.museumsblog.de/).

Zeitschriften

International gibt es zahlreiche Fachzeitschriften zu den Themen Sammlungen, Museen, materielle Kultur etc. Zu den wichtigsten Fachpublikationen aus den Museumsorganisationen der deutschsprachigen Länder zählen die Zeitschrift „Museumskunde“ des Deutschen Museumsbundes, ihr Schweizer Pendant „museums.ch“ und die „Mitteilungen“ von ICOM. Im universitären Kontext dominieren englischsprachige Publikationen wie das Open-Access-Journal

„Museum & Society" (https://www2.le.ac.uk/departments/museumstudies/museumsociety) des Department of Museum Studies der Universität Leicester, „Curator – The Museum Journal" der California Academy of Sciences, „Museum Anthropology" der American Anthropological Association oder das „Journal of the History of Collections" aus Oxford.

Abbildungsverzeichnis

Abb. 1: Vera anatomiae Lugduno-Batavae cum sceletis et reliquis quae ibi extant delineatio. [Leiden], 1610. https://commons.wikimedia.org/wiki/File:Anatomical_theatre_Leiden.jpg?uselang=de

Abb. 2: Courtyard of the Museum of Louvre, and its pyramid. Foto: Benh Lieu Song, CC BY-SA 3.0. https://commons.wikimedia.org/wiki/File:Louvre_Museum_Wikimedia_Commons.jpg

Abb. 3: Historisches Museum Frankfurt, Ph 10 060

Abb. 4: Reclams Universum, 13.1.1916, H. 15

Abb. 5: Koelnmesse GmbH

Abb. 6: Ausstellung „Entartete Kunst“ im Galeriegebäude am Münchener Hofgarten. bpk / Zentralarchiv, Staatliche Museen zu Berlin

Abb. 7: Gustav Heinemann, Besichtigung der Ausstellung „1871 – Fragen an die deutsche Geschichte“ im Reichstagsgebäude am 7. Mai 1971. Foto: Ludwig Ehlers. Landesarchiv Berlin / K01 106, F Rep. 290 (04) Nr. 0 147 115

Abb. 8: Deutsches Historisches Museum

Abb. 9: Foto: Axel Thünker, Stiftung Haus der Geschichte der Bundesrepublik Deutschland, Bonn

Abb. 10: Historisches Museum Frankfurt

Abb. 11: Stiftung Humboldt Forum / Architekt: Franco Stella mit FS HUF PG

Abb. 12: Ausstellungssituation der Mona Lisa im Louvre in Paris (Ausschnitt). Foto: Werner Willmann, CC BY-SA 3.0. https://commons.wikimedia.org/wiki/File:Mona_Lisa_Louvre.jpg?uselang=de

Abb. 13: Foto: Thomas Thiemeyer

Abb. 14: Foto: Axel Thünker, Stiftung Haus der Geschichte der Bundesrepublik Deutschland, Bonn

Literaturverzeichnis

Allmanritter 2017: Vera Allmanritter, Audience Development in der Migrationsgesellschaft. Neue Strategien für Kulturinstitutionen (Bielefeld 2017).

Anger 2006: Tanja Anger, Untersuchungen zur Geschichte des historischen Museums in der SBZ / DDR. In: Zeitschrift für Geschichtsdidaktik 5, 2006, 7–32.

Assmann 2003: Aleida Assmann, Erinnerungsräume. Formen und Wandlungen des kulturellen Gedächtnisses (München 2003).

Assmann / Frevert 1999: Aleida Assmann / Ute Frevert, Geschichtsvergessenheit, Geschichtsversessenheit. Vom Umgang mit deutschen Vergangenheiten nach 1945 (Stuttgart 1999).

Assmann 1992: Jan Assmann, Das kulturelle Gedächtnis. Schrift, Erinnerung und politische Identität in frühen Hochkulturen (München 1992).

Badisches Landesmuseum: Das neue Museumskonzept, 2018. <http://www.landesmuseum.de/website/Deutsch/Museum/Das_neue_Museumskonzept.htm> [Zugriff: 17.08.2018]

Bal 2002: Mieke Bal, Kulturanalyse (Frankfurt a.M. 2002).

Bayer / Maischein 2016: Natalie Bayer / Hannah Maischein, Migration als Querschnittsthema. Auf dem Weg zum postmigrantischen Museum. In: Astrid Pellengahr (Hg.), Der Spiegel der Stadtkultur. Stadtmuseen vor neuen Herausforderungen (München 2016) 49–57.

Beier-de Haan 2005: Rosmarie Beier-de Haan, Erinnerte Geschichte – Inszenierte Geschichte. Ausstellungen und Museen in der Zweiten Moderne (Frankfurt a.M. 2005).

Beil 2004: Christine Beil, Der ausgestellte Krieg. Präsentationen des Ersten Weltkriegs 1914–1939 (Tübingen 2004).

Benjamin 1980: Walter Benjamin, Das Kunstwerk im Zeitalter seiner technischen Reproduzierbarkeit. In: Rolf Tiedemann / Hermann Schweppenhäuser (Hg.), Gesammelte Schriften von Walter Benjamin, Band 1, Teil 2 (Frankfurt a.M. 1980) 471–508.

Bennett 2010: Tony Bennett, Der bürgerliche Blick. Das Museum und die Organisation des Sehens. In: Dorothea von Hantelmann / Carolin Meister (Hg.), Die Ausstellung. Politik eines Rituals (Zürich 2010) 47–77.

Bennett 1995: Tony Bennett, The birth of the museum. History, theory, politics (London 1995).

Blank / Debelts 2002: Melanie Blank / Julia Debelts, Was ist ein Museum? „... eine metaphorische Complication ..." (Wien 2002).

Böhme 1995: Gernot Böhme, Atmosphäre. Essays zur neuen Ästhetik (Frankfurt a.M. 1995).

Bollenbeck 1994: Georg Bollenbeck, Bildung und Kultur. Glanz und Elend eines deutschen Deutungsmusters (Frankfurt a.M., Leipzig 1994).

Bonnefoit 2017: Régine Bonnefoit, Melissa Rérat (Hg.), The museum in the digital age. New media and novel methods of mediation (Cambridge 2017).

Borcke / Kühne / Zarfati 2015: Tobias von Borcke / Jonas Kühne / Aya Zarfati, 1871 – Fragen an die deutsche Geschichte. In: Anke te Heesen / Mario Schulze / Vincent Dold (Hg.), Museumskrise und Ausstellungserfolg. Die Entwicklung der Geschichtsausstellung in den Siebzigern (Berlin 2015) 18–33.

Bourdieu 1982: Pierre Bourdieu, Die feinen Unterschiede. Kritik der gesellschaftlichen Urteilskraft (Frankfurt a.M. 1982).

Bredekamp 1993: Horst Bredekamp, Antikensehnsucht und Maschinenglauben. Die Geschichte der Kunstkammer und die Zukunft der Kunstgeschichte (Berlin 1993).

Bundesministerium des Innern 1984: Bundesministerium des Innern (Hg.), Überlegungen und Vorschläge zur Errichtung eines „Hauses der Geschichte der Bundesrepublik Deutschland" in Bonn (Bonn 1984).

Burian 1977: Peter Burian, Die Idee der Nationalanstalt. In: Bernward Deneke / Rainer Kahsnitz (Hg.), Das kunst- und kulturgeschichtliche Museum im 19. Jahrhundert. Vorträge des Symposions im Germanischen Nationalmuseum, Nürnberg (München 1977) 11–18.

Cairns 2013: Susan Cairns, Mutualizing museum knowledge. Folksonomies and the changing shape of expertise. In: Curator 56, H. 1, 2013, 107–119.

Cameron 1971: Duncan Cameron, The museum, a temple or the forum. In: Curator 14, H. 1, 1971, 11–24.

Cameron 2010: Fiona Cameron, Museum collections, documentation, and shifting knowledge paradigms. In: Ross Parry (Hg.), Museums in a digital age (London, New York 2010) 80–95.

Commandeur / Kunz-Ott / Schad 2016: Beatrix Commandeur / Hannelore Kunz-Ott / Karin Schad (Hg.), Handbuch Museumspädagogik. Kulturelle Bildung im Museum (München 2016).

Confino 1997: Alon Confino, The nation as a local metaphor. Württemberg, imperial Germany, and national memory, 1871–1918 (Chapel Hill 1997).

Demand 2007: Christian Demand, Die Beschämung der Philister. Wie die Kunst sich der Kritik entledigte (Springe 2007[2]).

Deutscher Museumsbund 2018a: Deutscher Museumsbund (Hg.), Berufe im Museum. Ein Leitfaden (Berlin 2018).

Deutscher Museumsbund 2018b: Deutscher Museumsbund (Hg.), Leitfaden für das wissenschaftliche Volontariat im Museum (Berlin 2018). <https://www.museumsbund.de/wp-content/uploads/2018/03/2018-leitfaden-volontariat-web.pdf> [pdf-Datei] [Zugriff: 08.08.2018]

Deutscher Museumsbund 2017: Deutscher Museumsbund (Hg.), digital. ökonomisch. relevant. Museen verändern sich, Themenheft Museumskunde 2 (Berlin 2017).

Deutscher Museumsbund 2012: Deutscher Museumsbund (Hg.), Medien für Museen – Mittel der Kommunikation und Vermittlung, Themenheft Museumskunde 1 (Berlin 2012).

Deutscher Museumsbund 2011: Deutscher Museumsbund (Hg.), Nachhaltiges Sammeln. Ein Leitfaden zum Sammeln und Abgeben von Museumsgut (Berlin 2011).

Deutscher Museumsbund 2008: Deutscher Museumsbund (Hg.), Museen in der Informationsgesellschaft, Themenheft Museumskunde 2 (Berlin 2008).

Deutscher Museumsbund / Bundesverband Museumspädagogik 2008: Deutscher Museumsbund / Bundesverband Museumspädagogik (Hg.), Qualitätskriterien für Museen. Bildungs- und Vermittlungsarbeit (Berlin 2008).

Duncan / Wallach 1980: Carol Duncan / Alan Wallach, The universal survey museum. In: Art History 3, H. 4, 1980, 448–469.

Ebenfeld 2001: Stefan Ebenfeld, Geschichte nach Plan? Die Instrumentalisierung der Geschichtswissenschaft in der DDR am Beispiel des Museums für Deutsche Geschichte in Berlin (1950 bis 1955) (Marburg 2001).

Entartete Kunst 1937: Entartete Kunst, Ausstellungsführer (Berlin 1937).

Ermert 2009: Karl Ermert, Was ist kulturelle Bildung? In: Aus Politik und Zeitgeschichte, 23.07.2009, 1–4.

Esch 1985: Arnold Esch, Überlieferungs-Chance und Überlieferungs-Zufall als methodisches Problem des Historikers. In: Historische Zeitschrift 240, 1985, 529–570.

Fehr 2000: Michael Fehr, Das Museum als Ort der Beobachtung zweiter Ordnung. In: Rosmarie Beier (Hg.), Geschichtskultur in der Zweiten Moderne (Frankfurt a. M., New York 2000) 149–166.

Figal 2010: Günter Figal, Erscheinungsdinge. Ästhetik als Phänomenologie (Tübingen 2010).

Fliedl 2016a: Gottfried Fliedl, Mein ideales Museum. <http://museologien.blogspot.com/2016/08/mein-idealoes-museum-eine-vorlaufige.html> [Zugriff: 17.08.2018]

Fliedl 2016b: Gottfried Fliedl, Vortrag zum „Haus der Geschichte“ bei der Österreichischen Forschungsgemeinschaft. Ein zweites Mal „nein“ zum Projekt. <http://museologien.blogspot.com/2016/08/vortrag-zum-haus-der-geschichte-bei-der.html> [Zugriff: 17.08.2018].

Fliedl 2010: Gottfried Fliedl, Zugang als Vergünstigung – Zugang als Recht. Der Strukturwandel der Museumsöffentlichkeit. <http://museologien.blogspot.com/2010/08/zugang-als-vergunstigung-zugang-als.html> [Zugriff: 17.08.2018].

Fliedl 1996: Gottfried Fliedl (Hg.), Die Erfindung des Museums. Anfänge der bürgerlichen Museumsidee in der Französischen Revolution (Wien 1996).

Florida 2004: Richard Florida, Cities and the Creative Class (Routledge 2004).

Foucault 1981: Michel Foucault, Archäologie des Wissens (Frankfurt a. M. 1981).

Foucault 1974: Michel Foucault, Die Ordnung der Dinge. Eine Archäologie der Humanwissenschaften (Frankfurt a.M. 1974).

Franz 2004: Eckhart Franz, Einführung in die Archivkunde (Darmstadt 2004[4]).

Frei 2005: Norbert Frei, 1945 und wir. Das Dritte Reich im Bewusstsein der Deutschen (München 2005).

Frey 1976: Dagobert Frey (Hg.), Bausteine zu einer Philosophie der Kunst (Darmstadt 1976).

Frobenius 1898: Leo Frobenius, Der Ursprung der afrikanischen Kulturen (Berlin 1898).

Funck 2017: Andrea Funck, Sammeln von Gegenwart? Eine konservatorisch/restauratorische Betrachtung. In: Museumskunde 82, H.1, 2017, 99–100.

Gerchow 2017: Jan Gerchow, Stadtmuseum für das 21. Jahrhundert. In: Ders./Wolfgang Cilleßen (Hg.), Frankfurt Museum – Führer durch das Historische Museum Frankfurt (Frankfurt a.M. 2017) 11–17.

Gesser u.a. 2012: Susanne Gesser/Martin Handschin/Angela Jannelli/Sibylle Lichtensteiger (Hg.), Das Partizipative Museum. Zwischen Teilhabe und User Generated Content. Neue Anforderungen an kulturhistorische Ausstellungen (Bielefeld 2012).

Graf/Rodekamp 2012: Bernhard Graf/Volker Rodekamp (Hg.), Museen zwischen Qualität und Relevanz. Denkschrift zur Lage der Museen (Berlin 2012).

Grasskamp 2016: Walter Grasskamp, Das Kunstmuseum. Eine erfolgreiche Fehlkonstruktion (München 2016).

Grasskamp 1981: Walter Grasskamp, Museumsgründer und Museumsstürmer. Zur Sozialgeschichte des Kunstmuseums (München 1981).

Greenblatt 2004: Stephen Greenblatt, Resonance and wonder. In: Bettina Carbonell (Hg.), Museum studies. An anthology of contexts (Oxford 2004) 541–555.

Griepentrog 1998: Martin Griepentrog, Kulturhistorische Museen in Westfalen (1900–1950). Geschichtsbilder, Kulturströmungen, Bildungskonzepte (Paderborn 1998).

Grimm 1993: Ulrike Grimm, Das Badische Landesmuseum in Karlsruhe. Zur Geschichte seiner Sammlungen (Karlsruhe 1993).

Große-Burlage 2005: Martin Große-Burlage, Große historische Ausstellungen in der Bundesrepublik Deutschland, 1960–2000 (Münster 2005).

Grote 1994: Andreas Grote (Hg.), Macrocosmos in Microcosmo. Die Welt in der Stube. Zur Geschichte des Sammelns 1450–1800 (Opladen 1994).

Habermas 1990: Jürgen Habermas, Strukturwandel der Öffentlichkeit. Untersuchungen zu einer Kategorie der bürgerlichen Gesellschaft (Frankfurt a.M. 1990).

Hammerstein/Scheunemann 2012: Katrin Hammerstein/Jan Scheunemann (Hg.), Die Musealisierung der DDR. Wege, Möglichkeiten und Grenzen der Darstellung von Zeitgeschichte in stadt- und regionalgeschichtlichen Museen (Berlin 2012).

Haraway 1995: Donna Haraway, Situiertes Wissen. Die Wissenschaftsfrage im Feminismus und das Privileg einer partialen Perspektive. In: Carmen Hammer/Immanuel Stiess (Hg.), Die Neuerfindung der Natur. Primaten, Cyborgs und Frauen (Frankfurt a.M., New York 1995) 73–97.

Hartung 2010: Olaf Hartung, Kleine deutsche Museumsgeschichte. Von der Aufklärung bis zum frühen 20. Jahrhundert (Wien, Köln, Weimar 2010).

Haselbach u.a. 2012: Dieter Haselbach/Pius Knüsel / Armin Klein/Stephan Opitz (Hg.), Der Kulturinfarkt. Von allem zu viel und überall das Gleiche (München 2012).

Haspel-Press 1977: Tübinger Vereinigung für Volkskunde (Hg.), haspel-press. Informationen zu Alltagskultur, Volkskunde und Kulturgeschichte. 2. Jg., Nr. 12/1977, Art. 157.

Hauser 2005: Andrea Hauser, Sachkultur oder materielle Kultur? Resümee und Ausblick. In: Gudrun König (Hg.), Alltagsdinge. Erkundungen der materiellen Kultur (Tübingen 2005) 139–150.

Hein 2000: Hilde Hein, The museum in transition. A philosophical perspective (Washington, London 2000).

Hoffmann 1976: Hilmar Hoffmann, Museen in kommunalpolitischer Sicht. In: Ellen Spickernagel/Brigitte Walbe (Hg.), Das Museum – Lernort contra Musentempel (Gießen 1976) 167–175.

Hölscher 1978: Lucian Hölscher, Öffentlichkeit. In: Otto Brunner/Werner Conze/Reinhart Koselleck (Hg.), Geschichtliche Grundbegriffe. Historisches Lexikon zur politisch-sozialen Sprache in Deutschland, Bd. 4 (Stuttgart 1978) 413–467.

Hooper-Greenhill 1993: Eilean Hooper-Greenhill, Museums and the shaping of knowledge (London 1993).

Horkheimer/Adorno 1969: Max Horkheimer/Theodor Adorno, Dialektik der Aufklärung (Frankfurt a.M. 1969).

Humboldt 2010: Humboldt, Wilhelm von, Werke in 5 Bänden. Schriften zur Politik und zum Bildungswesen, hg. von Andreas Flitner und Klaus Giel (Darmstadt 2010).

ICOM: Museum Definition 2007. <http://icom.museum/the-vision/museum-definition/> [Zugriff: 08.08. 2018].

Janelli 2012: Angela Janelli, Wilde Museen. Zur Museologie des Amateurmuseums (Bielefeld 2012).

Kazeem / Martinez-Turek / Sternfeld 2009: Belinda Kazeem / Charlotte Martinez-Turek / Nora Sternfeld (Hg.), Das Unbehagen im Museum. Postkoloniale Museologien (Wien 2009).

Kirshenblatt-Gimblett 1998: Barbara Kirshenblatt-Gimblett, Destination culture. Tourism, museums, and heritage (Berkeley, Los Angeles, London 1998).

Knell 2010: Simon Knell, The shape of things to come. Museums in the technological landscape. In: Ross Parry (Hg.), Museums in a digital age (London, New York 2010) 435–453.

Kocka 1987: Jürgen Kocka, Einleitung. In: Ders. (Hg.), Bürger und Bürgerlichkeit im 19. Jahrhundert (Göttingen 1987) 7–20.

König 2009: Gudrun König, Konsumkultur. Inszenierte Warenwelt um 1900 (Wien, Köln, Weimar 2009).

Korff 2011: Gottfried Korff, Die Dynamisierung des Stillgestellten. Sechs Bemerkungen zu einem neuen Trend, der das Stadtmuseum erfasst hat. In: Claudia Gemmeke / Franziska Nentwig (Hg.), Die Stadt und ihr Gedächtnis. Zur Zukunft der Stadtmuseen (Bielefeld 2011) 67–80.

Korff 2007a: Gottfried Korff, Museumsdinge. Deponieren – exponieren. In: Martina Eberspächer / Gudrun Marlene König / Bernhard Tschofen (Hg.), Museumsdinge. Deponieren – exponieren (Köln, Weimar, Wien 2007[2]).

Korff 2007b: Gottfried Korff, Ort der Herausforderung? Eine museologische Rückerinnerung. In: Landesstelle für die nichtstaatlichen Museen in Bayern (Hg.), Forum für alle. Museen in Stadt und Gemeinde (München 2007) 14–19.

Korff / Roth 1990: Gottfried Korff / Martin Roth, Einleitung. In: Dies. (Hg.), Das historische Museum. Labor, Schaubühne, Identitätsfabrik (Frankfurt a. M., New York 1990) 9–37.

Koselleck 2010: Reinhart Koselleck, Vom Sinn und Unsinn der Geschichte. Aufsätze und Vorträge aus vier Jahrzehnten. Hg. und mit einem Nachwort von Carsten Dutt (Berlin 2010).

Koselleck 2004: Reinhart Koselleck, Geschichte, Historie. In: Otto Brunner / Werner Conze / Reinhart Koselleck (Hg.), Geschichtliche Grundbegriffe. Historisches Lexikon zur politisch-sozialen Sprache in Deutschland, Bd. 2 (Stuttgart 2004) 593–717.

Koselleck 1989: Reinhart Koselleck, Vergangene Zukunft. Zur Semantik geschichtlicher Zeiten (Frankfurt a. M. 1989).

Köstering 2003: Susanne Köstering, Natur zum Anschauen. Das Naturkundemuseum des deutschen Kaiserreichs 1871–1914 (Köln 2003).

Kratz-Kessemeier 2016: Kristina Kratz-Kessemeier, Für die „Erkämpfung einer neuen Museumskultur". Zur Rolle des Deutschen Museums im Nationalsozialismus. In: Dies./Tanja Baensch / Dorothee Wimmer (Hg.), Museen im Nationalsozialismus. Akteure – Orte – Politik (Köln, Weimar, Wien 2016) 23–43.

Kühn / Schneider 1978: Annette Kühn / Gerhard Schneider (Hg.), Geschichte lernen im Museum (Düsseldorf 1978).

Lauffer 1907: Otto Lauffer, Das Historische Museum. Sein Wesen und Wirken und sein Unterschied von den Kunst- und Kunstgewerbe-Museen. In: Museumskunde 1–3, 1907, 1–14, 78–99, 179–185 und 222–245.

Lenz 1978: Siegfried Lenz, Heimatmuseum (Hamburg 1978).

Lichtwark 1904: Alfred Lichtwark, Museen als Bildungsstätten. In: Centralstelle für Arbeiter-Wohlfahrtsangelegenheiten (Hg.), Die Museen als Volksbildungsstätten. Ergebnisse der 12. Konferenz der Centralstelle für Arbeiter-Wohlfahrtseinrichtungen (Berlin 1904) 6–12.

Lorch 2018: Catrin Loch, Man spricht Kunst. In: Süddeutsche Zeitung, 14.02.2018.

Lowenthal 1998: David Lowenthal, The heritage crusade and the spoils of history (Cambridge 1998).

Lübbe 1982: Hermann Lübbe, Der Fortschritt und das Museum. Über den Grund unseres Vergnügens an historischen Gegenständen. The 1981 Bithell Memorial Lecture (Leeds 1982).

Maase 2007: Kaspar Maase, Grenzenloses Vergnügen. Der Aufstieg der Massenkultur 1850–1970 (Frankfurt a. M. 2007[4]).

Macdonald 2006: Sharon Macdonald, Collecting practices. In: Dies. (Hg.), A companion to museum studies (Oxford 2006) 81–97.

MacGregor 2007: Arthur MacGregor, Curiosity and enlightenment. Collectors and collections from the sixteenth to the nineteenth century (New Haven, London 2007).

McOuat 2001: Gordon McOuat, Cataloguing power. Delineating ‚competent naturalists' and the meaning of species in the British Museum. In: The British Journal for the History of Science 34, H. 1, 2001, 1–28.

Mersch 2002: Dieter Mersch, Was sich zeigt. Materialität, Präsenz, Ereignis (München 2002).

Mouffe 2016: Chantal Mouffe, Agonistik. Die Welt politisch denken (Berlin 2016²).

Museum für Deutsche Geschichte 1987: Ausstellungskatalog (Berlin 1987³).

Muttenthaler / Wonisch 2007: Roswitha Muttenthaler / Regina Wonisch, Gesten des Zeigens. Zur Repräsentation von Gender und Race in Ausstellungen (Bielefeld 2007).

Nietzsche 1964: Friedrich Nietzsche, Vom Nutzen und Nachteil der Historie für das Leben. In: Ders. (Hg.), Sämtliche Werke in zwölf Bänden, Bd. 2 (Stuttgart 1964) 95–196. [Zuerst 1874]

Noschka-Roos 2016: Annette Noschka-Roos, Theorien zur Bildung im Museum. In: Beatrix Commandeur / Hannelore Kunz-Ott / Karin Schad (Hg.), Handbuch Museumspädagogik. Kulturelle Bildung im Museum (München 2016) 43–55.

Parodi / Banse / Schaffer 2010: Oliver Parodi / Gerhard Banse / Axel Schaffer (Hg.), Wechselspiele. Kultur und Nachhaltigkeit. Annäherungen an ein Spannungsfeld (Berlin 2010).

Parry 2010: Ross Parry (Hg.), Museums in a digital age (London, New York 2010).

Pearce 1994: Susan Pearce (Hg.), Interpreting objects and collections (New York 1994).

Peßler 1927: Wilhelm Peßler, Das Heimat-Museum im deutschen Sprachgebiet als Spiegel deutscher Kultur (München 1927).

Pomian 1998: Krzysztof Pomian, Der Ursprung des Museums. Vom Sammeln (Berlin 1998).

Poulot 1997: Dominique Poulot, Musée, nation, patrimoine. 1789–1815 (Paris 1997).

Piontek 2017: Anja Piontek, Museum und Partizipation. Theorie und Praxis kooperativer Ausstellungsprojekte und Beteiligungsangebote (Bielefeld 2017).

Pommier 1996: Edouard Pommier, Der Louvre als Ruhestätte der Kunst der Welt. In: Gottfried Fliedl (Hg.), Die Erfindung des Museums. Anfänge der bürgerlichen Museumsidee in der Französischen Revolution (Wien 1996) 7–25.

Reckwitz 2017: Andreas Reckwitz, Hyperkultur versus Kulturessenzialismus. Der Kampf um die Kultur in der spätmodernen Gesellschaft. In: Museumkunde 82, H. 2, 2017, 14–21.

Reckwitz 2012: Andreas Reckwitz, Die Erfindung der Kreativität. Zum Prozess gesellschaftlicher Ästhetisierung (Berlin 2012).

Reckwitz 2006: Andreas Reckwitz, Die Transformation der Kulturtheorien. Zur Entwicklung eines Theorieprogramms (Weilerswist 2006²).

Riehl 1883: Wilhelm Heinrich Riehl, Land und Leute. In: Ders. (Hg.), Die Naturgeschichte des Volkes als Grundlage einer deutschen Social-Politik, Bd. 1 (Stuttgart 1883).

Rosa 2005: Hartmut Rosa, Beschleunigung. Die Veränderung der Zeitstrukturen in der Moderne (Frankfurt a. M. 2005).

Roth 1998: Ralf Roth, „Der Toten Nachruhm". Aspekte des Mäzenatentums in Frankfurt am Main (1750–1914). In: Jürgen Kocka / Manuel Frey (Hg.), Bürgerkultur und Mäzenatentum im 19. Jahrhundert (Berlin 1998) 99–127.

Rüsen 2013: Jörn Rüsen, Historik. Theorie der Geschichtswissenschaft (Köln / Weimar / Wien 2013).

Rüsen 2003: Jörn Rüsen, Kann gestern besser werden? Zum Bedenken der Geschichte (Berlin 2003).

Rüsen 1994: Jörn Rüsen, Was ist Geschichtskultur? Überlegungen zu einer neuen Art, über Geschichte nachzudenken. In: Klaus Füßmann / Heinrich Theodor Grütter / Ders. (Hg.), Historische Faszination. Geschichtskultur heute (Köln, Weimar, Wien 1994) 3–26.

Rüsen / Ernst / Grütter 1988: Jörn Rüsen / Wolfgang Ernst / Heinrich Theodor Grütter (Hg.), Geschichte sehen. Beiträge zur Ästhetik historischer Museen (Pfaffenweiler 1988).

Sabrow u. a. 2007: Martin Sabrow / Rainer Eckert / Monika Flacke / Klaus-Dietmar Henke / Roland Jahn / Freya Klier / Tina Krone / Peter Maser / Ulrike Poppe / Hermann Rudolph (Hg.), Wohin treibt die DDR-Erinnerung? Dokumentation einer Debatte (Göttingen 2007).

Samida / Eggert / Hahn 2014: Stefanie Samida / Manfred Eggert / Hans Peter Hahn (Hg.), Handbuch Materielle Kultur. Bedeutungen, Konzepte, Disziplinen (Stuttgart 2014).

Savoy 2006: Bénédicte Savoy, Zum Öffentlichkeitscharakter deutscher Museen im 18. Jahrhundert. In:

Dies. (Hg.), Tempel der Kunst. Die Geburt des öffentlichen Museums in Deutschland 1701–1815 (Mainz 2006) 9–26.

Schiller 2009: Friedrich Schiller, Über die ästhetische Erziehung des Menschen in einer Reihe von Briefen, mit einem Kommentar von Stefan Matuschek (Frankfurt a. M. 2009) [Zuerst 1795]

Schmidt-Linsenhoff 1982: Viktoria Schmidt-Linsenhoff, Historische Dokumentation – zehn Jahre danach. In: Historisches Museum Frankfurt (Hg.), Die Zukunft beginnt in der Vergangenheit. Museumsgeschichte und Geschichtsmuseen (Gießen 1982) 330–347.

Schirmbeck 1974: Peter Schirmbeck, Zur Museumsdidaktik. In: Detlef Hoffmann / Almut Junker / Ders. (Hg.), Geschichte als öffentliches Ärgernis oder: ein Museum für die demokratische Gesellschaft. Das historische Museum in Frankfurt am Main und der Streit um seine Konzeption (Wißmar 1974) 283–297.

Schreiner 1982–1986: Klaus Schreiner, Einführung in die Museologie. Ein Beitrag zu den theoretischen Grundlagen der Museumsarbeit, H. 1–4 (Neubrandenburg 1982–1986).

Schröder 1997: Martina Schröder, Freilichtmuseen in Baden-Württemberg. Entstehung, Entwicklung, Wirkung (Tübingen 1997).

Schwan 2015: Stephan Schwan, Lernen. In: Heike Gfrereis / Thomas Thiemeyer / Bernhard Tschofen (Hg.), Museen verstehen. Begriffe der Theorie und Praxis (Göttingen 2015) 63–75.

Seelig 2008: Lorenz Seelig, Die Münchner Kunstkammer. In: Willibald Sauerländer (Hg.), Die Münchner Kunstkammer (München 2008) 1–114.

Seibt 2015: Gustav Seibt, Darum Hochkultur. In: Süddeutsche Zeitung, 21. und 22.2.2015, 11.

Seidl 2016: Ernst Seidl, Museen + Sammlungen der Universität Tübingen (Tübingen 2016).

Seidlitz 1902: Woldemar Seidlitz, Die Königlichen Sammlungen 1873–1902. Rückblick und Ausblick. In: Das Vaterland 14, 1902, 286–288.

Sénécheau / Samida 2015: Miriam Sénécheau / Stefanie Samida, Living History als Gegenstand Historischen Lernens. Begriffe – Problemfelder – Materialien (Stuttgart 2015).

Sheehan 2002: James Sheehan, Geschichte der deutschen Kunstmuseen. Von der fürstlichen Kunstkammer zur modernen Sammlung (München 2002).

Stalder 2016: Felix Stalder, Kultur der Digitalität (Berlin 2016).

Statistisches Bundesamt 2017: Bildung und Kultur. Spartenbericht Museen, Bibliotheken und Archive. <https://www.destatis.de/DE/Publikationen/Thematisch/BildungForschungKultur/Kultur/SpartenberichtMuseen5216205179004.pdf?__blob=publicationFile> [Zugriff: 08.08.2018]

Sternfeld 2013: Nora Sternfeld, Involvierungen. Das post-repräsentative Museum zwischen Verstrickung und Solidarität. <http://www.bielefelder-kunstverein.de/ausstellungen/2013/museum-off-museum-blog/nora-sternfeld.html#.WyIjbqczaUk> [Zugriff: 08.08.2018].

Stölzl 1988: Christoph Stölzl (Hg.), Deutsches Historisches Museum. Ideen – Kontoversen – Perspektiven (Frankfurt a. M., Berlin 1988).

Stransky 1985: Zbynek Stransky, Originals versus substitutes. In: ICOM (Hg.), Originals and substitutes in museums (Zagreb 1985) 95–102.

Ströbele 2012: Werner Ströbele, Zur Geschichte des Reutlinger Heimatmuseums. In: Wilhelm Borth (Hg.), Beiträge zur Geschichte Reutlingens und der Region. Festschrift für Heinz Alfred Gemeinhardt (Reutlingen 2012) 169–184.

Tauschek 2012: Markus Tauschek, Kulturerbe. Eine Einführung (Berlin 2013).

te Heesen 2012: Anke te Heesen, Theorien des Museums zur Einführung (Hamburg 2012).

te Heesen / Schulze / Dold 2015: Anke te Heesen / Mario Schulze / Vincent Dold (Hg.), Museumskrise und Ausstellungserfolg. Die Entwicklung der Geschichtsausstellung in den Siebzigern (Berlin 2015).

Tenbruck 1990: Friedrich Tenbruck, Repräsentative Kultur. In: Hans Haferkamp (Hg.), Sozialstruktur und Kultur (Frankfurt a. M. 1990) 20–53.

Thiemeyer 2018a: Thomas Thiemeyer, Das Depot als Versprechen. Warum unsere Museen die Lagerräume ihrer Dinge wiederentdecken (Wien, Köln, Weimar 2018).

Thiemeyer 2018b: Thomas Thiemeyer, Kulturerbe als Shared Heritage? Kolonialzeitliche Sammlungen und die Zukunft einer europäischen Idee. In: Merkur 829, 2018, 30–44 und Merkur 830, 2018, 85–92.

Thiemeyer 2016: Thomas Thiemeyer, Deutschland postkolonial. Ethnologische und genealogische Erinnerungskultur. In: Merkur 806, 2016, 33–45.

Thiemeyer 2015a: Thomas Thiemeyer, Identitäts- und Wissensparadigma. Zwei Perspektiven auf kulturhistorische Museen. In: Museumskunde 2, 2015, 91–98.

Thiemeyer 2015b: Thomas Thiemeyer, Inszenierung. In: Ders./Heike Gfrereis / Bernhard Tschofen (Hg.), Museen verstehen. Begriffe der Theorie und Praxis (Göttingen 2015) 45–62.

Thomas 2016: Nicholas Thomas, The return of curiosity. What museums are good for in the 21st century (London 2016).

Thomas 2010: Nicholas Thomas, Commentary. The museum as method. In: Museum Anthropology 33, H. 1, 2010, 6–10.

Urry 1990: John Urry, The tourist gaze. Leizure and travel in contemporary societies (London 1990).

Waidacher 1999: Friedrich Waidacher, Handbuch der Allgemeinen Museologie (Wien 1999).

Walz 2016: Markus Walz (Hg.), Handbuch Museum. Geschichte – Aufgaben – Perspektiven (Stuttgart 2016).

Walz 2012: Markus Walz, Machtvakuum Museumswesen? Sekundäranalyse von Abschlussarbeiten der Leipziger Fachschule für Museologen (1987–90) zu Museen als nationalsozialistisches Politikfeld, jenseits der Kunstpolitik (2012) <http://slub.qucosa.de/api/qucosa%3A2717/attachment/ATT-0/> [pdf-Datei] [Zugriff: 17.08.2018].

Wilharm / Bohn 2009: Heiner Wilharm / Ralf Bohn, Einführung. In: Dies. (Hg.), Inszenierung und Ereignis. Beiträge zur Theorie und Praxis der Szenografie (Bielefeld 2009) 9–43.

Williams 1958: Raymond Williams, Culture and society 1750–1950 (London 1958).

Wilson 2002: David Wilson, The British Museum. A history (London 2002).

Zielcke 2016: Andreas Zielcke, Nationalismus und Nationalstaat. In: Süddeutsche Zeitung, 09.06.2016.

Zündorf 2013: Irmgard Zündorf, Dingliche Ostalgie? Materielle Zeugnisse der DDR und ihre Präsentation, in: Justus H. Ulbricht / Landeszentrale für politische Bildung Sachsen-Anhalt / Stiftung Gedenkstätten Sachsen-Anhalt / Landesheimatbund Sachsen-Anhalt (Hg.), Schwierige Orte. Regionale Erinnerung, Gedenkstätten, Museen (Halle / Saale 2013) 77–95.

Register

Personenregister

Adenauer, Konrad 133 ff.
Adorno, Theodor 20, 107
Albrecht V., Herzog von Bayern 32
Aldrovandi, Ulysses 31
Alembert, Jean-Baptiste le Rond d' 37
Angiviller, Charles Claude Flahaut de La Billarderie comte d' 44
Anna Amalia, Herzogin von Sachsen-Weimar-Eisenach 47
Assmann, Aleida 119
Assmann, Jan 24
August der Starke, Kurfürst und Herzog von Sachsen 40, 47, 53

Bal, Mieke 93
Baur, Joachim 141
Bayer, Herbert 102
Beckmann, Max 71
Beil, Christine 68
Bender, Steffen 147
Benjamin, Walter 125, 127
Bennett, Tony 25, 53 f.
Böhme, Gernot 125
Bohn, Ralf 92
Bollenbeck, Georg 51, 53
Brandt, Willy 84

Cairns, Susan 115
Cameron, Duncan 97
Confino, Alon 57, 59

Darwin, Charles 21, 64
Demand, Christian 53
Descartes, René 36, 123, 125
Diderot, Denis 37
Dix, Otto 71
Duncan, Carol 44, 54, 97
Dyck, Anthonis van 44

Eisenlohr, Eugen 57

Fehr, Michael 126
Fichte, Johann Gottlieb 82
Figal, Günter 126
Fliedl, Gottfried 27, 102
Foucault, Michel 29, 53, 119
Frey, Dagobert 125
Friedrich Wilhelm III., König von Preußen 51
Frobenius, Leo 10
Funck, Andrea 111

Gall, Lothar 85
George II. August, König von Großbritannien 37
Gerchow, Jan 97, 99 f.
Goehler, Adrienne 111
Goethe, Johann Wolfgang von 55, 101
Gorgus, Nina 140
Grasskamp, Walter 18 f.
Gray, John Edward 38, 64
Greenblatt, Stephen 124
Griepentrog, Martin 74
Grimm, Wilhelm und Jacob 55
Grosz, George 71 f.
Gurlitt, Hildebrand und Cornelius 112

Haag, Gustav 57
Habermas, Jürgen 23, 46
Hamilton, Sir William 38
Haselbach, Dieter 109
Hauser, Andrea 127
Hazelius, Arthur 75
Heckert, Fritz 81
Heesen, Anke te 13, 70
Hein, Hilde 128
Helle, Hermann 99
Herrmann, Karl-Ernst 88
Hoffmann, Hilmar 19, 88
Hollein, Max 102
Horkheimer, Max 20, 107
Humboldt, Alexander von 104

Humboldt, Wilhelm von 15, 52 f.
Hütter, Walter 91
Hutton, William 40
Huxley, Thomas Henry 64

Janelli, Angela 95
Justi, Ludwig 63

Kandinsky, Wassily 71 f.
Kant, Immanuel 55
Kirshenblatt-Gimblett, Barbara 108
Klee, Paul 72
Klein, Armin 109
Knell, Simon 114
Knüsel, Pius 109
Kohl, Helmut 89, 91
König, Gudrun Marlene 12
Korff, Gottfried 1, 88, 96, 110
Koselleck, Reinhart 21
Kratz-Kessemeier, Kristina 73

Labas, Tamara 101
Lamarck, Jean-Baptiste de 38
La Platière, Marie Roland de 43, 53
Lauffer, Otto 65, 134
Lenz, Siegfried 1 f.
Levi-Strauss, Claude 95
Lichtwark, Alfred 63 f.
Linné, Carl von 36, 38 f., 132
Lissitzky, El 70
Lowenthal, David 107
Lübbe, Hermann 8, 58, 124
Luschan, Felix von 106

Maase, Kaspar 66
Macdonald, Sharon 7
Malraux, André 122
Maximilian I., Herzog von Bayern 33
Maximilian I. Joseph, König von Bayern 55
Mechel, Christian von 45
Mouffe, Chatal 27, 102

Napoleon Bonaparte 43 f., 52, 55
Nietzsche, Friedrich 63

Opitz, Stephan 109

Peßler, Wilhelm 76
Plinius d. Ä. 31
Polaczek, Ernst 78
Pomian, Krzysztof 7, 124
Ptolemäus 5

Quiccheberg, Samuel 33

Reckwitz, Andreas 20, 25, 27, 108
Riehl, Wilhelm Heinrich 59
Ritz, Josef Maria 83
Rosa, Hartmut 117
Rubens, Peter Paul 44
Rüsen, Jörn 21 f.

Saint-Fond, Barthélemy Faujasde 37
Savoy, Bénédicte 45 f.
Schiller, Friedrich 18, 52 f., 55, 63, 65
Schreiner, Klaus 82
Schröder, Martina 83, 94
Schwan, Stephan 15
Schwitters, Kurt 72
Seelig, Lorenz 33
Seidlitz, Woldemar von 62
Selheim, Claudia 143
Sloane, Hans 37, 39, 41
Spitzweg, Karl 49
Stein, Heinrich Friedrich Karl Reichsfreiherr vom und zum 55
Sternfeld, Nora 102
Stransky, Zbynek 80, 128

Tauschek, Markus 106
Tenbruck, Friedrich 24
Thomas, Nicholas 28
Tschudi, Hugo von 63
Tümpel, Hermann 68

Urry, John 107

Vinci, Leonardo da 130
Vogel-Janotta, Brigitte 144

Wallach, Alan 44, 54
Walz, Markus 72
Wilharm, Heiner 92
Williams, Raymond 17
Wilson, David 35
Winckelmann, Johann Joachim 55
Woßeng, Alexander 146

Zieler, Adolf 72

Sachregister

Académie Royale de Peinture et Sculpture 44
Agonistisches (agonales) Museum 27
Altes Museum Berlin 5
„Anatomisches Theater" 34
Anschauungsobjekt 114, 123
„Appell zur Soforthilfe der deutschen Museen" 83
Archivalie 115, 119 f., 122 f.
Archiv der deutschen Einheit Leipzig 91
„Arisierung" 78
Artificialia 33
Ashmolean Museum Oxford 5
Ästhetische Erziehung 52, 63
Audience Development 15, 101
Aufklärung 2, 5, 35–38, 41, 46, 48, 86, 107
Augmented Reality 116
Aura 32, 42, 48, 93, 120, 125, 127, 129, 131, 133 ff.
Ausstellen, Ausstellung 6, 8, 12–15, 22, 29, 64 f., 70, 81, 84 f., 87 f., 92, 108, 112, 119 f., 122 f., 125–129, 138 ff., 144, 147 f.
Authentizität 8, 95, 128, 131, 133 f.
Autonomie, autonom 52, 125 f.

Badisches Landesmuseum 77 f., 114
Bayerisches Nationalmuseum 56
Belvedere Wien 45
Bestand 9, 11, 28, 37–40, 59, 77, 83, 99, 103 ff., 111, 113, 142 f., 145 f.
Besucherforschung 12, 15, 116
Beutekunst 43, 78, 104
Bewahren 6, 8 ff., 12, 59, 107, 128, 139
Bildung 11, 15, 18, 25, 46, 49, 51 ff., 62, 66, 84, 87 f., 99, 137, 139, 144
Blaue Liste (Forschungsmuseen) 11
Blockbusterausstellungen 87
British Association for the Advancement of Science 38
British Museum 5, 35, 37–40, 44, 64
Bundesverband Museumspädagogik 15, 144
Bürger / Citoyen, Bürgertum 5, 16 f., 25, 35, 41, 43, 45–52, 56, 58, 60, 64, 66, 88, 98 f., 102

Conservatoire des Arts et Métiers 42
Critical Heritage Studies 107 f.
Cultural Citizenship 88, 101
Curiositas, Kuriositäten, curieux 31 f., 37 f., 122

Dada 72 f.
Dauerausstellung 13, 85 f., 90, 98 f., 140
„David Bowie Is" (Ausstellung) 116
DDR-Museum 95
Demokratisierung 99
Depotausstellung 112 ff., 129
Depot / Magazin 64 f., 72, 78, 110 f., 113, 117, 119 f., 122
Deutscher Museumsbund 3, 73, 101, 110, 137 ff., 144
Deutsches Bergbau-Museum Bochum 11
Deutsches Historisches Museum 13, 80, 89 ff., 144
Deutsches Hygienemuseum Dresden 62
Deutsches Museum München 11, 62, 88
Deutsches Schifffahrtsmuseum Bremerhaven 11
Deutsches Zentrum Kulturgutverluste 112
Dichter-Gedenkstätte 19, 55, 82
Digitalisierung, Digitalisat 114–117, 122, 145
Diorama 65
Disziplinarmacht 53
Diversität / Diversity 26 f.
Dokumentar 145 f.
Dokumentationszentrum Alltagskultur der DDR 95

Ecomusée 16
„Entartete Kunst" (Ausstellung) 71 f.
Entsammeln / Deakzessionierung 110, 140, 142
Enzyklopädie 31, 36
Epistemik, Epistemologie 27, 93, 119, 122
Erinnerungskultur 2, 13, 24, 26 f., 112
Erscheinungsdinge 131
Erschließen 145
Europeana 116
Evidenz 32, 126
Exemplar 7, 37 f., 41, 60, 126 f., 129, 131–135
Exhibitionary Complex 15, 25, 51, 53
Exponat 3, 13 f., 51, 65, 77, 85 f., 94, 98, 104, 116, 119, 122, 127, 129, 133, 140, 143

Fachschule für Museologen Leipzig 80
Fachschule für Museumsassistenten Köthen 80
Folksonomy 115 f.
Forschen 6, 10, 12, 139
„Fragen an die deutsche Geschichte" (Ausstellung) 3, 81, 84 f.
Französische Revolution 2, 5, 18 f., 41, 44–47, 52, 104
Freilichtmuseum 71, 75, 83, 94, 108
Freilichtmuseum Detmold 83
Freilichtmuseum Hagen 83
Freilichtmuseum Illerbeuren 83

Gedächtnis 11, 24, 51, 124, 143
Germanengehöft Oerlinghausen 75
Germanisches Nationalmuseum Nürnberg 8, 11, 19, 55 f., 124, 143
Geschichte 2, 17, 21–24, 31 f., 35, 37 f., 42 f., 55–58, 62, 74, 79, 81, 87, 90 f., 93, 95, 98, 102, 119, 121, 129
Geschichtskultur 13, 22
Geschichtswissenschaft 3, 141–145, 147
Gestalter 88, 141
Glyptothek München 51
Google Arts & Culture 116
„Große deutsche Kunstausstellung“ (Ausstellung) 71
Guggenheim-Museum Bilbao 108

Hamburger Kunsthalle 64
Haus der Bayerischen Geschichte 84
Haus der deutschen Kunst München 71
Haus der Geschichte der Bundesrepublik Deutschland Bonn 89, 91, 95, 133 f.
Heimat 1, 25, 27, 57, 59, 76, 82
Heimatbewegung 56 f., 59, 76, 81
Heimathaus Münsterland / Wallfahrts- und Heimatmuseum Telgte 74
Heimatmuseum 1, 3, 16, 18, 20, 55 f., 58–62, 65, 68, 71, 73–76, 80, 82, 88, 94 f., 100, 108, 139
Heimatmuseum Reutlingen 57 f.
Historische Dokumentation 86
Historisches Grünes Gewölbe Dresden 41, 47, 53
Historisches Museum Frankfurt 50, 65, 96–101, 140
Historismus 49, 56, 63
Humboldt Forum 13, 27, 103
Hyperkultur 20 f., 27, 108

ICOM 5 ff., 88
Idealismus 53
Identität, Identifikation, Zugehörigkeit 2, 8, 11, 17, 21 ff., 25 ff., 43, 54, 59, 82, 84, 102, 122
Indiz 12, 45, 135
Inklusion 98, 144
Institut für Museumswesen Berlin 80
Inszenierung 13 f., 28, 34, 72, 88, 93, 120 f., 127, 131
Inventarisierung 146
Inwertsetzung, Wert, Schauwert 1 f., 18, 22 f., 25, 27, 29, 37, 42, 49, 53, 57, 60, 76, 91, 106 ff., 116, 118, 121, 128 f., 131, 133 f., 136

Jüdisches Museum Berlin 109

Kommodifizierung, Kultur als Ware 20, 107 ff.
Kompensation, Kompensationstheorie 8, 58, 124
Königliches Museum Berlin 51 f.
Konservieren 8, 10, 12, 21, 83, 109, 119, 142, 146
Kopie 125, 131, 133
Kosmologie 32, 35
Kriegsausstellung 68 f.
Kulturelles Eigentum 106
Kulturerbe 138
Kulturerbe / Patrimoine / Heritage 2, 5 f., 13, 19, 21, 41 ff., 88, 103–108, 138
Kulturessenzialismus 21, 25
„Kultur für alle“ 19
Kulturgut 1 f., 19 f., 43, 76, 78, 99, 105 f., 109–112
Kulturindustrie 20, 66, 107, 110
Kultur, Kulturbegriff 2 f., 10, 15, 17–21, 23, 26 ff., 36, 41 ff., 47 ff., 53, 55, 57, 59 f., 62, 65 f., 71, 79, 83, 86, 88, 92, 94, 98, 106–110, 113, 124 f., 127, 141
Kulturnation 19, 55 f., 124
Kulturpolitik 11, 16, 18, 64, 68, 71 f., 74, 88, 101, 105, 107, 109, 114 f.
Kulturwissenschaft, Kulturanthropologie 2 f., 25, 113, 127, 137 f., 140, 148
Kunstgeschichte 3, 10, 60, 137, 144, 146
Kunstsalon 12, 44
Kunst- und Wunderkammern 5, 31 ff., 35, 59, 122
Kunstwissenschaft 102, 131
Kurator 14 f., 28, 38, 64, 85 f., 99, 116, 123, 135, 140–143, 147
Kuratorische Praktiken 129
„Kurfürst Max Emanuel – Bayern und Europa um 1700“ (Ausstellung) 84
Kustos 9, 40, 57, 99, 111, 140, 142 f.
KZ-Gedenkstätte 82

Labor 13, 60, 64, 97
Landesausstellungen 84
Lernort 15, 74, 81, 83, 85 f., 88, 101, 144
Louvre (Muséum central des Arts, Musée Napoléon) 5, 19, 42–46, 108, 130 f., 133

Massenkultur 62, 66
Materielle Kultur, Material Culture, Sachkultur 127, 137
Migrationsgesellschaft 23, 26, 97, 100, 104 f.
Mirabilia 33
Moderne (Epoche) 2, 5, 21, 66, 96
Münchner Kunstkammer 33
Musealisierung 58, 126
Musée de l'Armée Paris 69
Musée des monuments français Paris 42

Museion von Alexandria 5
Musentempel 101
Museologie 79 f., 82, 95, 102, 137, 145 f.
Muséum d'histoire naturelle Paris 42
Museum for Natural History London 64
Museum für Deutsche Geschichte Ost-Berlin 80 f., 84, 90
Museum für Naturkunde der Humboldt-Universität Berlin 11
Museum of Archeology and Anthropology Cambridge 28
Museum of Metropolitan Art New York 102
Museumsboom 2, 87, 96, 124
Museumsdorf Cloppenburg 75
Museumskritik 65
Museumspädagogik 16, 64, 80, 88, 99, 137 f., 144
Museumsreformbewegung, Museumsreformer 16, 25, 61, 63 f., 67, 79
Museumswissenschaft 11

Narration, Narrativ, Erzählung 22 ff., 27, 38, 51, 84, 91, 93, 96, 98 f., 102, 105, 116, 120
Nation 5, 19, 23, 25, 27, 41–44, 46 f., 52, 54 f., 57, 69, 91
Nationalmuseen 19, 89 f.
Naturalia 33, 36
Neighborhood Museums 16
Neue Kulturpolitik 15, 87 f.
No Humboldt 21 103 f.

Öffentlichkeit 5, 23, 25, 35, 39 f., 44–48, 51, 87, 90, 97, 119
Open Access 114
Original, Originalität 42, 88, 93, 116, 125, 128 f., 131, 133 ff.

Partizipation, Teilhabe 15 f., 46, 49, 88, 98, 115, 144
Pertinenzprinzip 9
Pfahlbaumuseum Unteruhldingen 75
Postrepräsentative Museologie 102
„PRESSA" (Ausstellung) 3, 70
„Preußen – Versuch einer Bilanz" (Ausstellung) 87
Provenienzforschung 13, 44, 103, 105 f., 112, 139
Provenienzprinzip 9

Rapid Response Collecting, Sammeln auf Zeit 111
Rassenkunde 75
„Rasse – Sippe – Siedlung" (Austellung) 76
Raubkunst, Beutekunst 43, 78, 104 f.
Replik 125, 131, 133
Repraesentatio 31 f., 122
Res Cogitans, Res Extensa 36, 123, 125
Restaurieren 10, 83, 104, 111
Restitution / Rückgabe 78, 105 f., 112
Rheinisches Freilichtmuseum Kommern 83
Rijksmuseum Amsterdam 116
Römisch-Germanisches Museum Köln 86
Römisch-Germanisches Zentralmuseum Mainz 11, 55, 116

SAMDOK 111
Sammlung, Sammeln 2, 7–10, 12, 16 f., 23, 25, 28 f., 32, 35–42, 44, 50 ff., 55, 57 ff., 61 f., 64, 74, 77, 88, 90 f., 93, 95, 99 f., 102, 104 ff., 109–116, 120 f., 128 f., 137, 139 f., 142 f., 146
Schausammlung 13, 64 f., 75, 140
Schirn Kunsthalle Frankfurt 102
Scientifica 33
Selbstreflexivität 28
Semiophor, Semiophorentheorie 124
Senckenberg-Naturkundemuseum Frankfurt 11
Shared Heritage 88, 105 f.
Skansen (Freilichtmuseum) 75
Social Tagging 115
Spendhaus Reutlingen 57
Sprache der Dinge 121, 123
Spur 52, 117, 124, 134
Städel Frankfurt 50, 96
Städtisches Museum Hagen 75
Stadtlabor Frankfurt 99
Stadtmuseum 3, 68, 94, 96 f., 100 f.
Stiftung Preußischer Kulturbesitz 66, 104
Stilräume 12
Stubenprinzip 58
Studio, Kabinett 32, 41
Szenografie 58, 69, 91 f.

Taxonomie 10, 35 f., 38, 65, 117, 132
Tempel (und Forum) 5, 65, 98, 106
„Theater der Natur" 31
„Theater der Weisheit" 33
„Theater der Welt" 33
Tradition 6, 20, 22, 24 f., 36, 38, 46, 49, 59, 74, 80, 84, 134, 137
Tränenpalast Berlin 91

Überseemuseum Bremen 132
UNESCO 6, 16, 88, 105
Universitätsmuseen, Universitätssammlungen 112 f.
Ur- und Frühgeschichte 75

Vergangenheit 1, 21 f., 24, 32, 39, 55, 63, 74, 93 ff., 122, 124 f., 134
Vergnügen / Unterhaltung 18, 20, 66 f., 69, 92
Vermitteln, Vermittlung 6, 12, 14 f., 59, 62, 88, 98, 117, 137, 139, 144
Victoria and Albert-Museum London 111, 116
Villa Hügel Essen 83
Virtuelles Museum 101
Vogtsbauernhof Gutach 83
Völkerkunde 10, 75
Volksbildung, Volksbildungsdebatte 16, 50, 57, 61, 65, 67, 73
Volkskunde 18, 60, 75, 140, 143
Volontariat 138 f.

Wanderausstellung 3, 13, 68, 71, 111
Warenhaus 13
Wechselausstellung 11, 13, 64, 146
Wehrmachtsausstellung, „Verbrechen der Wehrmacht" (Ausstellung) 13, 24
Weimarer Klassik 47
Weltausstellung 12, 53
Welterbekonvention der UNESCO 106
„Werdendes Abendland an Rhein und Ruhr" (Ausstellung) 83
Werk, Kunstwerk 1, 6 f., 32, 38, 45, 48, 54 f., 60, 63, 66 f., 93, 104, 112, 125–131, 133 ff.
Wissenschaft 10 ff., 22, 32, 35 ff., 39, 41, 49, 60, 64, 103, 106, 113, 126, 140
Wissen, Wissensordnungen 2, 5–8, 10 ff., 14 f., 17, 27 ff., 32, 35 f., 38, 41, 61, 95, 99, 106, 112, 115, 122 ff., 128, 135
„Wittelsbach und Bayern" (Ausstellung) 87

Zeigen 13, 53, 60, 121, 130 f., 135
„Zeit der Staufer" (Ausstellung) 87
Zeitgeschichtliches Forum Leipzig 91
Zentrale Fachstelle für die Heimatmuseen Halle 80
Zeuge 7, 60, 127, 129, 133 ff.
Zoologisches Forschungsinstitut und Museum Alexander Koenig in Bonn 11
„zur nachahmung empfohlen. expeditionen in ästhetik und nachhaltigkeit" (Ausstellung) 111